# DIE RECHTSSTELLUNG
DES
# BEFREITEN VORERBEN
NACH DEM
DEUTSCHEN BÜRGERLICHEN GESETZBUCHE

VON

DR. IUR. WALTER HOTHORN

LEIPZIG
VERLAG VON VEIT & COMP.
1911

Leipziger juristische Inauguraldissertation

Druck von Metzger & Wittig in Leipzig.

MEINER LIEBEN MUTTER

# Inhalt.

# Literaturverzeichnis.


BIERMANN, Widerspruch und Vormerkung nach deutschem Grundbuchrecht. Jena 1901.

BINDER, Die Rechtsstellung des Erben nach dem Bürgerlichen Gesetzbuche. 3. Bd. 1901/1904.

BLANKMEISTER, Die Maßregeln zum Schutze des Nacherben bei Eintragungen im Grundbuche, welcher der Vorerbe ohne Erwirkung seiner eigenen Eintragung bewilligt hat. Im Recht 1903 S. 423.

BÖHM. Das Erbrecht des BGB. Hannover 1900.

BRACHVOGEL, Der befreite Vorerbe und der Beweis der Negative im Grundbuche. GRUCHOTS Beiträge Bd. 50 S. 64.

CAPPEL, Das Verfügungsrecht des Vorerben nach dem BGB. Dissertation Leipzig 1908.

DU CHESNE, Das Recht des Nacherben. LOBES Zentralbl. f. Freiw. Gerichtsbarkeit Bd. 8 S. 534.

COHN, Erlaß und Verzicht. GRUCHOTS Beiträge Bd. 47 S. 221ff.

COHN, § 41 der Grundbuchordnung und die Vorerbschaft. Jur. Wochenschr. 1903 S. 364.

COSACK, Lehrbuch des Bürgerlichen Rechts. Denkschrift zum Entwurfe eines Bürgerlichen Gesetzbuchs.

DERNBURG, Preußisches Privatrecht (Erbrecht).

DOEHL, Die grundbuchrechtliche Verfügungsmacht des befreiten Vorerben. Deutsche Jur. Zeit. 1905 S. 906.

DREWES, Unanwendbarkeit des § 41 GBO. im Falle der nichtbefreiten Vorerbschaft. Deutsche Jur. Zeit. 1903 S. 198.

EICHHORN, Das Testament. 4. Aufl. Berlin 1900.

Entscheidungen des Reichsgerichts in Zivilsachen.

FELLGENTREFF, Das Rechtsverhältnis zwischen Vorerben und Nacherben in geschichtlicher Entwicklung unter besonderer Berücksichtigung der heutigen Gestaltung nach dem BGB. Diss. Leipzig 1906.

FRANKE, Relative Unwirksamkeit als Folge relativer Veräußerungsverbote. Diss. Leipzig 1909.

FRIEDRICHS, Die Prozeßführung des Vorerben. Diss. Berlin 1906.

FROMMHOLD, Das Erbrecht des Bürgerlichen Gesetzbuchs. Kommentar. Berlin 1900.

FUCHS-AHRNHEIM, Kommentar zur Grundbuchordnung. Berlin 1908.

GAUPP-STEIN, Kommentar zur Zivilprozeßordnung 1906.

GRUCHOT, Erbrecht.

GRÜTZMANN, Lehrbuch des Sächs. Privatrechts. Leipzig 1887 und 1889.

GÜTHE, Kommentar zur Grundbuchordnung 1905.

HACHENBURG, Die Einsetzung eines Nacherben 1895.

HACHENBURG, Unentgeltliche Verfügungen des Vorerben zu Gunsten des Nacherben. Ztschr. d. deutschen Not.-Ver. 1906 S. 321.

HACHENBURG, Vorträge, Das Bürgerliche Gesetzbuch für das Deutsche Reich. 1900.

HELLWIG, Wesen und subjektive Grenzen der Rechtskraft. 1901.

HERMANN, Zu den §§ 41 und 52 RGBO. Recht 1903 S. 233.

HEROLD, Die Verfügungen des Vorerben über Grundbuchrechte. LOBES Zentr. f. FrG. Bd. 8 S. 213ff.

HOLZ, Kann bei befreiter Vorerbschaft der Vorerbe sich der Form des § 41 GBO. bedienen. Deutsche Jur. Zeit. 1906 S. 483.

JASTROW, Die Rechtsprechung über den befreiten Vorerben und die Kautelarjurisprudenz. Deutsche Not.-Ver.-Ztschr. 1906 S. 97.

Jahrbuch der Entscheidungen des Kammergerichts.

KAUFMANN, Die Verfügungsbeschränkungen des Vorerben nach dem BGB. Diss. Leipzig 1908.
KEMPNER, Das Verfügungsrecht des befreiten Vorerben. Jur. Wochenschr. 1907 S. 68.
KRETZSCHMAR, Das Verfügungsrecht des befreiten Vorerben. Deutsche Jur. Zeit. 1901 S. 1347.
KRETZSCHMAR, Das Erbrecht nach dem deutschen bürgerl. Gesetzbuche 1910.
KUHLENBECK, Kommentar zum BGB.; Erbrecht.
LÜDDECKE, Das Schuldverhältnis zwischen dem Vorerben und dem Nacherben. Diss. Leipzig 1908.
MARTINIUS, Notwendigkeit der Eintragung des Rechts des Nacherben im Grundbuche vor der Übertragung von Rechten seitens des befreiten Vorerben. Deutsche Ver.-Zeit. 1903 S. 348.
MEIKEL, Verfügungen des Vorerben und § 41 GBO. Recht 1905 S. 183.
MEIKEL, Vorerbschaft und die §§ 1471ff. und 1492ff. Recht 1905 S. 364.
MEISCHEIDER, Die letztwilligen Verfügungen nach dem Bürgerlichen Gesetzbuche. 1900.
Motive zu dem Entwurfe eines BGB. für das Deutsche Reich.
MUGDAN-FALKMANN, Rechtsprechung des Oberlandesgerichts auf dem Gebiete des Zivilrechts.
PEISER, Handbuch des Testamentsrechts 1902.
PERRIN, Das Verhältnis des Vorerben zum Nacherben nach dem BGB. Diss. Jena 1901.
PLANCK, Kommentar zum Bürgerlichen Gesetzbuche. 3. Aufl.
PREDARI, Kommentar zur Grundbuchordnung 1907.
Protokolle der Kommission für die zweite Lesung des Entwurfs des BGB.
RÖDER, Verfügungsbeschränkungen des Vorerben nach dem BGB. Diss. Leipzig 1905.
RÜGER, Aus dem Erbrechte des deutschen Bürgerlichen Gesetzbuchs. Sächs. Archiv Bd. 9 7. Heft.
SALINGER, Die Nacherbfolge nach dem BGB. Archiv für Bürgerl. Recht Bd. 19 S. 138ff.
Sächsische Annalen, Entscheidung des Oberlandesgerichts Dresden.
SCHWARZ, Der Schutz des Nacherben gegen die Wirkungen des öffentlichen Glaubens im Grundbuche. Recht 1903 S. 226.
SCHUMANN, Eine formell grundbücherl. Frage. Dtsche. Jur. Ztg. 1905 S. 1163.
SOHM, Der Gegenstand. Ein Grundbegriff des Bürgerlichen Rechts 1905.
STAUDINGER, Kommentar zum BGB. 3./4. Aufl.
STROHAL, Das deutsche Erbrecht auf Grundlage des BGB. 2. Aufl. 1904 bis 1906. 2 Bände.
STROHAL, Deutsche Jur.-Ztg. 1909 S. 1031ff.
THIESING, Einige Bemerkungen über das Rechtsverhältnis zwischen Vorerben und Nacherben. Arch. f. ziv. Praxis Bd. 94 S. 229.
TURNAU-FÖRSTER, Das Liegenschaftsrecht. Kommentar zur Grundbuchordnung 1906.
UNGER, Österreichisches Privatrecht.
WÄNTIG, Zeitschr. des Deutschen Not.-Ver. 1906 (Heft 7).
WARNEYER, Jahrbuch der Entscheidungen.
WEBER, Die befreiten Vorerben im Freiheitskampfe gegen Kammergericht und Reichsgericht. Zeitschr. d. Deutschen Not.-Ver. 1906 S. 601.
WEBER, Die Verfügungsbeschränkungen und ihre Wirkungen im Grundbuchverkehre. Deutsche Not.-Ver.-Ztschr. 1907 S. 241.
WEBER, Der Freiheit Morgenrot. Deutsche Not.-Ver.-Ztschr. 1907 S. 480.
WINDSCHEID, Pandekten. 7. Aufl.
WILKE, Das Bürgerliche Gesetzbuch. Bd. V Das Erbrecht. Berlin 1900.

## § 1.

# Einleitung.

## Geschichtlicher Überblick.

### A. Römisches und Gemeines Recht.

Daß das rechtliche Bedürfnis nach einer zeitlichen Aufeinanderfolge von Erben bezüglich desselben Nachlasses nicht erst zur Zeit der modernen Kodifikationen aufgetreten ist, sondern schon lange bestanden hat, zeigen schon die während der Herrschaft des klassischen Römischen Rechts von Wissenschaft und Praxis unternommenen Versuche den Grundsatz semel heres semper heres zu umgehen.

Es liegt nicht im Rahmen dieses Themas die geschichtliche Entwicklung des römischen Universalfideikommisses darzustellen das als der römisch-rechtliche Vorläufer des Rechtsinstituts der Nacherbfolge angesehen wird.

Auch durch den Ausbau, den das Universalfideikommiß unter Justinian erfahren hat, ist der Rechtsgrundsatz der Universalsukzession des Universalfideikommissars nicht sanktioniert worden, wenn auch dadurch ein Rechtszustand geschaffen worden war, der einen annähernd gleichen praktischen Erfolg garantierte.

Es verdient noch hervorgehoben zu werden, daß der Gedanke der zeitlichen Aufeinanderfolge mehrerer Erben auch in dem Rechtsinstitute der Pupillarsubstitution zum Ausdruck gekommen ist. — Windscheid charakterisiert die Pupillarsubstitution als „einen Fall der Erbeseinsetzung an Stelle eines andern in dem Sinne, daß an Stelle des andern nicht jemand zum Erben eingesetzt wird, sondern jemand zum Erben einsetzt“, betont aber ein wenig später, daß „doch durch die Quellen zugleich eine andere Strömung gehe, nach welcher der Gewalthaber in der Pupillarsubstitution in der Tat sich und nicht dem Kinde einen Erben ernenne". Diesen in der gemeinrechtlichen Literatur überwiegend anerkannten Gedanken belegt WINDSCHEID durch Hinweis auf verschiedene Rechtssätze, deren Sinn nur bei Zugrundelegung dieser Auffassung erklärt werden könne. — Auf die Ausführungen WINDSCHEIDs Bd. 3 §§ 558 und 559 ist zu verweisen.[1]

Im Hinblick auf das Thema soll erwähnt werden, daß beim römischen Universalfideikommiß die Rechtsstellung des Fiduziars verschiedenartig ausgestaltet sein konnte. — Die Verpflichtung des Fiduziars, die Erbschaft dem Fideikommissar herauszugeben, involvierte an sich die Rechtspflicht, den Nachlaß bis zum Zeitpunkte der Herausgabe unangerührt zu lassen; der hierauf beruhende Rechtssatz, daß Veräußerungen von Erbschaftssachen nichtig seien, ist aber einerseits aus Zweckmäßigkeitsgründen mehrfach durchbrochen und konnte andererseits durch den Willen des Erblassers in gewissen Grenzen aufgehoben werden. — Sollte der Fideikommissar den Überrest — id, quod superfuturum est — erhalten, so war ihm damit das Recht eingeräumt, über drei Vierteile des Nachlasses zu verfügen, in bestimmten Fällen auch über das letzte Viertel. Bezüglich dieses letzten Viertels war der Fiduziar zu einer Verwendung im eigenen Interesse nur im Falle der Not berechtigt oder wenn er ohne eigenes Vermögen zu besitzen eine Dosbestellung oder Eheschenkung vornehmen wollte. Unberechtigte Verfügungen über das letzte Viertel der Erbschaft lösten eine Ersatzpflicht gegenüber dem Fiduziar aus und ließen im Falle der Insolvenz des Fiduziars einen Anspruch auf das Veräußerte gegen den dritten Besitzer zur Entstehung kommen.

Zwischen der Rechtsstellung der Vorerben im heutigen Rechte und der des Fiduziars im Römischen Rechte Parallelen zu ziehen, dürfte bei der grundsätzlichen Verschiedenheit beider Rechtsinstitute nicht zu empfehlen sein, weil damit das Verständnis für das Wesen der modernen gewöhnlichen und befreiten

---

[1] Vgl. besonders: WINDSCHEID, Aufl. 7 Anm. 7—9 zu § 558.

Vorerbschaft kaum gefördert werden kann. — Etwas anders verhält es sich mit den modernen Kodifikationen, in denen sich mehr und mehr der Gedanke Bahn gebrochen hat, daß mehrere Personen nacheinander Erben desselben Nachlasses werden können. — Die Art der Ausgestaltung und die Bezeichnung des fraglichen Rechtsinstituts sind in den einzelnen Gesetzbüchern verschieden.

### B. Preußisches Allgemeines Landrecht.

Im preußischen Allgemeinen Landrechte wird von fideikommissarischer Substitution gesprochen. Trotz dieser eine nahe Verwandtschaft des Rechtsinstituts mit dem römischen Universalfideikommiß andeutenden Benennung ist im ALR. die rechtliche Stellung des Fiduziars ganz anders als im Römischen Rechte ausgestaltet. Der Wortlaut der einschlägigen Bestimmung hat vor allem zu Zweifeln über die Rechtsnatur der Stellung des Fiduziars Anlaß gegeben.[1] Nach der Ansicht DERNBURGS[2] ist trotz der Fassung des Gesetzes, die dem heres fiduciarius alle Rechte und Pflichten eines Nießbrauchers verleiht, der Erbe nicht zum bloßen Nießbraucher herabgedrückt. Durch jene Vorschrift sollte nur ein Maßstab zur Beurteilung des Umfangs der Rechte des Fiduziars gegeben und ihm die vollständige Nutzung, dem Fideikommissar die Substanz zugesichert werden. Das preußische Obertribunal[3] und das Reichsgericht[4] hat denselben Standpunkt eingenommen.

Auch im Allgemeinen Landrechte findet sich das Fideikommiß auf den Überrest. Für dieses stellt das preußische Recht das Prinzip auf, daß der Vorerbe die freie Verfügung über die gesamte Erbmasse unter Lebenden habe. — Liberalitäten sind dem Fiduziar im allgemeinen untersagt, es liegt aber in der Hand des Erblassers, dem Fiduziar die Vornahme von Verfügungen von Todeswegen und von Schenkungen nachzulassen.[5, 6]

---

[1] ALR. I, 12 § 467.

[2] DERNBURG, Preuß. Priv.-Recht III S. 454.

[3] Praejudiz Nr. 578.

[4] RGEntsch. Bd. 17 S. 228.

[5] DERNBURG, Preuß. Priv.-Recht III § 160 S. 461 und Anm. 6.

[6] ALR. I, 12 §§ 468, 469.

Als bemerkenswerte Eigentümlichkeit des ALR. ist zu erwähnen, daß es die Zwangsvollstreckung wegen Eigenverbindlichkeiten des Fiduziars — d. h. wegen solcher Verbindlichkeiten, die gegen den Erben, aber nicht in seiner Eigenschaft als Erben gerichtet sind — in den mit dem Fideikommisse beschwerten Nachlaß zuließ. Bei unentgeltlichen Verfügungen wurde dem Substituten nach dem Eintritte des Substitutionsfalles dem Beschenkten und auch Dritten gegenüber die Klage auf Rückgewähr gegeben.

Ob beim Fideikommiß auf den Überrest der Substitut das Recht habe, Kautionsleistung zu verlangen, war bestritten. DERNBURG gab dem Substituten dieses Recht nicht, wohl aber einen Anspruch auf Errichtung eines Inventars.[1]

Übrigens herrschte in der Wissenschaft auch darüber Streit, ob das Surrogationsprinzip in dem Sinne für das Universalfideikommiß Anerkennung gefunden habe, daß diejenigen Vermögensstücke, die an Stelle aus dem Nachlasse ausgeschiedener Werte vom Fiduziar erworben worden sind, Gegenstand des Fideikommisses sind. Während GRUCHOT die Annahme des Surrogationsprinzips ablehnte,[2] will DERNBURG auf den Willen des Erblassers abstellen, der regelmäßig dahin ginge, daß alles durch das Fideikommiß Erworbene vom Fideikommiß ergriffen werden solle.[3]

## C. Code civil.

Die ablehnende Haltung des Code civil gegen den Rechtsgedanken des Universalfideikommisses, die in dem Satze des Art. 896: les substitutions sont prohibées Ausdruck findet, ist nicht konsequent durchgeführt, insofern zugunsten gewisser Verwandter Ausnahmen zulässig sind, auf die hier jedoch nicht eingegangen werden soll.

---

[1] DERNBURG a. a. O. S. 463. — a. A. Obertribunal.

[2] GRUCHOT, Erbrecht II S. 108.

[3] Vgl. RGEntsch. Bd. 7 S. 207 ff.

## D. Österreichisches Bürgerliches Gesetzbuch.

Das österreichische Bürgerliche Gesetzbuch hat sich bei der Ausgestaltung des Universalfideikommisses im wesentlichen an das Allgemeine Landrecht gehalten. Als erste Kodifikation verwendet es den Ausdruck Nacherbe.[1] Mit Rücksicht auf das Recht des Nacherben ist das Recht des Vorerben so stark eingeschränkt, daß er sich, obgleich er Eigentümer ist, in ähnlicher Lage wie ein Fruchtnießer befindet. — Die Veräußerung von Erbschaftsgegenständen, die zur fideikommissarischen Erbschaft gehören, ist im allgemeinen nichtig. — Von diesem Grundsatze bestehen jedoch Ausnahmen, einmal aus wirtschaftlichen Rücksichten, dann aber auch, wenn der Erblasser dies ausdrücklich oder stillschweigend gestattet hat.[2] Wenn ein Fideikommiß auf den Überrest angeordnet ist, kann der Vorerbe nach Belieben den Nachlaß verbrauchen, nur sind ihm arglistige Verfügungen und Verwaltungshandlungen untersagt.[3]

## E. Sächsisches Bürgerliches Gesetzbuch.

Im sächsischen Bürgerlichen Gesetzbuche ist das der Nacherbfolge des BGB. entsprechende Institut der Erbanwartschaft dem gemeinrechtlichen Erbschaftsvermächtnis wieder stark angenähert. Wesentliche Abweichungen ergeben sich aber einerseits aus den speziellen Vorschriften des Gesetzes, andererseits aus der Eigentümlichkeit des sächsischen Vermächtnisrechts.[4]

Der Erblasser kann dem Erben das freie Verfügungsrecht über den Nachlaß einräumen. Wenn der Anwärter auf das beschränkt ist, was beim Tode des Erben noch vorhanden ist, so ist das Verfügungsrecht des Erben unbeschränkt. Alsdann hat der Erbe auch das Recht, Schenkungen vorzunehmen. Der Rechtssatz: res succedit in locum pretii et pretium in locum rei

---

[1] Unter der Bezeichnung Nacherbe wird im Österr. BGB. auch der Vulgarsubstitut verstanden. Vgl. Unger, Öster. Priv.-Recht § 19 Anm. 3.

[2] Unger a. a. O. Bd. 6 § 48 S. 214.

[3] Unger a. a. O. Bd. 6 § 48 S. 214, 215.

[4] Vgl. Grützmann, Sächs. Priv.-Recht Bd. 2 S. 335 ff.

gilt, auch wenn dem Erben Befreiungen zuteil geworden sind; auch obliegt dem Erben nach § 2525 in Verbindung mit § 632 sächs. BGB. die Verpflichtung, ein Vermögensverzeichnis aufzustellen.[1]

## F. Die Stellungnahme der Entwürfe zum Deutschen Bürgerlichen Gesetzbuch.

Aus der Anordnung und Formulierung der Rechtssätze über die Nacherbschaft im deutschen Bürgerlichen Gesetzbuche ohne weiteres auf die Eigenart und die theoretische Natur der Vor- und Nacherbfolge Schlüsse ziehen zu wollen, verbietet sich aus der Erwägung heraus, daß für die Redaktion des Gesetzes gesetzestechnische Rücksichten maßgebend sind, die durchaus nicht immer geeignete Anhaltepunkte für die Auslegung und für theoretische Betrachtungen liefern. — Ein kurzer Hinweis auf die von den Materialien zu dieser Frage eingenommenen Stellung scheint geboten.

Das Bedürfnis, daß das Institut des Universalfideikommisses in einer den modernen Rechtsanschauungen entsprechenden Weise geregelt werde, lag, als man sich anschickte, Entwürfe für ein deutsches Bürgerliches Gesetzbuch auszuarbeiten, auf der Hand; und wurde zum mindesten durch die Tatsache bestätigt, daß fast alle modernen Kodifikationen dieses Rechtsinstitut aufgenommen hatten. Nur einige Schriftsteller aus dem Gebiete des französischen Zivilrechts verhielten sich prinzipiell ablehnend gegenüber dem im Entwurf I aufgenommenen Rechtsinstitute. Die dagegen geltend gemachten Gründe entsprangen vorwiegend volkswirtschaftlichen und sozialpolitischen Erwägungen. Vor allem hielt man es für ungesund, daß es dem Erblasser gestattet sei, sein Vermögen auch mehr oder weniger lange Zeit dem Verkehre zu entziehen.

Die Meinung der bei der Herstellung des neuen Gesetzgebungswerkes mitwirkenden Faktoren ging aber dahin, daß das

---

[1] Den Ausdruck Nacherbeneinsetzung verwendet das sächs. BGB. auch, aber nur für die Vulgarsubstitution. § 2187.

moderne Rechtsleben der fraglichen Rechtseinrichtung nicht entraten könne.

Wird nun ein den Rechtsgedanken der zeitlichen Aufeinanderfolge mehrerer Erben verwirklichendes Rechtsinstitut geschaffen, so ergibt sich ohne weiteres, daß die Rechtsstellung des Gesamtnachfolgers, dem ein Nachmann gesetzt ist, zeitlich beschränkt ist. Die Frage, ob, beziehungsweise inwieweit eine inhaltliche Beschränkung des Rechts des Vorberechtigten geboten ist, ist von den verschiedenen Gesetzgebungen verschieden beantwortet worden. Ob es ein Gebot der Logik ist, dem Vorerben nur ein inhaltlich beschränktes Recht zu gewähren, mag als eine Frage legislativ-politischer Natur dahingestellt bleiben.[1]

In den Verhandlungen der zweiten Kommission ist die Frage der theoretischen Behandlung der Nacherbfolge eingehend gewürdigt worden.

Die prinzipielle Beseitigung der Verweisung des ersten Entwurfes auf die Vorschriften des Nießbrauchs gab Veranlassung an eine freiere Gestaltung des Rechts des Vorerben heranzutreten. Eine einheitliche Gestaltung konnte aber dem neu zu schaffenden Rechtsinstitute im Hinblick auf die Verschiedenheit der Gründe, die einen Erblasser zur Anordnung einer Nacherbschaft zu bestimmen pflegen, nicht gegeben werden.

Im Zusammenhange mit der Scheidung jener Gründe in zwei Kategorien, von denen für die eine die Betonung möglichster Sicherung des Nacherben, für die andere die Gewährung größerer Bewegungsfreiheit des Vorerben charakteristisch ist, lautete der Vorschlag des Antragstellers in der Kommission dahin, das Rechtsinstitut der Vor- und Nacherbfolge seinen verschiedenen Zwecken entsprechend verschiedenartig auszubauen, dabei aber die aus der zweiten Kategorie zu entwickelnden Grundsätze vorwiegend zu berücksichtigen. Bemerkenswert ist, daß die Kommission schließlich diesen Erwägungen folgend den den Gedanken der freien Verfügungsmacht enthaltenden allgemeinen Antrag als Grundlage ihrer Beratungen genommen hat. Andererseits war

[1] Vgl. Mot. V S. 80 und die in Anm. 6 zit. Literatur.

man darüber einig, daß dieser Standpunkt bei der Ausgestaltung der einzelnen das Rechtsverhältnis zwischen Vorerben und Nacherben regelnden Rechtssätze nicht rein durchgeführt werden könne, vielmehr der Vorerbe unter Umständen nach Analogie desjenigen eingeschränkt werden müsse, dessen Recht bedingt sei.

Im Hinblick auf die beschränkte Rechtsstellung, die dem gewöhnlichen Vorerben auf Grund der Bestimmungen des Titels: Einsetzung eines Nacherben im BGB. tatsächlich zugewiesen ist und die kaum noch erkennen läßt, daß man bei Schaffung dieses Rechtsinstituts von der freien Verfügungsmacht des Vorberechtigten ausgegangen war, hat sich Thiesing auf den Standpunkt gestellt, daß der Vorerbe prinzipiell die Rechtsstellung desjenigen habe, dessen Recht bedingt oder befristet ist.[1]

Der Hinweis auf die Äußerung Plancks (Erl. zu § 112), daß „den theoretischen Ausgangspunkt auf den in Ermangelung besonderer Vorschriften zurückzugehen sei, das auflösend bedingte, bzw. durch einen Endtermin zeitlich begrenzte Recht bilde, kann diese Meinung nicht stützen. Planck führt an anderer Stelle aus: es wäre aus der Beseitigung des Verweises auf die Vorschriften des Nießbrauchs noch nicht ohne weiteres zu folgern, daß die Verfügungen des Vorerben auch gegenüber dem Nacherben uneingeschränkte Wirksamkeit besäßen, vielmehr würde die zeitliche Beschränkung des dem Vorerben zustehenden Erbrechts nach dem allgemeinen Satze: resoluto jure concedentis resolvitur jus concessum dahin führen, daß mit dem Eintritte des Falles der Nacherbfolge jede Verfügung des Vorerben über einen Erbschaftsgegenstand insoweit unwirksam wäre, als sie das Recht des Nacherben vereiteln oder beeinträchtigen würde. — Auch diese Beschränkung, fügt Planck hinzu, sei jedoch vom Entwurf II beseitigt worden, indem dem Vorerben als Regel das Recht der Verfügung über die Erbschaftsgegenstände mit Wirkung gegen den Nacherben beigelegt sei.

Jedenfalls ist im BGB. der Gedanke zum Ausdruck gekommen, daß der Vorerbe als wahrer Erbe und Herr der Erbschaft anzusprechen ist und nicht bloß, wie nach dem Entwurf I

---

[1] Thiesing, Arch. f. ziv. Praxis 94 S. 230 Anm. 2.

die Rolle eines Lückenbüßers erhalten hat[1], wie HACHENBURG sich ausdrückt.[2]

Von den zahlreichen Beschränkungen und Verpflichtungen, die dem Vorerben mit Rücksicht auf das Recht des Nacherben auferlegt sind, kann dem Vorerben zum größten Teile durch den Willen des Erblassers Befreiung gewährt werden.

Eine Würdigung derjenigen Rechtsstellung, die ein sogenannter „befreiter“ Vorerbe nach dem BGB. einnimmt, soll den Gegenstand vorstehender Abhandlung bilden.

## § 2.

## Vorerben- und Nacherbeneinsetzung im allgemeinen.

### I. Gewöhnliche Vorerbschaft.

Wenn man die Rechtsstellung des befreiten Vorerben untersuchen will, ist ein Eingehen auf die Rechtslage des gewöhnlichen Vorerben[3] unvermeidlich.

Einerseits gelten für die Vorerbschaft und Nacherbschaft, soweit sich nicht aus dem Zwecke dieses Rechtsinstituts oder ausdrücklicher Bestimmungen etwas anderes ergibt, die allgemeinen erbrechtlichen Normen, andererseits sind gewisse Rechtssätze der gewöhnlichen Vorerbschaft auch für die befreite Vorerbschaft maßgebend.

Nach dem Bürgerlichen Gesetzbuche sind Vor- und Nacherbfolge nur auf Grund letztwilliger Verfügung des Erblassers möglich.

---

[1] Der römisch-rechtliche Satz: semel heres, semper heres ist damit endgültig aufgehoben. Immerhin finden sich in der Literatur noch Stimmen, nach denen dieser Rechtsgrundsatz noch nicht beseitigt sein soll. — Vgl. FRIEDRICHS Diss. 1906, S. 7 und 8, der den Beweis für seine Behauptung aus der Ausdrucksweise des Gesetzes selbst erbringen will, und der den Nacherben als etwas vom Erben zu Unterscheidendes behandelt.

[2] HACHENBURG a. a. O. S. 32 (Einsetzung eines Nacherben).

[3] Der Kürze halber soll vom „gewöhnlichen“ Vorerben im Gegensatze zum „befreiten“ Vorerben gesprochen werden.

§ 2100 BGB. lautet.

Der Erblasser kann einen Erben in der Weise einsetzen, daß dieser erst Erbe wird, nachdem zunächst ein anderer Erbe geworden ist.

Eine bestimmte Form oder Ausdrucksweise ist für die Nacherbeneinsetzung vom Gesetze nicht vorgeschrieben, so daß es nach allgemeinen Grundsätzen zu beurteilen ist, ob eine Erbeinsetzung vorliegt oder nicht. Es braucht z. B. die Bezeichnung Erbe nicht verwendet zu werden.[1]

Die Legaldefinition für den Begriff „Erbe" gilt also auch für den Vorerben. Erbe ist diejenige Person, auf die mit dem Tode einer Person deren Vermögen als Ganzes übergeht. Nacherbe ist derjenige Erbe, bei dem normalerweise der Zeitpunkt, der für den Übergang des Vermögens auf ihn maßgebend ist, nicht mit dem Tode des Erblassers zusammenfällt, sondern erst nach dem Tode des Erblassers eintritt.

Wenn das Gesetz den Ausdruck Nacherbe bei der Normierung der Rechtsverhältnisse des Vorerben während der Dauer des Rechts des Vorerben verwendet und dabei von bestimmten Befugnissen des Nacherben gegenüber dem Vorerben spricht, so hat das Wort „Nacherbe" mitunter einen anderen Sinn und bedeutet soviel wie Anwärter auf den Nachlaß. — Hierauf ist weiter unten noch näher zuzukommen. — Selbstverständlich muß auch für den Normalfall des § 2100 die Absicht des Erblassers hinreichend deutlich zum Ausdrucke gebracht sein, daß sowohl der als Vorerbe, wie auch der als Nacherbe in Frage kommenden Person ein Vermögen oder ein Vermögensbruchteil zugewendet werden soll. Eine institutio ex re certa ist bei Vor- und Nacherbfolge ebensogut ausgeschlossen, wie bei gewöhnlicher Erbfolge.

Auslegungsregeln darüber, ob letztwillige Verfügungen, deren Wortlaut und Sinn zunächst nicht die Annahme einer Nacherbeneinsetzung rechtfertigen würde, in Nacherbeinsetzungen umzudeuten sind, gibt es im Gesetze außer der des § 2103 nicht.[2]

---

[1] Vgl. § 2087 Abs. 2.

[2] Im Entwurf I war die Aufstellung einer weiteren Auslegungsregel vorgesehen; in der zweiten Kommission wurde sie wieder gestrichen. Vgl. Entwurf I § 1806, Prot. II Bd. V S. 78/79.

Danach soll im Zweifel eine erblasserische Anordnung, daß der Vorerbe von einem bestimmten Zeitpunkte ab gehalten sein solle, die Erbschaft an einen Dritten herauszugeben, als Nacherbeinsetzung angesehen werden. In Fällen der letztgenannten Art ist bei der Testamentsauslegung zu berücksichtigen, daß der Erblasser leicht auch einen Befreiungswillen hat aussprechen wollen.

Es ist hierbei auch der für das gemeinschaftliche Testament im § 2269 aufgestellten Auslegungsregel zu gedenken, die für die Vor- und Nacherbfolge gewissermaßen von negativer Bedeutung ist, insofern § 2269 bestimmt, daß, wenn nach der Verfügung der Ehegatten der Gesamtnachlaß nach dem Tode des Überlebenden an einen Dritten fallen soll, dieser Dritte im Zweifel als Erbe des zuletzt Versterbenden zu behandeln ist.[1]

Nach den Bestimmungen des Gesetzes liegt Nacherbeinsetzung bzw. Vorerbeneinsetzung in folgenden Fällen vor bei Einsetzung eines Erben:

a) mit Endtermin, b) unter einer auflösenden Bedingung, c) mit Beifügung eines Anfangstermins, d) unter einer zur Zeit des Erbanfalls noch nicht erfüllten aufschiebenden Bedingung und e) in den Fällen des § 2101[2].

Die §§ 2104 und 2105 enthalten die Fälle der sogenannten konstruktiven Nacherbfolge, die in Gegensatz zur effektiven oder gewollten Nacherbfolge gestellt zu werden pflegt.

Die dem § 2069 nachgebildete Bestimmung des § 2107 geht von dem Gedanken aus, daß der einem kinderlosen oder vom Erblasser für kinderlos gehaltenen Abkömmling für die Zeit nach dessen Tode gesetzte Nacherbe gewöhnlich nur dann Nacherbe werden soll, wenn jener Abkömmling kinderlos stirbt.

---

[1] Sind dagegen die Voraussetzungen für ein legatum partitionis gegeben, nämlich wenn die Herausgabe eines Bruchteiles des Reinbestandes der Erbschaft angeordnet ist, so hat es bei den Grundsätzen des Vermächtnisrechts sein Bewenden. Vgl. Planck, Vorbem. zu § 2101.

[2] Die Frage, wer eigentlich der Nacherbe ist, ist nicht immer leicht zu beantworten. Es sei hier nur auf den von Strohal Bd. I S. 155 Anm. 6 behandelten Fall hingewiesen.

Wann nach dem Willen eines Erblassers Nacherbschaft vorliegt, ist eine vielfach sehr schwer zu lösende Frage der Testamentsauslegung.[1]

In Fällen, in denen jemandem andern für gewisse Zeit nach dem Tode des Erblassers „der ungestörte Besitz und Nießbrauch" oder „Nießbrauch und freie Verfügung über den Nachlaß" zugunsten einer Person angeordnet werden, pflegt man Nacherbschaft anzunehmen.[2,3]

## II. Befreite Vorerbschaft.

Während bei gewöhnlicher Vorerbschaft ohne weiteres klar ist, welche Rechtsstellung der Vorerbe im Hinblick auf die im Gesetze statuierten Verpflichtungen und Beschränkungen einnehmen wird, ist dies nicht ohne weiteres der Fall, wenn von „befreiter" Vorerbschaft gesprochen wird. Erst wenn man weiß, von welchen Beschränkungen dem Vorerben Befreiung gewährt ist, kann man sich ein Bild davon machen, wie sich die Rechtslage des Vorerben ausnehmen wird.

Die Bestimmungen des Titels Einsetzung eines Nacherben sind teils absoluter, teils dispositiver Natur.

Die Vorschriften der §§ 2100—2109 haben mit der Frage nach der inhaltlichen Beschränkung des Rechts des Nacherben nichts zu tun, dieselben ziehen vielmehr der Testierfreiheit des Erblassers gewisse Schranken oder dienen einer zweckentsprechenden Auslegung des erblasserischen Willens. — Zu den absoluten Normen gehören z. B. die Vorschriften des § 2109, § 2108 Abs. 2.

---

[1] Vgl. RGEntsch. Bd. 1 S. 175. Planck, Vorbem. zu 2100. Eine Anordnung des Erblassers, daß die Gläubiger seiner Erben nicht befugt sein sollten, das demselben Hinterlassenen zum Gegenstand ihrer Befriedigung zu machen, hat auch nach dem BGB. keine Bedeutung, wenn nicht gleichzeitig die Einschränkung des bedachten Abkömmlings im Verfügungsrechte ausgesprochen wird.

[2] Vgl. Planck zu § 2100.

[3] Ein interessantes Beispiel dafür, daß die Zuwendung des Nießbrauchs am Nachlasse durchaus nicht immer als Nacherbeinsetzung angesprochen werden darf, bietet die Entscheidung der KG. Rspr. d. OLG. Bd. 16 S. 70. Vgl. auch RGEntsch. Bd. 30 S. 239.

Auch die in den §§ 2110ff. aufgestellten Rechtssätze enthalten, soweit sie absoluter Natur sind, nicht etwa bloß Einschränkungen des Vorerben. So bedeutet beispielsweise der im § 2112 BGB. aufgestellte Rechtssatz von der prinzipiellen Verfügungsfreiheit des Vorerben als absolute Norm nur eine Beschränkung des Erblassers, der, wenn er einmal Vor- und Nacherbfolge angeordnet hat, die Rechtsstellung des Vorerben eben nicht mehr völlig beliebig ausgestalten kann. Ebenso verhält es sich mit dem im § 2115 aufgestellten Rechtssatze, durch den für Nichtnachlaßgläubiger das Verbot des Zugriffs in das der Nacherbschaft unterliegende Vermögen erlassen ist. Andere absolute Vorschriften sind in den §§ 2111, 2120—2122, 2124—2126, 2132, 2135 und 2138ff., von denen jedoch keineswegs alle Beschränkungen oder Verpflichtungen des Vorerben auslösen, enthalten.

Daß Umgehungen der Wirkung der als absolut bezeichneten Vorschriften durch Vermittelung anderer erbrechtlicher Rechtssätze denkbar sind, ändert an dem absoluten Charakter dieser Vorschriften nichts. Übrigens sind die von der Kautelarjurisprudenz gemachten Vorschläge mit großer Vorsicht aufzunehmen.[1]

Im § 2136 sind diejenigen Paragraphen einzeln aufgezählt, in Ansehung deren es der Erblasser in der Hand hat, Befreiungen von den aus den betreffenden Bestimmungen sich ergebenden Beschränkungen und Verpflichtungen zu gewähren. Da es dem Erblasser völlig anheimgegeben ist, zu bestimmen, welche Beschränkungen und Verpflichtungen keine Geltung haben sollen, so ist die sogenannte befreite Vorerbschaft kein fester Begriff. Es sind zwischen dem Rechtsverhältnis des gewöhnlichen Vorerben zur Erbschaft und zum Nacherben, und dem desjenigen Vorerben, dem alle Befreiungen zugebilligt sind, eine Menge Zwischenformen denkbar.[2]

Im allgemeinen versteht man unter einem befreiten Vorerben schlechthin einen solchen, der mindestens von der weitaus bedeutungsvollsten Beschränkung des § 2113 Abs. 1 befreit ist. — Im § 2137 Abs. 2 ist der Satz aufgestellt, daß der Vorerbe

---

[1] Jastrow, Deutsche Not.-Ver.-Ztschr. 1906 S. 97.

[2] Vgl. Böhm a. a. O. S. 131; Planck zu § 2136 Anm. 1.

dem das Recht frei über den Nachlaß zu verfügen zusteht, im Zweifel sämtliche Befreiungen genießt. — Ist hingegen die Einsetzung auf dasjenige erfolgt, was von der Erbschaft beim Eintritt der Nacherbfolge übrig sein wird, so gilt die Befreiung von allen im § 2136 bezeichneten Beschränkungen und Verpflichtungen als angeordnet.

§ 3.

## Die Anordnung von Befreiungen insbesondere.

Eine bestimmte Form oder Ausdrucksweise für die Anordnung von Befreiungen hat das Bürgerliche Gesetzbuch nicht vorgeschrieben.[1] — Es ist also Frage der Testamentsauslegung, wann ein auf Befreiung gerichteter Wille des Erblassers vorliegt. — Dieser Wille kann vom Erblasser direkt ausgesprochen werden, auch durch Bezeichnung der Paragraphen, von denen die Befreiung eintreten soll, bisweilen wird er aus Nebenumständen erschlossen werden können. — Immerhin ist zu fordern, daß der auf Befreiung des Vorerben gerichtete Wille in der letztwilligen Verfügung selbst auf irgend eine Weise zum Ausdruck gelangt ist; — man muß im Auge behalten, daß die Einsetzung eines befreiten Vorerben als eine Erbeinsetzung einheitlicher Natur aufzufassen ist, deren Besonderheit die vom Normalfalle abweichende Ausgestaltung der einzelnen rechtlichen Befugnisse des Vorerben in Ansehung der Erbschaft bildet.

Schon in diesem Zusammenhange muß die Frage aufgeworfen werden, ob die Befreiungen selbst bedingt oder betagt sein können, ob mit anderen Worten der Vorerbe eine Zeitlang gewöhnlicher Vorerbe sein und dann die Rechtsstellung eines befreiten Vorerben einnehmen kann?

Die Gewährung von Befreiungen ist, wie schon gesagt, Bestandteil der Erbeinsetzung. Daß eine Erbeinsetzung betagt oder bedingt sein kann, beweist das Vorhandensein des Instituts der Nacherbfolge. Der Annahme, daß bei der die normale Rechts-

---

[1] RGEntsch. Bd. 69 S. 259.

lage des Vorerben modifizierenden Einsetzung mit Befreiungen, ebendiese Befreiungen selbst wieder befristet oder bedingt sein können, dürfte daher ein triftiger Grund nicht entgegenstehen. Da es sich bei der Vor- und Nacherbfolge um Erbeinsetzungen handelt, gilt auch § 2065 BGB. Ausgeschlossen ist danach, daß eine Anordnung des Erblassers etwa in dem Sinne, daß es seinem Erben oder einem Dritten überlassen bleiben solle, zu bestimmen, ob eine vom Erblasser benannte Person jemals Nacherbe werden solle, rechtliche Wirksamkeit zeitigt. Es läge ein Verstoß gegen § 2065 Abs. 1 vor, insofern mit einer derartigen letztwilligen Anordnung die Frage der Gültigkeit der Einsetzung Jemandes als Erben in das willkürliche Ermessen eines anderen gestellt würde. — Eine letztwillige Verfügung, die eine Nacherbeinsetzung enthielte, würde, wenn nach dem Willen des Erblassers ein Anderer bestimmen sollte, wer Nacherbe sein soll, unwirksam sein, nach § 2065 Abs. 2.[1]

Wollte schließlich der Erblasser es in das Ermessen eines Dritten — etwa des Nacherben — stellen, ob dem Vorerben Befreiungen zustehen sollen oder nicht, so würde an der Hand des im § 2065 enthaltenen Rechtsgedankens die Unwirksamkeit einer solchen Bestimmung anzunehmen sein, entweder weil entgegen Abs. 1 die Gültigkeit der die Befreiung normierenden Verfügung in Frage gestellt würde — das wäre der Fall, wenn Befreiung angeordnet und die Aufhebung derselben in die Hand des Dritten gelegt wäre — oder weil entgegen Abs. 2 die präzise Bestimmung des Gegenstands der Zuwendung einem Dritten überlassen bliebe, — das wäre der Fall, wenn die Frage der Gewährung von Befreiungen schlechtweg offen gelassen wäre. — Im letzteren Falle wird man regelmäßig anzunehmen haben, daß der Vorerbe gewöhnlicher Vorerbe ist, während man im ersteren zweifeln könnte, ob befreite oder gewöhnliche Vorerbschaft anzunehmen ist. —

---

[1] a. A. Hachenburg, Deutsche Not.-Ztschr. 1906 S. 321 ff., der sich darauf stützt, daß im § 2065 die Person und der Gegenstand der Zuwendung genannt sind, nicht aber der Tag des Anfalls. — Desgl. Kretzschmar, Deutsche Jur.-Ztg. 1901 S. 1347.

Daß der Erblasser die Bestimmung, daß der Vorerbe Befreiungen genießen solle, in derselben letztwilligen Verfügung trifft, die die Nacherbeinsetzung enthält, ist nicht notwendig. Auch nachträglich angeordnete Befreiungen haben Wirksamkeit. Zu verlangen ist nur, daß ein solcher nachträglich erklärter Wille in einer der für Verfügungen von Todeswegen vorgeschriebenen Formen erfolgt.

Zwar gibt es im Gesetze verschiedene Fälle, bei denen zur Auslegung des erblasserischen Willens außerhalb der Verfügung von Todeswegen liegende Momente zu berücksichtigen sind, so z. B. im Falle der §§ 2085, 2086, 2079, 2077 u. a.; der Fall der Anordnung von Befreiungen kann aber, wie schon oben angedeutet, nicht hierher gezählt werden, weil es sich um die Modifikation einer Erbeinsetzung handelt.

Zweifeln könnte man freilich immer noch dann, wenn der Erblasser die Absicht, dem Vorerben Befreiungen zukommen zu lassen, zwar bekundet hat, aber nicht mit genügender Deutlichkeit hat erkennen lassen, welche einzelne Befreiungen er dem Vorerben gewähren will. Es fehlt ein Anhalt im Gesetze, ob in derartigen Zweifelsfällen zur Findung des wahren erblasserischen Willens auch auf außerhalb der Verfügung von Todeswegen liegende Momente zurückgegangen werden kann; nur wenn dem Vorerben „die freie Verfügung“ nachgelassen ist, greift die Auslegungsregel des § 2137 Abs. 2 durch. Meines Erachtens ist in unserem Falle zunächst immer der Wille zu prüfen, wie er in der letztwilligen Verfügung zum Ausdruck gekommen ist. Daß dabei nicht am Buchstaben zu haften ist, ergibt § 133 ohne weiteres, ebenso daß Unklarheiten im Ausdruck durch Heranziehung anderer Momente gehoben werden können.[1]

Der Fall der nachträglichen Anordnung von Befreiungen oder Aufhebung derselben gibt Anlaß zu einer Erörterung darüber, wie eine derartige letztwillige Verfügung juristisch zu konstruieren ist.

Zunächst ist zu prüfen, ob eine derartige nachträgliche Änderung als Widerruf anzusprechen ist. — Es ist dies im

---

[1] Vgl. Rspr. d. OLG. 16, S. 66.

Hinblick auf § 2253 von erheblicher Bedeutung, da der wegen Geistesschwäche, Verschwendung oder Trunksucht Entmündigte zwar einen Widerruf erklären hann, nicht aber durch ein neues Testament, das inhaltlich von einem früher Errichteten abweicht, das frühere aufheben kann. Daß ein teilweiser Widerruf möglich ist, wird von der Literatur gleichfalls anerkannt.[1]

Wenn also ein wegen der im § 2253 aufgeführten Gründe entmündigter Testator, der zur Zeit, als er noch geschäftsfähig war, durch Verfügung von Todeswegen einen befreiten Vorerben eingesetzt hat, die Möglichkeit hat, diese Verfügung trotz eingetretener Entmündigung zu widerrufen, so ist doch nicht gesagt, daß er die Änderungen seiner letztwilligen Verfügung verordnen kann, die sich auf die Ausgestaltung der Rechtslage des Vorerben beziehen. — Ob man etwa in unseren Fällen, nämlich bei einer nachträglichen Anordnung hinsichtlich der Rechtslage des Vorerben, Aufhebung oder Gewährung der befreiten Rechtsstellung, einen teilweisen Widerruf anzunehmen hat, dürfte sehr zweifelhaft sein. — Man muß zwischen den Fällen der Aufhebung der Befreiungsanordnung und denen der nachträglichen Gewährung von Befreiungen unterscheiden.

Das Wesen des Widerrufs gipfelt in seiner rein negativen Seite; seine Wirkung ist die Beseitigung der getroffenen Verfügung; wenn infolge des Widerrufs eine frühere Verfügung wieder auflebt, so ist das nur eine mittelbare Wirkung des Widerrufs.

Liegt nun die Einsetzung eines gewöhnlichen Vorerben vor, so kann man die spätere Befreiungsverfügung schlechterdings nicht als Widerruf bzw. teilweiser Widerruf der Vor- oder Nacherbeneinsetzung ansehen, weil die den Befreiungswillen ausdrückende Bestimmung nicht die Vorerbeneinsetzung negiert und überhaupt keine der Aufhebung fähige Verfügung vorfindet. Anders verhält es sich bei der Aufhebung einer Befreiungsanordnung. In diesem Falle nimmt die „Widerrufserklärung“ tatsächlich auf die besondere Verfügung Bezug, auf Grund deren dem Vorerben Befreiungen zugestanden hätten.

[1] Vgl. Frommhold a. a. O. Anm. 2 zu § 2253.

Da die Einsetzung eines befreiten Vorerben ein Einheitliches ist, die Gewährung von Befreiungen nicht etwa ein besonderes Recht neben dem Vorerbrecht bildet, die Befreiung also Bestandteil der Erbeinsetzung ist, so bedeutet die die Aufhebung der befreiten Rechtsstellung enthaltene Verfügung einen teilweisen Widerruf der Vorerbeinsetzung.

Fraglich kann weiterhin die Zulässigkeit eines „Widerrufs" sein, der die Umwandlung einer freien Erbeinsetzung in Vorerbeneinsetzung bezweckt. — Ein im Sinne des § 2253 Entmündigter könnte keinen diesbezüglichen Willen äußern, der mit Rechtswirksamkeit bekleidet wäre, denn eine solche Verfügung enthielte eine Nacherbeneinsetzung, schüfe also direkt eine völlig veränderte Rechtslage. — Anders wiederum würde es sich verhalten, wenn der Erblasser einen Vorerben eingesetzt hätte und nachträglich anordnen würde, der Vorerbe soll freier Erbe sein. Eine derartige Verfügung würde als Widerruf der Nacherbeneinsetzung zu deuten sein, auf deren Aufhebung sie ja tatsächlich hinausläuft.

Zuletzt sei noch folgender Fall erwähnt: der Erblasser hat Vorerben und Nacherben eingesetzt und erklärt später, daß er die Einsetzung des Vorerben zurücknehme. Ob die Folge einer derartigen Willenserklärung darin besteht, daß der aufschiebend bedingte bzw. befristet eingesetzte Nacherbe als unbedingt eingesetzt gilt, oder ob für den weggefallenen Vorerben die gesetzlichen Erben als Vorerben eintreten, ist Sache der Testamentsauslegung. Ist der Wille des Erblassers erkennbar darauf gerichtet gewesen, daß der Nacherbe erst von einem nach dem Erbfalle liegenden Zeitpunkte Erbe sein solle, so würden in unserem Falle die gesetzlichen Erben in Vorerbenstellung einrücken.

Der Wegfall der Befugnis, die Rechtslage des Vorerben hinsichtlich des Nachlasses zu ändern, kann sich für den Erblasser dann ergeben, wenn seine Verfügung von Todeswegen in einem Erbvertrage enthalten ist. Da es sich bei nachträglicher Anordnung des Wegfalls der befreiten Rechtsstellung des Vorerben um einen Widerruf handelt, ist zu prüfen, ob die Vorerbeneinsetzung mit anderen Verfügungen im Verhältnisse der Korrespektivität steht. — Ist dies zu bejahen, so tritt die im § 2270 Abs. 1 genannte Folge ein. —

Wollte beim gemeinschaftlichen Testament ein Ehegatte nachträglich dem von ihm eingesetzten gewöhnlichen Vorerben Befreiung gewähren, so würde ein „Widerruf" nicht genügen, sondern eine neue Verfügung notwendig sein, deren Zulässigkeit aber die Vorschrift des § 2271 Abs. 1 S. 2 entgegenstünde.

Wenn ein Erbvertrag abgeschlossen worden ist, gilt anderes. An sich können Vertragsverfügungen nur durch Ausübung des Rücktrittsrechts die Aufhebung des ganzen Vertrags bewirken, doch gilt dies nur von sogenanntem zweiseitigen Erbvertrage. — Vgl. § 2298.

Beim einseitigen Erbvertrage besteht für den das Rücktrittsrecht habenden Vertragsteil die Befugnis, nach dem Tode des anderen Vertragschließenden die Vertragsverfügung durch Testament aufzuheben. Die Aufhebung von Befreiungen als partiellen Rücktritt aufzufassen und mit Rechtswirksamkeit auszustatten — vorausgesetzt, daß ein entsprechender Wille der Vertragschließenden vorliegt — vgl. § 2298 Abs. 3 — dürfte dem Sinne der Vorschriften über den Erbvertrag entsprechen. Im übrigen ist auf § 2289 zu verweisen.

Nicht unerwähnt soll eine Möglichkeit des Wegfalls der freien Rechtsstellung eines Vorerben bleiben, die infolge Anfechtung eintreten kann. Es ist möglich, daß ein Erblasser durch eine irrige Annahme oder Erwartung des Eintritts oder Nichteintritts eines Umstands oder widerrechtlich durch Drohung dazu bestimmt worden ist, dem Vorerben die freie Rechtsstellung zu gewähren. Die Wirkung einer erfolgreichen Anfechtung ist nach § 142 BGB. zu beurteilen.[1] Die Möglichkeit, eine Vorerbeneinsetzung anzufechten, steht fest. Daß die Wirkung einer solchen Anfechtung auf Aufhebung der Befreiungen beschränkt sein kann, ergibt der ebenangeführte Rechtssatz des § 142. Juristisch könnte man aber auch so konstruieren, daß man die Anordnung von Befreiungen als eine selbständige Verfügung ansieht, die der

[1] Vgl. STROHAL I S. 307. Rechtshandlungen, die auf Grund der freien Rechtsposition erfolgt sind, verlieren jedoch ihre Wirksamkeit infolge der Anfechtung nicht. — Vgl. ferner Entsch. d. RG. vom 26. Sept. 1906 — LOBES Zentralbl. 8 S. 327 — wonach Verfügungen, die ein vermeintlicher durch Erbschein legitimierter befreiter Vorerbe trifft, rechtswirksam sind.

Anfechtung unterliegt. — Die oben vertretene Ansicht, daß die befreite Vorerbschaft als eine einheitliche rechtliche Situation anzusehen ist, die nicht in Vorerbenrecht und Recht der Befreiungen zerlegbar ist, wird hierdurch nicht berührt.

Daß der Nacherbe auch in dieser Beziehung anfechtungsberechtigt ist, ist ganz unbedenklich; denn daß die Aufhebung der befreiten Rechtsstellung dem Nacherben unmittelbar zustatten kommt, erhellt schon daraus, daß die Sicherungsmittel des Nacherben sich dadurch in erheblichem Maße vermehren.

## § 4.

## Wesen des Nacherbrechts.

Im Hinblick auf die große Verschiedenheit zwischen der Rechtsstellung des befreiten und der des gewöhnlichen Vorerben liegt es nahe, die Frage aufzuwerfen, ob die befreite Vorerbschaft in ihrem Wesen etwas anderes ist, als die gewöhnliche Vorerbschaft.

Gegenüber der Tatsache, daß rein äußerlich betrachtet, die Rechtsstellung des befreiten Vorerben einen von der gewöhnlichen Vorerbschaft grundverschiedenen Eindruck macht, ist zu betonen, daß das für die Vorerbschaft charakteristischste Moment, nämlich die Beschwerung des Erbrechts mit der Anwartschaft des Nacherben auch bei der befreiten Vorerbschaft gegeben ist, und daß die Einräumung der größeren Bewegungsfreiheit des befreiten Vorerben nur soviel wie eine Beschränkung der Sicherungsmittel bedeutet, die dem Nacherben gegeben werden mußten, um seinem Rechte eine gewisse praktische Bedeutung zu garantieren.

Welcher Art die Belastung ist, die das Recht des Nacherben für den Vorerben bedeutet, kann nur aus dem Wesen der Anwartschaft selbst herausgefunden werden.

Obwohl es sich hier um eine Frage handelt, die sowohl die befreite wie die gewöhnliche Vorerbschaft betrifft, ist ihre Behandlung wegen ihrer grundsätzlichen Bedeutung auch für die Bearbeitung des speziell die befreite Vorerbschaft betreffenden Themas unerläßlich. Der Nacherbe ist richtiger Erbe vom Zeitpunkte des Eintritts der Nacherbfolge an. Von diesem Augenblick an gehen sämtliche Rechte auf ihn über, er ist Eigentümer, Inhaber der Forderungsrechte, aber auch Schuldner der Nachlaßverbindlichkeiten.[1] Bis zu dem fraglichen Zeitpunkte ist der Nacherbe noch nicht ein eigentlicher Erbe; während der Dauer der Vorerbschaft besteht für ihn eine Aussicht, künftig einmal in die Erbenstellung einzurücken, nur daß diese Rechtsaussicht nicht bloß eine vage Hoffnung, sondern ein im Zweifelsfalle vererbliches Recht auf Erlangung der Erbenstellung darstellt.[2]

Da die Rechte, die der Nacherbe im Zeitpunkte des Eintritts der Nacherbfolge erhalten soll, als Erbrecht zusammenfassend bezeichnet werden, muß man, je nachdem der Eintritt der Nacherbfolge bedingt oder befristet ist, ein bedingtes oder betagtes Erbrecht des Nacherben annehmen.

Unter Erbrecht versteht man aber nicht die Beziehung des Erben zu den einzelnen zufolge Erbgangs erworbenen Gegenständen, — denn die Erbeneigenschaft besteht ja nach § 2087 nur in Ansehung ganzer Vermögen oder Bruchteilen derselben — sondern eine Summe personenrechtlicher Beziehungen des Erben zu einem Vermögen oder Vermögensbruchteile als ganzem. Zugleich bildet aber das „Erbrecht" die Sammelbezeichnung für die einzelnen Rechtsbeziehungen, die in Ansehung der Nachlaßgegenstände bestehen. Über die mehrfache Bedeutung, die Erbrecht im subjektiven Sinne hat, ist zu vergleichen Strohal, Bd. I S. 34. — Es interessieren vor allem die Fragen, ob während der Dauer der Vorerbfolge die Rechtslage des Nacherben ein Vermögensrecht darstelle oder eine vermögensrechtliche Seite habe, ob obligatorische auf Übertragung dieser künftigen Vermögenswerte gerichtete Verträge zwischen dem Nacherben und dritten Personen begründet werden und ob schließlich dinglich wirkende Rechtshandlungen in Ansehung der noch nicht angefallenen Erbschaft seitens des Nacherben vorgenommen werden können. Zum Vermögensrechte wird meines Erachtens das Erbrecht erst, wenn der Erbe nach dem Anfalle als Inhaber des Nachlasses auftritt.

---

[1] § 2139.

[2] § 2108.

Diese Inhabereigenschaft des Erben bezüglich des Nachlasses steht fest, auch wenn kein sogenannter definitiver Erbschaftserwerb vorliegt, d. h. solange noch die Möglichkeit der Ausschlagung besteht; es ist für den Erben die unmittelbare Beziehung zum Nachlasse und den einzelnen Nachlaßgegenständen gegeben; vgl. auch § 1959. Eine derartige Rechtsbeziehung zum Nachlasse fehlt dem Nacherben, der während der Dauer der Vorerbfolge das Recht hat, die Erbschaft auszuschlagen und wie von STROHAL mit Recht angenommen wird[1], auch wirksam „annehmen“ kann, völlig.

Wenn der Nacherbe nach § 2140 das Recht hat, die Erbschaft auszuschlagen oder anzunehmen, so wird deshalb die Rechtslage des Nacherben nicht zum Vermögensrecht. Die Ausschlagung bewirkt den Nichteintritt der Nacherbfolge, die Annahme des Nacherben, die vor dem Eintritte der Nacherbfolge erklärt wird, hat zur Folge, daß der Vermögenserwerb, der mit dem Anfalle der Nacherbschaft gemacht wird, als ein definitiver ohne weiteres anzusehen ist.

Die Mehrzahl der Schriftsteller, darunter PLANCK und STAUDINGER, erblicken im Rechte des Nacherben auch während der Dauer der Vorerbfolge ein Vermögensrecht. Letzterer führt unter P. 5 zu § 2100 aus, das vererbliche Recht, das der Nacherbe schon mit dem Erbfalle erwürbe, sei nichts weiter als eine Anwartschaft; immerhin läge ein die Kehrseite der sachlichen Gebundenheit des Vorerben darstellendes, einen Vermögensbestandteil bildendes, bedingtes Recht des Nacherben schon vom Erbfalle an, also vor dem Eintritt der Nacherbfolge vor. Die Folgerung aus der eigentümlichen, gebundenen Rechtsstellung des Vorerben erscheint mir unzutreffend. Man muß sich vielmehr den Zweck der die Gebundenheit auslösenden Bestimmungen des Gesetzes vor Augen halten, der unverkennbar dahin gerichtet ist, dem Nacherben eine gewisse Sicherung seiner künftigen Rechtsstellung zu bereiten.

Richtig erscheint mir die Ansicht von DU CHESNE[2], der sich

[1] Vgl. STROHAL II S. 16 Anm. 1.

[2] DU CHESNE, Zentr.-Bl. 8 S. 534.

dahin ausspricht, daß das Recht des Nacherben kein Recht sei, sondern eine Rechtslage, nämlich diejenige, wonach jemand auf Grund fortwirkender letztwilliger Anordnungen künftig möglicherweise einmal Subjekt eines Vermögens werden kann, wenn dessen bisheriges Subjekt wegfiele. — Meines Erachtens erschöpft sich das Recht des Nacherben während der Dauer der Vorerbfolge in einer auf verschiedenartige Weise gesicherten personenrechtlichen Anwartschaft. Die nach § 2108 regelmäßig anzunehmende Vererblichkeit dieses „Rechts" des Nacherben steht dieser Ansicht nicht entgegen. Zu beachten ist aber noch ein anderer Umstand, der mehr für die gegnerische Ansicht zu sprechen scheint, nämlich die Möglichkeit eines Erbschaftskaufs in Ansehung einer zufolge Nacherbrechts künftig einmal anfallenden Erbschaft. Wenn das Gesetz im § 2373 die Auslegungsregel aufstellt, nach der solche Erbteile, die nach Abschluß eines Erbschaftskaufs zufolge Nacherbschaft anfallen, nicht als mitverkauft gelten sollen, bejaht es zugleich die rechtliche Zulässigkeit eines derartigen Vertrages. Wird aber vom Gesetze der Verkauf eines durch Nacherbfolge anfallenden Erbteils nachgelassen, so steht der Annahme nichts im Wege, daß ein Erbschaftskauf auch hinsichtlich eines in Zukunft zufolge Nacherbrechts anfallenden Gesamtnachlasses zulässig ist. Allein auch dieser Umstand zwingt nicht dazu, in dem Rechte des Nacherben ein Vermögensrecht zu erblicken, er ist vielmehr durchaus mit der hier vertretenen Ansicht vereinbar.

Stellt man sich nämlich auf den Standpunkt, daß der Nachlaß vom Nacherben ausgesehen während der Dauer der Vorerbschaft künftiges Vermögen ist und sein Recht innerhalb des genannten Zeitraumes sich in einer personrechtlichen Anwartschaft erschöpft, so bedeutet die Möglichkeit eines „Erbschaftsverkaufes" in Ansehung des künftig anfallenden Nachlasses eine Ausnahme vom Rechtssatze des § 310 BGB.[1] — Eine Ausnahme anzunehmen erscheint um so unbedenklicher, da diejenigen Erwägungen, die bei der Schaffung des Rechtssatzes nach § 310 Platz griffen, für den Fall der Nacherbschaft schon deshalb nicht

[1] Vgl. Motive V S. 122.

durchschlagen, weil der Umfang des künftigen Vermögens hier annähernd feststeht; zutreffend ist freilich auch die Bemerkung der Motive, daß erhoffte Nacherbschaften wenig geeignet seien, als Verkehrsobjekte zu dienen.[1] —

Die weitere Frage, ob der Nacherbe während der Dauer der Vorerbschaft Rechtshandlungen mit Verfügungswirkung bezüglich der künftig zu erlangenden Erbschaft vornehmen kann, wird von der Literatur überwiegend im bejahenden Sinne beantwortet und zugleich die Möglichkeit einer Verfügung des künftigen Anteils nach § 2033 Abs. 1 S. 2 angenommen. „Beim Alleinnacherben handele es sich nicht wie bei einem von mehreren Nacherben, sondern um den eventuellen Herausgabeanspruch nach § 2130.“ — Meines Erachtens sind diese Ausführungen STAUDINGERs nicht zutreffend. Die Möglichkeit, einen obligatorischen Vertrag abschließen zu können in Ansehung einer künftig anfallenden Erbschaft, schließt keineswegs ohne weiteres die Möglichkeit in sich, auch Rechtshandlungen vorzunehmen, die geeignet sind, für die Zukunft eine Verfügungswirkung auszulösen. —

Selbst wenn man einen Verfügungsvertrag nach § 2033 Abs. 1 S. 2 anerkennen wollte, müßte man ihm lediglich Wirkungen für den Zeitpunkt des Eintritts der Nacherbfolge beimessen. Die Rechtsstellung insbesondere, die der Nacherbe während der Dauer der Vorerbschaft dem Vorerben gegenüber einnimmt, kann auf einen Dritterwerber nicht übergehen, da sie der Ausfluß der rein erbrechtlichen Rechtsaussicht des Nacherben ist.

Höchst bedenklich erscheint mir vor allem auch die Meinung, daß eine vom Alleinnacherben vorgenommene, auf eine Verfügungswirkung abzielende Rechtshandlung im wesentlichen als Abtretung des künftigen Herausgabeanspruchs nach § 2130 anzusehen sei, wenn man sich fragt, wie es sich beim Alleinnacherben verhält, für den ein Recht nach § 2130 nicht existiert? — Wollte man aber die Zulässigkeit der Abtretung dieses Herausgabeanspruchs für den Alleinnacherben anerkennen, so würden

[1] Aus § 312 BGB. kann kein Bedenken hergeleitet werden, da nach eingetretenem Erbfalle vom Nachlasse eines noch lebenden Dritten nicht gesprochen werden kann.

sich neue Schwierigkeiten hinsichtlich der Rechtslage des Anteilsnacherben ergeben. Würde man nämlich dem Anteilsnacherben die Möglichkeit geben, außer einer gemäß § 2033 erfolgten Verfügung den Anspruch auf Herausgabe abzutreten, so würde man eine sehr bedenkliche Rechtsunsicherheit schaffen.[1]

Auch aus RGEntsch. Bd. 55 S. 334, wonach Abtretung bedingter Forderungsrechte zulässig ist, läßt sich für die Beurteilung unseres Falles nicht die Befugnis zur Verfügung über die Anwartschaft herleiten, da die Anwartschaft eben kein Forderungsrecht, sondern nur ein bedingtes Erbrecht in Ansehung eines vorläufig in den Händen des Vorerben befindlichen Nachlasses ist.

Die hier vertretene Ansicht vom Rechte des Nacherben vor Eintritt des Nacherbfalles ist dahin zusammenzufassen, daß der Nacherbe während dieser Zeit kein dingliches Recht am Nachlasse hat; sein bedingtes oder betagtes Erbrecht ist keineswegs gleichbedeutend mit einer Summe einzelner Rechtsbeziehungen in Ansehung der den Nachlaßbildenden Vermögensstücke. Zu diesen steht der Nacherbe zunächst in keiner rechtlichen Beziehung. Bei der Behandlung der Einzelvorschriften des Titels Nacherbeinsetzung ist hierauf noch genauer einzugehen.

Vorstehender Feststellungen bedurfte es vor allem, um eine Grundlage zu schaffen für die Würdigung derjenigen rechtlichen Situation, die sich mit der Verlautbarung des Rechts des Nacherben im Grundbuche ergibt.[3]

---

[1] Es ist hierbei auf die wichtigen Bedenken zu verweisen, die das Reichsgericht in der Entscheidung Bd. 60 S. 126ff. gegen die Zulässigkeit der Abtretung des Auseinandersetzungsguthabens bei Miterben geltend gemacht hat. — Wenn der Miterbe erst sein Auseinandersetzungsguthaben abtreten und dann über den Anteil im ganzen verfügen würde, könnte es geschehen, daß der Käufer des Anteils nichts erhielte, dagegen vielleicht für Nachlaßverbindlichkeiten mit seinem ganzen Vermögen einzustehen hätte. — s. auch § 2382. — Dieselben Erwägungen dürften einschlagen, wenn der Nacherbe Anteilserbe ist und in der obenbezeichneten Weise verfügen wollte. Für den Anteilsnacherben ist daher ebenso, wie für den Miterben, die Ansicht abzulehnen, daß die Abtretung des künftigen Herausgabeanspruchs zulässig sei.

[2] Vgl. Meikel im Recht 1905 S. 185ff.

[3] Vgl. hierzu § 13 der Darstellung.

§ 5.

## Kombination und Kollision von Befreiungsanordnungen und Beschränkungen besonderer Art.

### Grenzen der Befreiungsmöglichkeit.

Ehe auf die Rechtsstellung des befreiten Vorerben im allgemeinen und auf die Würdigung der einzelnen Beschränkungen und Verpflichtungen einzugehen ist, soll darauf hingewiesen werden, daß der Erblasser dem Vorerben in seiner rechtlichen Bewegungsfreiheit noch engere Schranken ziehen kann, als wie dies bereits das Gesetz tut, und daß er ihm andererseits auch unter Zuhilfenahme anderer Rechtsinstitute gewisse Freiheiten zuteil werden lassen kann, die über die Befreiungen von allen in unserem Titel: „Einsetzung eines Nacherben“ enthaltenen Beschränkungen noch hinausgehen. Schließlich lassen sich auch Kombinationen zwischen Befreiungen nach Maßgabe des § 2136 in Verbindung mit Beschwerungen denken, deren Rechtsgrund in Rechtssätzen gegeben ist, die außerhalb des Titels: „Nacherbeneinsetzung“ zu finden sind.

1. Durch Anordnung eines Vermächtnisses kann der Erblasser dem Vorerben auferlegen, sämtliche oder einen Teil der Nutzungen an eine andere Person abzuführen.[1] — Auch kann er ihm die Verpflichtung auferlegen, an dem ihm überkommenen Nachlaß zugunsten eines Dritten einen Nießbrauch zu bestellen. —

In beiden Fällen kann er dem Vorerben sehr wohl die befreite Rechtsstellung einräumen. Der Vorerbe nimmt alsdann eine ähnliche Rechtsstellung wie der Verwalter eines fremden Vermögens ein.[2]

---

[1] Es ist jedoch dem Erblasser versagt, den nach § 953 eintretenden Eigentumserwerb des Vorerben an den Früchten direkt auszuschließen. — Vgl. Strohal I S. 188, Hachenburg, Vorträge S. 334.

[2] Bei der Erwähnung des Falles, daß der Erblasser die Bestellung eines Nießbrauchs zugunsten eines Dritten dem Vorerben vermächtnisweise auferlegt, ist einer der eigentümlichen rechtlichen Konstellation zu gedenken

2. Möglich ist fernerhin, daß der Erblasser den Vorerben durch Ernennung eines Testamentsvollstreckers einschränkt. — Auch bei befreiter Vorerbschaft ist die Ernennung denkbar. — Man könnte glauben, daß in jener Kombination ein in der Verschiedenheit der Zwecke dieser Rechtsinstitute begründeter Widerspruch läge. Was der Erblasser mit einer solchen Anordnung hat sagen wollen, ist Frage der Testamentsauslegung. In den meisten Fällen wird man aus den Befreiungen des Vorerben eine Einschränkung der Befugnisse des Testamentsvollstreckers folgern müssen. Bestimmte Rechtssätze lassen sich in dieser Richtung nicht entwickeln; so kann beispielsweise in dem vorliegenden Beispielsfalle der Erblasser dem Testamentsvollstrecker nur eine beaufsichtigende Rolle zuweisen wollen; andererseits kann auch die Ernennung eines Testamentsvollstreckers, besonders wenn

---

die sich ergibt, wenn der Nießbraucher der Vorerbschaft, der nach § 1086 die Befriedigung der Nachlaßgläubiger in einer den Grundsätzen der §§ 1086 bis 1088 entsprechenden Weise vorzunehmen bzw. zu dulden hat, nach § 1087 Abs. 2 eine Verfügung über ein Grundstück oder ein Grundstücksrecht zum Zwecke der Befriedigung von Gläubigern vornehmen will. Die Befugnis zur Veräußerung hat der Nießbraucher, wenn Gefahr im Verzuge war, und die Befriedigung durch den Eigentümer nicht abgewartet werden konnte; außerdem muß der veräußerte Gegenstand „vorzugsweise" geeignet sein. — Daß im fraglichen Falle nur die Nachlaßgläubiger die zugriffsberechtigten Gläubiger sind, liegt auf der Hand. — Jedenfalls würde sich im gedachten Falle das merkwürdige Resultat ergeben, daß der Nießbraucher, der sein Recht von einem Vorerben ableitet, der gemäß § 2113 Abs. 1 beschränkt ist, selbst wenn Gefahr im Verzuge ist, gewissermaßen mehr Recht hätte wie sein auctor. Dieses Ergebnis dürfte zum mindesten für den Fall, daß der Vorerbe aus eigenem Antriebe, nicht auf Anordnung des Erblassers hin, einen Nießbrauch an der Erbschaft bestellt hat, abzulehnen sein; aber auch dann, wenn ein Vermächtnis dieses Inhalts vorläge, würde man nicht anders verfahren können, da es bedenklich ist, eine Befugnis des Nießbrauchers etwa zu rechtfertigen mit der Annahme einer Befreiung des Vorerben von § 2113 und § 2114 für diesen Ausnahmefall.

Bei befreiter Vorerbschaft können solche Bedenken nicht auftauchen, weil dann in Ansehung von Grundstücken oder Grundstücksrechten keine Beschränkung des Vorerben vorliegt, von dem der Nießbraucher sein Recht ableitet; eine Beschränkung der dem Nießbraucher in § 1087 gegebenen Befugnisse im Hinblick auf das Interesse des Nacherben ist alsdann nicht gegeben.

sie in einer späteren letztwilligen Verfügung erfolgt, die Aufhebung der befreiten Rechtsstellung des Vorerben bezwecken.[1]

Im § 2222 ist die Möglichkeit der Ernennung eines Testamentsvollstreckers zur Wahrnehmung der Rechte eines Nacherben vorgesehen. — Daß ein Testamentsvollstrecker, der nicht nur für den Nacherben bestellt ist, sondern die Verwaltung des Nachlasses schlechthin besorgen soll, im Interesse des Vorerben und des Nacherben zu verfahren hat, versteht sich von selbst.[2] — Daß bei einer Erbengemeinschaft auch ein Miterbe der Testamentsvollstrecker sein kann, ist anerkannt. — Wenn mehrere Miterben Vorerben sind, stünde daher der Annahme, daß zulässigerweise einer von ihnen zum Testamentsvollstrecker ernannt werden könnte, eigentlich nichts entgegen. — Jedoch dürfte die Testamentsvollstreckereigenschaft eines Mitvorerben sich nicht auch auf die Wahrnehmung der Rechte des Nacherben erstrecken. Wollte der Erblasser dem Vorerben derartige Befugnisse erteilen, so würde seine Verfügung insoweit ohne Wirkung bleiben. Die Ansicht, daß die Vorerbeneigenschaft und das Amt des Testamentsvollstreckers zur Wahrnehmung der Nacherbenrechte einander ausschließen, stützt sich auf die Erwägung, daß hier widerstreitende Interessen im Spiele stehen, die nicht gleichzeitig von einem Interessenten verfolgt werden können.[3] Die Zulässigkeit einer derartigen rechtlichen Konstellation verbietet sich aber außer aus dem Gesichtspunkte der Interessenkollision vor allem

---

[1] Ist der Testamentsvollstrecker aber einmal zur Verwaltung im Sinne des § 2209 berufen, so hat der Vorerbe nach § 2211 kein Verfügungsrecht. Der Umfang des Verfügungsrechts des Vorerben, der, je nachdem der Vorerbe befreit oder nicht befreit ist, verschieden ist, berührt die nur durch den Rechtssatz des § 2205 eingeschränkte Verfügungsmacht des Testamentsvollstreckers nicht.

Fraglich kann aber noch sein, ob die Kombination der Testamentsvollstreckerernennung und gewöhnlicher Vorerbschaft für das Verfügungsrecht des Testamentsvollstreckers eine Einschränkung zur Folge haben soll, die den Beschränkungen, die dem gewöhnlichen Vorerben gemäß den §§ 2113, 2114 obliegen, entspricht.

[2] Zur Frage der Zulässigkeit einer Testamentsvollstreckerernennung mit dieser Maßgabe vgl. Entsch. d. KG. vom 20. Juni 1904, Rspr. 10 S. 305.

[3] Vgl. Seuffert, Arch. Bd. 62 S. 239, Entsch. d. KG. v. 11. Okt. 1906.

deshalb, weil auf diese Weise die die Ausgestaltung des Vorerbenrechts bedingenden Rechtssätze, auch soweit sie absoluter Natur sind und die unumgänglichsten Kautelen zur Sicherung des Nacherbrechts enthalten, leicht umgangen werden könnten. Beispielsweise könnte der Vorerbe unentgeltlich verfügen und in Vertretung des Nacherben die Einwilligung dazu geben. Aus demselben Grunde würde einer Anordnung des Erblassers die Anerkennung zu versagen sein, die dem Nacherben auferlegte, zu jeder Verfügung des Nacherben, auch wenn sie gegen § 2113 Abs. 2 verstieße, die Einwilligung zu erteilen.

Auf diese Weise würde gleichfalls eine Umgehung der absoluten Rechtsnorm des § 2113 Abs. 2 bewerkstelligt und ein wichtiges Sicherungsmittel des Nacherben illusorisch werden.

3. Unwirksam würde ferner eine Verfügung des Erblassers sein müssen, mit der er die Rechte des Nacherben aus §§ 2121 und 2122 ausschließen wollte; selbst eine Einkleidung der Verfügung in ein den Nacherben in diesem Sinne beschwerendes Vermächtnis zugunsten des Vorerben würde ungültig sein.

4. Das gleiche Schicksal würde schließlich einer Auflage oder einem Vermächtnisse zuteil werden, dessen Inhalt die Auferlegung der obligatorischen Pflicht, auf Eintragung des Nacherbrechtsvermerkes im Grundbuche nach § 52 GBO. zu verzichten, bilden würde.[1]

5. Anders würde es sich verhalten, wenn in Ansehung der Vorschriften der §§ 2114—2126 vom Erblasser Anordnungen getroffen worden wären, die auf eine Umgehung dieser absoluten Rechtssätze abzielten. Es handelt sich bei diesen Vorschriften, die die Verteilung der Lasten und Kosten, sowie die Frage der Erstattung von Verwendungen regeln, nicht um Bestimmungen, die gerade der Rechtsstellung des Vorerben das charakteristische Gepräge geben; ebensowenig werden darin Maßregeln getroffen, die die Sicherung des Nacherben bezweckten. Würde sich daher der Erblasser des Rechtsinstituts des Vermächtnisses bedienen, um die gewöhnlichen Erhaltungskosten oder die nicht als auf

---

[1] Vgl. Jastrow, Deutsche Not. Ver.-Ztschr. 1906 S. 97, Rechtspr. über den befreiten Vorerben und die Kautelarjurisprudenz.

den Stammwert der Erbschaftsgegenstände gelegt anzusehenden Lasten auf den Nacherben abzuwälzen, so würde dies nicht beanstandet werden können. Vgl. § 17 d. D.

6. Es ist noch auf verschiedene einzelne Fälle hinzuweisen, bei denen Befreiungen ohne ausdrückliche Anordnung mit Rücksicht auf die Besonderheiten der Konsequenzen, die die Einschränkung mit sich bringen würde, anzunehmen sind, und auf einige rechtliche Situationen einzugehen, bei denen Anordnungen von Befreiungen zweckwidrig sein würden.

7. Zu den Fällen der letzteren Art würde z. B. eine Befreiungsanordnung bezüglich § 2113 Abs. 1 gehören, die der Erblasser für die Fälle der Ordnungsmäßigkeit der Verfügung in Ansehung der Verwaltung erlassen wollte. Hierauf soll bei der Behandlung des Verfügungsrechts des Vorerben eingegangen werden.

8. Weiter ist in diesem Zusammenhange der Vorschrift des § 2338 zu gedenken und die Frage aufzuwerfen, ob es dem Zwecke dieser Bestimmung entsprechen würde, wenn der Erblasser dem in wohlmeinender Absicht bezüglich seines Erbrechts beschränkten Abkömmling die Rechtsstellung eines befreiten Vorerben verleihen würde. Dem Wortlaute des Gesetzes läßt sich nicht entnehmen, daß die Anordnung von Befreiungen ausgeschlossen wäre. Bei den Kommissionsberatungen sind gegen die Zulassung der Nacherbschaft zu dem gedachten Zwecke Bedenken laut geworden, die damit begründet wurden, daß mit der Nacherbschaft im wesentlichen die Erhaltung des Vermögens zugunsten der Erben des verschwenderischen oder verschuldeten Abkömmlings angestrebt werde.

Zwischen den Fällen der Überschuldung und der Verschwendung wird unterschieden werden müssen. Während im ersten Falle der Zweck der Beschränkung des § 2338 darin gipfelt, den Zugriff der Eigengläubiger des Abkömmlings in den Nachlaß auszuschließen, will dieselbe Beschränkung beim Verschwender den Folgen der Verschwendungssucht, Vermögenszerrüttung oder Verarmung, vorbeugen, wobei der Nachdruck auf die Einschränkung der freien Dispositionsfähigkeit zu legen ist. Würde nun der verschwenderische Abkömmling von den Beschränkungen der

§§ 2113 Abs. 1, 2114 und 2116—2118 befreit sein, so würde es ihm ein leichtes sein, diejenigen Vermögensstücke, die den Stamm des Nachlasses bilden, zu versilbern und über den Erlös in unkontrollierbarer Weise zu verfügen. Damit würde aber der Zweck des Instituts verfehlt, denn die Gefahr eines übermäßig raschen Verbrauchs des Vermögens durch den Verschwender bestünde nach wie vor. Anordnung von Nacherbschaft mit Gewährung von Befreiungen für den verschwenderischen Abkömmling erscheint sonach als eine halbe Maßregel. Es ist zum mindesten problematisch, ob dem Gesetze zu unterstellen ist, daß es ein derartig unpraktisches Ergebnis billige. Das Obengesagte gilt nicht für alle Beschränkungen und Verpflichtungen, die den Vorerben normalerweise treffen; beispielsweise wäre eine Befreiung von den §§ 2130, 2131, 2133, 2134 nicht zu beanstanden. Eine Betrachtung sämtlicher Vorschriften des Gesetzes über Nacherbeneinsetzung unter dem angeregten Gesichtspunkte würde zu weit führen.

Daß zum mindesten im Falle der Verschwendung der nach § 2338 als Vorerbe eingesetzte Abkömmling eine möglichst eingeschränkte Rechtsstellung einnehmen soll, lehrt auch ein Vergleich mit der Rechtslage des Abkömmlings bei Anordnung der Verwaltung durch einen Testamentsvollstrecker. Die Verfügungsbefugnis des Abkömmlings ist alsdann völlig ausgeschaltet, er hat nur noch Anspruch auf den Reinertrag. Da man annehmen darf, daß das Gesetz auch mit der Vorerbschaft einen wenigstens annähernd gleichen Rechtseffekt erreichen will, dürfte sich die hier vertretene, die Zulässigkeit von Befreiungen im Falle des § 2338 im gewissen Umfange verneinende Ansicht — wenigstens soweit es sich um die Fälle der Verschwendung handelt —, sehr wohl halten lassen.

9. Anordnung von Befreiungen in den Fällen des § 2104 und § 2105. Wenn es im § 2136 heißt, daß der Erblasser den Vorerben von gewissen Beschränkungen und Verpflichtungen befreien könne, so ist damit nicht gemeint, daß der Vorerbe namhaft bezeichnet sein müsse. Es steht ja dem Erblasser sogar frei, eine zur Zeit der Testamentserrichtung noch nicht existente Person oder jemanden einzusetzen, dessen Persönlichkeit noch

nicht genau bestimmt ist. Im letzten Falle müssen aber die Voraussetzungen, auf Grund deren sich feststellen läßt, wer Erbe sein soll, genügend deutlich bezeichnet sein.[1] Gefordert wird nur, daß der Erbe zur Zeit des Erbfalls lebt. Vom Vorerben gilt das gleiche. In den obenerwähnten Fällen fehlt zwar der Einsetzung die namhafte Bezeichnung des Vorerben, der Erblasser hat aber eine bestimmte Person im Auge. Anders liegen die Verhältnisse des § 2104 und § 2105. — Gewöhnlich wird der Erblasser, der eine nach § 2104 oder § 2105 zu beurteilende Erbeinsetzung verfügt hat, keine Vorstellung haben, daß seine gesetzlichen Erben als Vorerben oder Nacherben im Zweifelsfalle berufen sind. — Trotzdem muß es ihm erlaubt sein, auch in den Fällen des § 2105 Befreiungen anzuordnen. Die Berufung der gesetzlichen Erben als Vorerben erfolgt nämlich nicht kraft Gesetzes, sondern den Berufungsgrund bildet der vom Gesetze angenommene Wille des Erblassers.[2] Daß es sich hierbei um eine dispositive Rechtsnorm handelt, ergibt die Fassung des § 2105 mit Sicherheit. Der Erblasser kann also den ihm vom Gesetze unterstellten Willen durch einen entgegengesetzten, direkt oder indirekt ausgesprochenen Willen ausschließen. Hat der Erblasser aber einmal diese Befugnis, so muß es ihm auch gestattet sein, eine Modifikation der infolge des ihm unterstellten Willens eintretenden Rechtsfolgen herbeizuführen. — Fälle der gedachten Art mögen zwar selten sein, immerhin ist es aber doch denkbar, daß der Erblasser anordnet, jemand solle in einem nach dem Erbfalle liegenden Zeitpunkte das erhalten, was in dem fraglichen Zeitpunkte vom Nachlasse übrig sei. — Die hierin liegende Einsetzung des Nacherben auf den Überrest bedeutet für die nach § 2105 als Vorerben berufenen gesetzlichen Erben die Befreiung von sämtlichen Beschränkungen und Verpflichtungen, soweit dies nach § 2136 möglich ist.

---

[1] Es soll angenommen werden, daß im Zeitpunkte des Erbfalls der Vorerbe lebt bzw. hinreichend genau bestimmt ist.

[2] Planck zu § 2105; vgl. auch Staudinger zu § 2104; um eine Nacherbfolge der gesetzlichen Erben handelt es sich hier überhaupt nicht, sondern die Vorschriften über die gesetzliche Erbfolge dienen hier dazu, den Inhalt des Einsetzungswillens zu ergänzen.

10. Besonderer Erwähnung bedarf noch die Vorschrift des § 2137. — Eine besondere Art der befreiten Vorerbschaft wird damit nicht statuiert, eine Auffassung, die übrigens verschiedentlich in der Literatur vertreten worden ist, so von Wilke[1] und Eichhorn.[2]

Jene Schriftsteller stehen auf dem Standpunkte, daß aus § 2138 Abs. 2 bezüglich der Nacherbschaft auf den Überrest zu folgern sei, daß auch eine gegen § 2113 Abs. 2 verstoßende Verfügung wirksam sei. — Aus der Bezugnahme des § 2137 auf § 2136 ergibt sich, daß bei der Nacherbschaft auf den Überrest alle, im § 2136 aufgeführten Befreiungen, aber auch nur diese als angeordnet zu gelten haben; da § 2113 Abs. 2 nicht im § 2136 mitgenannt ist, so ergibt sich auch für den Fall des § 2147 die Beschränkung des Vorerben hinsichtlich unentgeltlicher Verfügungen.

Aus der Fassung des § 2137 Abs. 1 geht hervor, daß das Gesetz eine absolute Norm für die Auslegung gewisser letztwilliger Verfügungen hat geben wollen, im Gegensatz zum Abs. 2, der nur eine Auslegungsregel enthält. Wie ist es nun zu beurteilen, wenn der Erblasser Nacherbschaft auf den Überrest angeordnet und außerdem gewisse Beschwerungen dem Vorerben auferlegt hat, deren Inhalt sich dem Sinne nach mit den Vorschriften deckt, die bei gewöhnlicher Vorerbschaft die charakteristischen Einschränkungen und Verpflichtungen des Vorerben auslösen? Soll man diejenigen Beschwerungen, die der absoluten Befreiung entgegenstehen, als nicht angeordnet behandeln oder ihnen durch Umdeutung in Auflagen oder Vermächtnisse Geltung verschaffen?

Daß der Erblasser mit derartigen Bestimmungen keine absolute Wirkung erzielen kann, ist selbstverständlich. — Aber auch eine Umdeutung dieser Beschwerungen in Beschränkungen obligatorischer Natur dürfte nicht angängig sein. — Hat einmal der Erblasser Nacherbschaft auf den Überrest anordnen wollen, so kann er die Rechtsfolgen dieser Art der Einsetzung nicht

[1] Wilke, Komm. zu § 2113 und zu § 2138.

[2] Eichhorn, Das Testament (4. Aufl.) S. 47.

wieder aufheben, indem er gleichzeitig die in Wegfall gekommenen Beschwerungen wieder anordnet. Es wäre widersinnig, zu sagen, die kraft Gesetzes bestehenden Rechtsbeziehungen sollen ausgeschaltet sein, aber doch als auf den Willen des Erblassers gestellt Geltung haben.[1]

Eher ließe sich der umgekehrte Fall denken, nämlich Einsetzung eines gewöhnlichen Vorerben in der Anweisung an den Nacherben, von den ihm danach gemäß den Bestimmungen des Titels: Nacherbeneinsetzung zustehenden Rechten keinen Gebrauch zu machen, oder nur unter gewissen, vom Erblasser angegebenen Voraussetzungen, diese Rechte auszuüben. Eine derartige letztwillige Verfügung würde dem an sich als gewöhnlicher Vorerbe anzusehenden Vorberechtigten dem Nacherben gegenüber gewisse Einrederechte gewähren, nämlich die Befugnis, die Vornahme gewisser Rechtshandlungen, die nach dem Gesetze als Ausfluß eines Sicherungsrechtes an sich vom Vorerben gefordert werden könnten, auf Grund ausdrücklicher Willenserklärung des Erblassers hingegen vom Nacherben in gewissen Fällen nicht sollen verlangt werden können, in eben diesen Fällen zu verweigern. Der Unterschied einer solchen Rechtslage von der befreiten Vorerbschaft im technischen Sinne äußert sich darin, daß bei prozessualer Geltendmachung eines Sicherungsrechts, z. B. auf Hinterlegung von Inhaberpapieren im Falle der befreiten Vorerbschaft, die Klage unschlüssig wäre, Versäumnisurteil sonach nicht gegeben werden könnte, während bei gewöhnlicher Vorerbschaft mit der Auflage der Nichtausübung der Sicherungsrechte einem Antrage auf Erlaß eines Versäumnisurteils stattzugeben wäre.

Eine weitere Verschiedenheit besteht darin, daß bei befreiter Vorerbschaft die Befreiungen in den Erbschein aufzunehmen sind, während bei der rechtlichen Konstellation der im vorstehenden erwähnten Art der Erbschein nur gewöhnliche Vorerbschaft würde bekunden können.

---

[1] Werden in einer späteren Verfügung von Todes wegen Bestimmungen der gedachten Art getroffen, so hat man unter Umständen einen Widerruf der Einsetzung auf den Überrest anzunehmen.

§ 6.

## Verzicht des Nacherben auf die Sicherungsrechte.

Im vorigen Paragraphen ist auf eine rechtliche Situation eingegangen worden, die nicht als befreite Vorerbenstellung im technischen Sinne anzusprechen ist, die aber wegen ihrer praktischen Bedeutung für den Vorerben ziemlichen Wert besitzt: es war dies der Fall der gewöhnlichen Vorerbschaft in Verbindung mit dem an den Nacherben gerichteten Verbote, von den Sicherungsrechten Gebrauch zu machen.

Die Frage, die im Anschlusse hieran erörtert werden soll, geht dahin, ob, bzw. in welchem Umfange, der Nacherbe auf die zu seiner Sicherung ihm gegebenen Rechte verzichten kann.

Was man unter „Verzicht" zu verstehen hat, kann an dieser Stelle nicht zum Gegenstande längerer Ausführungen gemacht werden; auch kann nicht genau darauf eingegangen werden, ob je nach dem Wesen der verschiedenen Rechtsbeziehungen der Verzicht eine einseitige Willenserklärung sein kann oder als Vertragsverhältnis zu konstruieren ist.

Es lassen sich zwei größere Gruppen von Fällen denken, in denen ein Verzicht auf die Sicherungsrechte, die zufolge der Nacherbenstellung entstehen, möglicherweise erklärt wird:

1. vor dem Erbfalle, 2. nach dem Erbfalle, aber vor Eintritt der Nacherbfolge.[1]

Zum Falle unter 1 ist die Frage aufzuwerfen, ob einer solchen Verzichtserklärung überhaupt Wirksamkeit beizulegen ist?

Cohn definiert in seiner Abhandlung Erlaß und Verzicht[2] den Verzicht als eine Willenserklärung oder eine Willensbetätigung, gerichtet auf die Aufgabe einer Rechtsposition, eines subjektiven Rechtes, einer Befugnis innerhalb der Peripherie eines Rechtes, und hebt hervor, daß man verzichten könne, wo man noch kein Recht habe, — damit würde die Entstehung künftiger

[1] Auch nach Eintritt der Nacherbfolge ist natürlich ein Verzicht denkbar, so z. B. auf etwaige Ansprüche nach dem § 2130 ff.

[2] Gruchot, Beiträge Bd. 47 S. 221 ff.

Rechte verhindert — und daß man mit dem Verzicht ein Recht ändern könne.

Wollte man annehmen, daß der Verzicht einer Person, welche Aussicht hat, mit dem Eintritte eines Erbfalls eine nacherbschaftliche Anwartschaft zu erhalten, nicht in Form eines Vertrags zwischen jener Person und dem, dem der Verzicht zustatten kommt, erfolgen müsse, so wird man kaum Bedenken hinsichtlich der Zulässigkeit haben können. — Aber selbst wenn man glaubt, in derartig gelagerten Fällen einen Verzichtsvertrag annehmen zu müssen, geschlossen zwischen dem künftigen Nacherben und dem künftigen Vorerben, so würde man auch aus § 312 BGB. kein Bedenken gegen die Zulässigkeit einer solchen Vereinbarung schöpfen können. — Denn über den Nachlaß des noch lebenden Dritten wird der Vertrag nicht geschlossen, sondern nur in Ansehung gewisser, ipso jure eintretender Rechtsbeziehungen, die ihren Ursprung in dem vom Gesetze geregelten Rechtsverhältnisse zwischen Vorerben und Nacherben haben, und nach Maßgabe einer eventuellen letztwilligen Verfügung zur Entstehung gelangen.

Änderungen der erbrechtlichen Verhältnisse an sich können durch einen derartigen Verzicht nicht hervorgerufen werden; der gewöhnliche Vorerbe wird auf diese Weise nicht zu einem befreiten Vorerben gemacht; mit dem Erbfall greifen sämtliche den Vorerben einschränkenden Rechtssätze ein.

Für den während der Dauer der Vorerbschaft erklärten Verzicht des Nacherben auf die ihm zu Gebote stehenden Sicherungsmittel gilt gleichfalls das Obengesagte. Es soll nur noch kurz darauf hingewiesen werden, daß auch der während der Dauer des Vorerbrechts erklärte Verzicht sich sowohl auf bereits bestehende Ansprüche bezieht, als auch auf Rechtsbeziehungen Bezug nimmt, die einen derzeitigen Anspruch noch nicht ausgelöst haben, und daß er schießlich Rechte zum Gegenstande haben kann, die erst nach dem Eintritt der Nacherbfolge Ansprüche gegen den Vorerben gewähren. — Zur ersten Gruppe zählen z. B. die Fälle der §§ 2116, 2123, zur zweiten die der §§ 2127, 2128 und zur dritten die nach §§ 2130, 2133, 2134. — Auch in Ansehung der Bestimmungen des § 2113 Abs. 1, 2 und

§ 2114 ließe sich ein „Verzicht“ denken. Derselbe würde juristisch als Verzicht auf die Geltendmachung derjenigen dinglichen Rechte anzusprechen sein, die bei einem Verstoße gegen die Vorschriften des § 2113 Abs. 1, 2 und § 2114 mit dem Eintritte der Nacherbfolge gegeben sind.[1] Für die Fälle der letztgenannten Paragraphen würde der Verzicht die Bedeutung einer im voraus erteilten Genehmigung auch solcher Rechtsgeschäfte, die an sich nicht mit Wirksamkeit gegenüber dem Nacherben vorgenommen werden könnten, besitzen.

Eine qualifizierte Form würde für einen solchen Verzicht, gleichviel ob er in einer einseitigen Willenserklärung oder einem Vertrage besteht, nicht zu fordern sein; immerhin würde sich besonders wegen der im Grundbuchverkehre geltenden Grundsätze bezüglich der Beweisführung die Niederlegung der fraglichen Erklärungen in öffentlichen oder öffentlich beglaubigten Urkunden empfehlen. Hat der Erblasser dem Nacherben auferlegt, von vornherein auf die in Zukunft aus etwaigen Verstößen gegen § 2113 Abs. 2 entstandenen Rechte zu verzichten, so würde die Verfügung unwirksam sein, weil der Erblasser damit eine Umgehung der Bestimmung des § 2113 Abs. 2, von der Befreiung nicht gewährt werden kann, in die Wege leiten würde. Ebensowenig könnte der Erblasser in wirksamer Weise den Nacherben zu einem Verzicht auf die eventuellen Schadenersatzansprüche aus § 2138 zwingen, etwa durch Auferlegung eines Vermächtnisses dieses Inhalts zugunsten des Vorerben.

## § 7.

## Mehrheit von Vorerben oder Nacherben.

Wenn von einer Mehrheit von Erben bezüglich desselben Nachlasses gesprochen wird, so versteht man gewöhnlich das Miterbenverhältnis darunter, welches dann gegeben ist, wenn

---

[1] Für die befreite Vorerbschaft kommt nur bei einem Verstoße gegen § 2113 Abs. 2 die Möglichkeit eines solchen Verzichts in Frage.

mehrere Erben zu gleichen oder ungleichen Anteilen den zum gemeinschaftlichen Vermögen gewordenen Nachlaß inne haben.[1]

Ist von einer Mehrheit von Vor- und Nacherben die Rede, so kann man darunter einmal die Fälle verstehen, in denen mehrere Erben als Vorerben sich in den Nachlaß teilen oder mehrere Nacherben dem oder den Vorerben als Anwärter gegenüberstehen, andererseits könnte man an die Fälle der mehrfachen Aufeinanderfolge von Vor- und Nacherben denken. — Hinsichtlich der Zahl der Nacherbschaftsfälle hat das Gesetz keine Schranken gezogen, wie dies noch in den Motiven vorgesehen war.[2] — Befreiungen können selbstverständlich nicht nur dem ersten Vorerben, sondern auch den Nacherben, sobald sie Vorerben werden, zuteil werden.

Im folgenden ist, wenn von Mehrheit der Vorerben gesprochen wird, die gleichzeitige Einsetzung mehrerer Vorerben gemeint.

Bei Einsetzung einer Vorerbenmehrheit in dem gedachten Sinne entsteht eine nach § 2032ff. zu beurteilende Erbengemeinschaft.

Ist neben den Miterben ein Erbe ohne auflösende Bedingung oder Beseitigung eingesetzt — er soll der Kürze halber als freier Erbe bezeichnet werden —, so nimmt auch er an der Erbengemeinschaft teil.

Der Mehrheit der Vorerben braucht eine Nacherbenmehrheit nicht zu entsprechen. Es können sehr wohl sämtliche Vorerben denselben Nacherben haben, andererseits wiederum kann ein Vorerbe für seinen Anteil mehrere Nacherben haben.

Die Endigung des Vorerbrechtes kann für die einzelnen Vorerben an verschiedene Bedingungen geknüpft sein und schließlich ist noch hervorzuheben, daß bei einer Erbengemeinschaft des Vorerben befreite und gewöhnliche Vorerbschaft nebeneinander vorkommen können. Doch hierauf soll später eingegangen werden. — Zunächst sind einige Zweifelsfragen zu erörtern, die sich bei Einsetzung einer Vorerbenmehrheit an der Hand des § 2085ff.

---

[1] Vgl. Strohal a. a. O. S. 82ff.

[2] Vgl. aber § 2109.

ergeben. Hat der Erblasser einen Vorerben auf einen Bruchteil der Erbschaft eingesetzt, so tritt hinsichtlich des frei gebliebenen Teiles die gesetzliche Erbfolge ein. Hat der Erblasser den Nacherben auf die ganze Erbschaft eingesetzt, den Vorerben aber nur zu einem Bruchteile, so werden, solange die Voraussetzungen für den Eintritt der Nacherbfolge noch nicht gegeben sind, hinsichtlich desjenigen Teiles der Erbschaft, auf den der Vorerbe nicht eingesetzt war, die gesetzlichen Erben als Vorerben gemäß § 2105 berufen.[1]

Wenn bei der Einsetzung auf Bruchteile in der Berechnung der Höhe der Bruchteile Fehler untergelaufen sind, dergestalt, daß die Summe der Bruchteile das Ganze nicht erschöpfen, so greift § 2089 zur Ergänzung des Willens des Erblassers ein. Sind Mitvorerben zu Bruchteilen eingesetzt und erschöpfen die Bruchteile das Ganze nicht und geht der Wille des Erblassers dahin, den gesamten Nachlaß unter die von ihm benannten Vorerben aufzuteilen, so ist § 2089 gleichfalls anzuwenden. Man darf sich nicht daran stoßen, daß im § 2089 gefordert wird, die betreffenden Bruchteilserben müßten die alleinigen Erben sein. Nach dem Erbfalle bis zum Eintritte der Nacherbfolge sind eben nur die Vorerben die berechtigten Inhaber des Nachlasses als wahre Erben. Der Umstand, daß später andere Personen in die Erbenstellung einrücken, ändert hieran nichts. Die Vorerben sind während der Dauer ihres Rechts die alleinigen Erben. Geht aber der Wille des Erblassers dahin, daß der unter bestimmte Erben aufzuteilende Nachlaß den Erben nur als Vorerben gehören soll, so muß die nach § 2089 zu berechnende Erhöhung der einzelnen Bruchteile auch den Nacherben zugute kommen.

Sind einem Mitvorerben mehrere Nacherben gesetzt, dergestalt, daß sein Bruchteil künftig wiederum geteilt, an andere Personen als Erben fallen soll, so kann sein Rechtsverhältnis hinsichtlich der Befreiungen, wie unten noch näher auszuführen ist, verschieden ausgestaltet sein. — Für unsere Betrachtung ist die Frage aufzuwerfen, wie die Verteilung des freigebliebenen

---

[1] Vgl. Strohal I S. 155 Anm. 16.

Teiles der Erbschaft, die in einer Erhöhung der Bruchteile besteht, sich hinsichtlich der Befreiungen äußert, die dem Mitvorerben einem seiner Nacherben gegenüber zusteht. — An dieser Stelle kann die Frage nur gestreift werden. — Man wird sagen müssen, daß die zugunsten des Mitvorerben eintretende Erhöhung des Bruchteils in Ansehung der Rechte der ihm gesetzten Nacherben mit der Maßgabe erfolgt, daß die Erhöhung der künftigen Bruchteile des Nacherben sich nach der Höhe der Bruchteile richtet, die sie vom Anteile des Vorerben dereinst erhalten sollen. — Dieses Ergebnis ist durch entsprechende Anwendung des § 2093 zu gewinnen, die sich daraus rechtfertigt, daß der Bruchteil des Vorerben, in den sich die Nacherben zu teilen haben, als ein gemeinschaftlicher Erbteil erscheint. —

Erwähnt werden mag in diesem Zusammenhange noch der Fall, wenn der Nachlaß, soweit die Vorerben in Frage kommen, zwar richtig verteilt ist, die den Nacherben zugewiesenen Bruchteile der Erbschaft dagegen das Ganze nicht erschöpfen, der Wille des Erblassers aber dahin geht, daß der gesamte Nachlaß Gegenstand der Vor- und Nacherbfolge sein solle. — Man wird auch hier den Gedanken des § 2089 in entsprechender Weise anzuwenden haben. — Wollte man annehmen, daß bei den Nacherben für die Vorschrift des § 2089 kein Raum sei, weil die Nacherben noch keinen Erbteil, sondern nur die Anwartschaft auf einen solchen haben, so würde man zu dem wenig befriedigenden Resultate gelangen, daß für den freigebliebenen Teil der Erbschaft die gesetzlichen Erben nach § 2104 als Nacherben berufen wären.

Auch die Vorschriften der §§ 2090, 2092 und 2093 müssen bei Einsetzung von Mitvorerben in entsprechender Weise angewendet werden. Dasselbe gilt von den im § 2091 zitierten Vorschriften. Hat der Erblasser seine gesetzlichen Erben eingesetzt, so kann sich, wenn diese Einsetzung aufschiebend bedingt erfolgt ist, die eigenartige Konstellation ergeben, daß die vom Erblasser als Nacherben eingesetzten Personen zugleich als Vorerben gemäß § 2105 berufen werden, und demzufolge ihre eigenen Vorerben sein würden; immerhin können es verschiedene Personen sein, die Vorerben und Nacherben werden; denn als

Nacherben sind diejenigen Personen berufen, die zur Zeit des Eintritts der Bedingung oder des Termins die gesetzlichen Erben des Erblassers gewesen wären, wenn dieser zu dem fraglichen Zeitpunkt gestorben wäre; während als Vorerben diejenigen gesetzlichen Erben berufen sind, die diese Eigenschaft im Zeitpunkte des Erbfalles besitzen.[1]

Auf die besonderen Rechtserscheinungen, die sich beim Zusammentreffen von gewöhnlicher mit befreiter Vorerbschaft und Vorerbschaft mit freiem Erbrechte im Falle der Auseinandersetzung ergeben, ist in anderem Zusammenhange einzugehen.[2]

Hat der Erblasser einen Erben eingesetzt und angeordnet, daß in Ansehung eines Bruchteiles ein Anderer Nacherbe sein soll, so tritt, wenn der Nacherbfall zu Lebzeiten des Vorerben eintritt, Erbengemeinschaft zwischen dem bisherigen Vorerben und Nacherben ein, die nach gewöhnlichen Grundsätzen zu behandeln ist. Eine bruchteilsmäßige Berechtigung an den einzelnen zum Nachlasse gehörigen Gegenständen kommt nicht zur Entstehung; noch viel weniger kann eine derartige Berechtigung während der Dauer des Vorerbrechts existieren. — Auch wenn der Nacherbe nur die Anwartschaft hat, hinsichtlich eines Bruchteils Erbe zu werden, so bestehen die Beschränkungen, die die Nacherbschaft für den Vorerben im Gefolge hat, nicht in einer der Größe des künftig zu erlangenden Bruchteils entsprechenden Belastung des Gesamtnachlasses.

Solange der Vorerbe, der zugleich in Ansehung eines Bruchteiles des Nachlasses freier Erbe ist, Inhaber des gesamten Nachlasses ist, ist eine Auseinandersetzung begrifflich ausgeschlossen, weil ja die Person fehlt, mit der er sich auseinandersetzen könnte. Dieselbe erwächst ihm zwar einmal in der Person des Nacherben, ist aber während der Dauer des Vorerbrechts noch nicht vorhanden.

Die geschilderte Rechtslage mag mitunter Härten für den Vorerben enthalten, insofern dieser von dem Vorteil, zu einem

---

[1] Eine ähnliche rechtliche Konstellation kann sich überdies noch unter anderen Umständen ergeben. — Vgl. S. 59.

[2] Vgl. § 13.

vielleicht sehr großen Bruchteile freier Erbe zu sein, nichts spürt, weil die Sicherungsrechte, die dem Nacherben zu Gebote stehen bzw. die dinglich wirkenden Schutzrechte nicht teilbar sind. — Ein offensichtlicher Vorteil dürfte allerdings darin bestehen, daß die Vorschrift des § 2115 ebenfalls Gültigkeit hat und aus den oben dargelegten Gründen der ganze Nachlaß dem Gläubigerzugriffe, außer soweit Nachlaßgläubiger in Frage kommen, entzogen bleibt. —

Ist von mehreren auf einen Nachlaß eingesetzten Erben nur einer Vorerbe, so ist übrigens, solange die Auseinandersetzung noch nicht stattgefunden hat, die Rechtslage des freien Miterben in ähnlicher Weise eingeschränkt, wie beim Alleinerben, der freier Erbe und Vorerbe zugleich ist.[1]

## § 8.

## „Befreite" und „gewöhnliche" Vorerbschaft nebeneinander.

Im vorhergehenden Paragraphen ist die Frage angeschnitten worden, welche Wirkungen hervortreten, wenn freies Erbenverhältnis und Vorerbrecht nebeneinander auftreten; und es ist dabei sowohl der Fälle gedacht worden, in denen ein Vorerbe bezüglich eines Teiles des Nachlasses freier Erbe ist, als auch derer, in denen sich freie Erben mit Vorerben in den Nachlaß teilen. Nunmehr ist in eine Betrachtung darüber einzutreten, wann und mit welchen Rechtswirkungen befreite und gewöhnliche Vorerbschaften nebeneinander herlaufen können.

I. Zunächst soll der Fall ins Auge gefaßt werden, wenn mehrere Vorerben, von denen jedem ein besonderer Nacherbe

[1] Doch sind diese Einschränkungen nur tatsächlicher Natur; prinzipiell kann der freie Miterbe z. B. — persönlich uneingeschränkt — bei einer Verfügung über ein zur gemeinschaftlichen Erbschaft gehöriges Grundstücksrecht mitwirken; übernimmt er ein zur Erbschaft gehöriges Grundstück bei Gelegenheit der Erbauseinandersetzung, so muß er aber, wenn der Miterbe gewöhnlicher Vorerbe ist, eventuell die Unwirksamkeit dieser Verfügung gewärtigen, es sei denn, daß der Nacherbe nicht seine Genehmigung nach § 2120 erteilt hat. — Vgl. ferner §§ 12 und 13 der Darst.

bestimmt ist, und zwar einige mit Befreiungen, die anderen als gewöhnliche Vorerben eingesetzt sind.

Verhältnismäßig einfach ist die Rechtslage, sobald der Nachlaß geteilt ist. Die Schwierigkeiten liegen in der Art der Auseinandersetzung und in den Eigentümlichkeiten des Rechtszustandes während der Dauer der Erbengemeinschaft unter den Vorerben.

Auf die Frage, welche Rechtswirkung Teilungshandlungen, haben, die einem Nacherben gegenüber nicht ohne weiteres mit Wirksamkeit vorgenommen werden können, soll hier nicht eingegangen werden. Nimmt man an, daß die Auseinandersetzung in einer auch für die Nacherben verbindlichen Weise erfolgt ist, so bildet das, was jeder einzelne Vorerbe bei der Teilung erhalten hat, den Gegenstand des künftigen Erbrechts des ihm gesetzten Nacherben, und ist vom Vorerben mit Rücksicht auf das künftige Nacherbrecht zu verwalten, wobei er, je nachdem er befreiter oder nicht befreiter Vorerbe ist, eine mehr oder minder freiheitliche Rechtsstellung einnimmt.

Solange die Erbauseinandersetzung noch nicht erfolgt ist, ergreift das Recht jedes Nacherben, auch wenn jeder nur zu erwarten hat, künftig einmal einen Bruchteil zu erhalten, den Nachlaß als Ganzes. — Die Beschränkungen wirken aber je nach ihrem Inhalte und Zwecke verschieden. — Die hierbei auftauchenden Fragen würden sich vorwiegend auf eine Würdigung der einzelnen Sicherungsrechte beziehen und sollen daher in anderem Zusammenhange erörtert werden. Der Rechtszustand des befreiten Vorerben ist kurz dahin zusammenzufassen, daß prinzipiell seine freie Rechtsposition keine Einbuße erleidet, beispielsweise besteht für ihn keine Haftung aus § 2130 oder eine Ersatzpflicht nach § 2133 und § 2134; auch kann er nicht zur Sicherheitsleistung angehalten oder durch Sequestration von der Verwaltung ausgeschlossen werden; dagegen ist er mitbetroffen, wenn ein Anspruch aus § 2116 oder § 2123 geltend gemacht wird; eine Beschränkung dieses Rechtes, etwa auf Hinterlegung eines Teiles der im Nachlaß befindlichen Inhaberpapiere wäre undenkbar. Das Verlangen, einen Wirtschaftsplan aufzustellen, kann auch nur an den gewöhnlichen Vorerben gestellt werden;

der Plan muß aber die wirtschaftliche Behandlung des ganzen Nachlasses ins Auge fassen.

II. Sind mehrere Vorerben eingesetzt, alle aber durch die nacherbschaftliche Anwartschaft einer und derselben Person beschwert, so gilt dasselbe, was unter I ausgeführt worden ist. Der Umstand, daß nur ein Nacherbe vorhanden ist, ändert nichts. Ist der Nachlaß zur Zeit des Eintritts der Nacherbfolge bezüglich der Berechtigung eines Vorerben — es soll angenommen werden, daß der die Nacherbfolge herbeiführende Grund in der Person jedes Vorerben verschieden ist — noch ungeteilt, so wird der Nacherbe in Ansehung dieses Bruchteils Miterbe und bleibt den anderen Vorerben gegenüber der Nacherbe. — Das Gebaren der Vorerben ist, je nachdem sie den Nacherben gegenüber die befreite Rechtsstellung einnehmen oder nicht, verschieden zu beurteilen. —

III. Möglich ist ferner, daß der Erblasser einen Vorerben einsetzt und mehrere Personen benennt, die als Nacherben jeder einen Bruchteil des Nachlasses später einmal erhalten sollen. Ist es nun zulässig, wenn der Erblasser anordnet, der Vorerbe A soll dem Nacherben B gegenüber von allen Beschränkungen und Verpflichtungen befreit sein, dem C gegenüber dagegen als gewöhnlicher Vorerbe behandelt werden? Daß der Erblasser ein vernünftiges Interesse daran haben kann, die Rechtsstellung der Vorerben verschiedenartig zu behandeln, dürfte nicht zu leugnen sein, beispielsweise könnte die Beschränkung gegenüber dem einen Nacherben aus der Erwägung heraus geschehen, daß dieser besonders geschützt werden müsse, vielleicht wegen seiner Minderjährigkeit, während die Befreiung gegenüber dem anderen Nacherben vielleicht der Befürchtung entsprungen ist, jener Nacherbe, der dem Erblasser als ein unverträglicher Mensch bekannt ist, könnte seine Rechte gegen den Vorerben in schikanöser Weise ausnützen.

Der Hinweis darauf, daß ein Erblasser vernünftige Gründe haben kann, wenn er eine bestimmte Anordnung trifft, ist natürlich kein Argument für die Zulässigkeit einer solchen Anordnung. Der Grund, weshalb die Frage nach der Zulässigkeit letztwilliger Verfügungen dieses Inhalts zu bejahen ist, dürfte darin liegen, daß die beschränkte Rechtsstellung des Vorerben — sie ist es ja in gewisser Weise auch bei befreiter Vorerbschaft — stets der Ausfluß eines bestimmten Rechtsverhältnisses ist, das zwischen Vor- und Nacherben besteht.

Die beschränkte Rechtsstellung des Vorerben ist die Wirkung der Tatsache, daß unter gewissen Umständen ein anderer, nämlich der Nacherbe, in die Erbenstellung einrücken wird, sei es bezüglich des ganzen Nachlasses, sei es bezüglich eines Teiles desselben. Dem Schutze der dem Nacherben hiernach zustehenden Anwartschaft dienen gewisse Rechtsbeziehungen, deren Wirkung sich zum Teil erst nach Eintritt der Nacherbfolge zeigt, die auf der anderen Seite aber Ansprüche des Nacherben begründet, die schon während der Dauer des Vorerbenrechts geltend gemacht werden können. Sind mehrere Nacherben vorhanden, so müssen die gedachten Rechtsbeziehungen allen Nacherben gegenüber zur Entstehung kommen. — Die Erfüllung gegenüber einem Nacherben wirkt nicht notwendig auch für den anderen Nacherben. — Deutlich tritt dies z. B. bei der Verpflichtung des Vorerben hervor, gemäß § 2121 ein Verzeichnis einzureichen. — Ist dem Nacherben B ein Verzeichnis ausgehändigt, so wäre damit dem Interesse des Nacherben C nicht gedient. Ein Recht, das Verzeichnis beim anderen Nacherben etwa einzusehen, wäre nicht gegeben. Der Schutz des anderen Nacherben wird daher nur erreicht, wenn auch er die Anfertigung eines Verzeichnisses verlangen kann, selbst wenn ein solches schon einem anderen Nacherben ausgehändigt worden ist. Von den anderen obligatorischen Rechten gilt dasselbe; werden beispielsweise auf Veranlassung eines Nacherben Inhaberpapiere hinterlegt, so hat die Hinterlegung mit der Maßgabe zu erfolgen, daß der Vorerbe nur mit Zustimmung „des Nacherben“ über die fraglichen Papiere verfügen könne.

Stellt ein Nacherbe das Verlangen nach § 2116, der andere hingegen nicht, so kann die der Hinterlegungsstelle zu erteilende Anweisung nur dahin lauten, daß die Aushändigung der Papiere an den Vorerben nur mit Zustimmung desjenigen Nacherben erfolgen dürfe, der das Verlangen nach Hinterlegung gestellt hat. Würde die Herausgabe auch von der Zustimmung des anderen Nacherben abhängig gemacht, ohne daß ein diesbezügliches Verlangen gestellt worden ist, so würde der Vorerbe ohne Grund und über Gebühr beschwert sein.

Daß tatsächlich in den meisten Fällen das Interesse des einen Nacherben mit wahrgenommen wird, wenn der Vorerbe den vom anderen Nacherben geltend gemachten Ansprüchen sich fügt, ändert nichts an der prinzipiellen Verschiedenheit der in der Person jedes Nacherben gegebenen Sicherungsrechte.

Auch bei Verstößen gegen die Bestimmung des § 2113 Abs. 1 zeigt es sich, daß eine Mehrheit von Rechtsbeziehungen verletzt wird. Jeder Nacherbe kann nach Eintritt der Nacherbfolge die dinglichen Rechte, die nach § 2113 mit diesem Zeitpunkte entstehen, geltend machen, jeder einzelne kann auch auf die Geltendmachung verzichten, ohne damit im geringsten die Rechte des Mitnacherben zu beeinträchtigen.

Aus alledem wird man erkennen, daß, wenn ein Vorerbe mehrere Nacherben hat, nicht nur eine einheitliche Belastung des Erbrechts des Vorerben vorliegt, deren Kehrseite etwa eine von den Nacherben gemeinsam auszuübende Befugnis wäre, gewisse Sicherungsrechte auszuüben, sondern daß aus den Anwartschaften — also aus dem Wesen nach gleichartigem Grunde — die in verschiedenen, durch die als Nacherben in Frage kommenden Persönlichkeiten gekennzeichneten Rechtssphären wurzeln, die Sicherungsrechte für jeden Nacherben selbständig erwachsen. Handelt es sich aber, wenn demselben Vorerben mehrere Nacherben gesetzt sind, einmal um prinzipiell verschiedene Rechtsbeziehungen, so steht auch der Zulässigkeit einer verschiedenartigen Ausgestaltung dieser Rechtsverhältnisse nichts entgegen. Es muß demzufolge statthaft sein, dem Vorerben mehrere Nacherben zu setzen und ihm bezüglich des Rechtsverhältnisses gegenüber dem einen Nacherben Befreiungen zu gewähren, dem anderen gegenüber aber nicht.

IV. Daß zwei Personen gleichzeitig Erben eines ganzen Nachlasses werden, ist rechtlich unmöglich; — hingegen ist nicht ausgeschlossen, daß zwei Personen je eine nacherbschaftliche Anwartschaft in Ansehung ein und desselben Nachlasses haben. — Der Erblasser kann z. B. anordnen: A soll Vorerbe sein, als Nacherben auf den ganzen Nachlaß wird derjenige meiner beiden

Neffen B und C berufen, der zuerst ein bestimmtes Examen gemacht hat. Dieser Fall, der überdies nicht als Ersatzberufung aufzufassen ist, ist von dem unter III Erörterten grundverschieden. Selbstverständlich kann schließlich nur einer Erbe des Nachlasses werden; zunächst besteht aber noch eine Ungewißheit, wer der künftige Erbe sein wird. Auch wenn die Erfüllung der Bedingung, an die der Eintritt der Nacherbfolge geknüpft ist, in der Person des einen Nacherben aller Voraussicht nach nicht eintreten wird — es darf nur nicht völlig ausgeschlossen sein —, so hat dieser doch alle einem Nacherben zustehenden Rechte. Einen Unterschied hinsichtlich des Grades der Möglichkeit des eventuellen Eintritts der Nacherbschaft macht das Gesetz nicht. Auch in diesem Falle kann man nicht sagen, daß nur eine Anwartschaft gegeben sei, deren Träger die beiden Nacherben seien. Es treffen obige Auslassungen auch hier zu; der Unterschied von jenem Falle besteht eigentlich nur darin, daß das Objekt der Anwartschaften dort nur je eine Nachlaßquote ist, während es hier der ganze Nachlaß ist.

In den Fällen unter III und IV wird der Vorerbe freilich oft nichts davon merken, daß er dem einen Anwärter gegenüber befreit ist, wenn er es dem anderen gegenüber nicht ist. Die Befugnis, sich dem einen Nacherben gegenüber als befreiter Vorerbe zu gebärden, erhält jedoch sofort ihre praktische Bedeutung, wenn feststeht, daß der Nacherbe, dem gegenüber der Vorerbe beschränkt ist, niemals in die Erbenstellung einrücken kann.

Im Hinblick auf die Möglichkeit, daß die Anwartschaft eines Nacherben, der den Eintritt der Nacherbfolge nicht erlebt, auf seine Erben übergehen kann, ist die Frage aufzuwerfen, wie es sich mit der Ausübung der Nacherbenrechte während der Dauer der Vorerbschaft verhält, wenn an die Stelle des weggefallenen Nacherben mehrere Erben des Nacherben getreten sind. In diesem Falle kann man zweifeln, ob eine einheitliche Rechtsbeziehung anzunehmen ist, dergestalt, daß die Erben des Nacherben die Rechte des letzteren gemeinsam ausüben müssen, oder ob die Nacherbenrechte jedes dieser Nacherben-Erben gesondert nebeneinander herlaufen. — Nimmt man die letztere Ansicht an, so schafft man damit dem Vorerben viele Ungelegenheiten; auch der befreite Vorerbe würde darunter leiden, insofern beispielsweise jeder Erbe des Nacherben Aufstellung eines Verzeichnisses nach § 2121 verlangen könnte, wenn der Nacherbe bei seinen Lebzeiten das diesbezügliche Verlangen noch nicht an den Vorerben gerichtet hatte, oder die Feststellung des Zustandes der zur Erbschaft gehörigen Sachen veranlassen konnte. Man wird aber trotz mancher offenbarer Härten sich zu dieser Ansicht bequemen müssen, da man bei der personenrechtlichen Anwartschaft, die nicht als derzeitiges Vermögen angesprochen werden kann, nicht von einem gemeinschaftlichen Vermögen der Erben des Nacherben sprechen kann. Die personenrechtliche Anwartschaft des Nacherben löst sich ohne weiteres in Anwartschaften seiner Erben auf. Die Anteile der Nacherben-Erben an dem künftig an sie fallenden Nachlasse richtet sich nach der Höhe derjenigen Anteile, die bei der Beerbung des Nacherben maßgebend gewesen sind. — In diesem Zusammenhange ist noch festzustellen, daß eine erblasserische Anordnung des Inhalts, daß der Vorerbe, dem nur ein Nacherbe gesetzt ist, diesem gegenüber bezüglich einer Erbschaftsquote befreit, hinsichtlich eines anderen nicht befreit sein soll, keine Wirksamkeit hat, wenn nicht der Erwerb der verschiedenen Quoten durch den Nacherben an verschiedenartige Voraussetzungen geknüpft ist. Ist nämlich einem Allein-Vorerben ein Allein-Nacherbe gesetzt, so kann man von Erbschaftsquoten überhaupt nicht sprechen, weil zu diesem Begriffe notwendig die Erbenmehrheit gehört. Zum mindesten muß die Möglichkeit einer künftigen Erbengemeinschaft bestehen. Dies ist der Fall, wenn der Erwerb der verschiedenen — beispielsweise zweier — Quoten an Voraussetzungen verschiedenen Inhalts geknüpft ist. Tritt nämlich diejenige Bedingung ein, an die sich der Erwerb der einen Erbschaftsquote anschließen soll, so wird der Nacherbe zunächst Miterbe nach Höhe dieses Bruchteils; bezüglich der anderen Quote bleibt er Nacherbe. Sollte der Vorerbe z. B. hinsichtlich einer Quote von zwei Dritteilen gewöhnlicher Vorerbe, zu einem Drittel befreiter Vorerbe sein, so wird, nachdem sich die Anwartschaft in Ansehung der einen Quote zu zwei Drittel zum Erbrecht des Nacherben verdichtet hat, in Höhe eines Drittels, der Vorerbe, der noch zu ein Drittel

Vorerbe bleibt, als befreiter Vorerbe anzusehen sein. Es kann natürlich auch der umgekehrte Fall eintreten. Solange der Nacherbe noch hinsichtlich beider Quoten Anwärter ist, laufen befreite und gewöhnliche Vorerbschaft nebeneinander her, wenn auch der Vorerbe praktisch von seiner befreiten Rechtsstellung nichts merken wird. Nach Eintritt des Nacherbfalles hinsichtlich einer Quote ist der Vorerbe entweder bloß noch gewöhnlicher oder befreiter Vorerbe.

## § 9.

## Wechsel in der Person des Vorerben.

§ 2102 enthält den Rechtssatz, daß die Einsetzung als Nacherbe im Zweifel auch die Einsetzung als Ersatzerbe enthalte. — Da dieser Satz als Auslegungsregel formuliert worden ist, ist auch ein gegenteiliger Wille des Erblassers zulässig, nach welchem der Nacherbe nur als Nacherbe berufen sein soll. — Ist nun infolge Wegfalls des vom Erblasser berufenen Vorerben nicht ersichtlich, wer den Nachlaß vor dem Nacherben haben solle, so sind die gesetzlichen Erben gemäß § 2105 als Vorerben berufen. Diese Ergänzung des erblasserischen Willens gilt aber nur, wenn nicht ersichtlich ist, wer bis zum Eintritt des Nacherbfalles den Nachlaß haben solle. Diese Voraussetzung wird meistens dann nicht gegeben sein, wenn der Erblasser mehrere Vorerben eingesetzt hat und von diesen einer vor oder nach dem Erbfalle wegfällt. — Bei dieser Sachlage ist es viel naheliegender, daß eine andere Gruppe von Rechtssätzen, die auch auf die Ergänzung des erblasserischen Willens gemünzt sind, nämlich die betreffend die Anwachsung von Erbteilen Platz greift. — Daß das Gesetz auch bei der Vorerbeneinsetzung die Anwachsung zuläßt, erhellt aus der Vorschrift des § 2110 Abs. 1, welche lautet: Das Recht des Nacherben erstreckt sich im Zweifel auf einen Erbteil, der dem Vorerben infolge des Wegfalls eines Miterben anfällt. — Die eben zitierte Vorschrift hat den Fall im Auge, daß dem Vorerben der Erbteil eines freien Miterben anfällt. — Es dürfte aber keinen Grund geben, der gegen die Anwendung dieser Regel spräche, wenn der Wegfall eines Mitvorerben in

Frage steht. — Ein Anfall eines Erbteils kann in unserem Falle erfolgen durch Anwachsung oder Ersatzberufung, ferner infolge von Erbunwürdigkeit oder Ausschlagung des Mitvorerben.[1] In

---

[1] Ob man mit PLANCK (Anm. zu § 2105) und STROHAL I (196) auch den Fall des § 1935 hierher zu rechnen hat, hängt davon ab, ob man im Falle des § 2105 die Berufung der gesetzlichen Erben als Vorerben auf reine gesetzliche Erbfolge oder auf einen dem Erblasser zu unterstellenden Einsetzungswillen zurückzuführen hat. PLANCK stützt seine Ansicht, daß gesetzliche Erbfolge vorliege, insbesondere darauf, daß nur bei dieser Annahme die Aufrechterhaltung des Grundsatzes, daß eine Erbschaft nie ohne Rechtsträger sein darf, möglich sei. PLANCK geht davon aus, daß im § 2105 auch der Fiskus berufen sei, im Gegensatze zum Falle des § 2104, daß aber der Fiskus nach § 1936 ausschlagen könne, wenn er auf Grund gewillkürter Erbfolge berufen würde, und folgert hieraus, daß bei Fiktion gewillkürter Erbfolge im Falle des § 2105 dem Fiskus das Ausschlagungsrecht zustände und demnach eventuell bis zum Eintritt der Nacherbfolge ein Tempus vacuum entstehen könnte. — Trotz dieser eigentlich zwingenden Argumentation erscheint doch auch wieder der von STAUDINGER Anm. zu § 2104 und § 2105 gemachte Einwand beachtlich, daß mit dem Gedanken der gesetzlichen Erbfolge die resolutive Bedingtheit des Erbrechts unvereinbar sei. Ungerechtfertigt erscheint es mir, wenn PLANCK eine Bestätigung seiner Ansicht darin findet, daß gewillkürte Erbfolge neben der gesetzlichen vorkommen könne, sonach die erstere auch nach der letzteren zulässig sein müsse. — Ein wichtiger Unterschied besteht meines Erachtens darin, daß beim Nebeneinander von gewillkürter und gesetzlicher Erbfolge letztere, in deren Wesen der definitive Übergang des erblasserischen Vermögens auf den Erben liegt, inhaltlich nicht beschränkt wird, während dies beim Vorhandensein einer nacherbrechtlichen Anwartschaft allerdings der Fall ist, da das Erbrecht unter eine Resolutivbedingung gestellt wird. Nimmt man im Falle des § 2105 gesetzliche Erbfolge an, so wäre allerdings bei Wegfall eines Miterben Erhöhung der Erbteile der anderen Erben möglich. Die im Text erörterte Frage dürfte alsdann der praktischen Bedeutung ermangeln, weil überhaupt nur gewöhnliche Vorerbschaft für die Miterben in Frage kommen dürfte. — Sollte wirklich einmal ein Erblasser ohne Benennung von Vorerben Nacherbfolge auf den Überrest angeordnet haben, so würde, wenn man auch in diesem Falle gesetzliche Erbfolge annehmen würde, der Auffassung, daß das Eintreten der Erhöhung keinerlei Veränderung in der freien Rechtsstellung der Erben im Gefolge habe, Bedenken kaum entgegenstehen, da es in einem solchen Falle dem Erblasser ja völlig gleichgültig zu sein pflegt, wer die Vorerbenstellung einnimmt. — Erwähnt mag in diesem Zusammenhange noch der Fall werden, wenn hinsichtlich eines Teiles der Erbschaft in Ermangelung einer anderen letztwilligen Verfügung

den beiden letzteren Fällen tritt die Anwachsung in einem nach dem Erbfalle liegenden Zeitpunkte ein. Fällt der Erbteil eines freien Miterben dem Mitvorerben etwa zufolge Ersatzberufung an, so bestimmt das Gesetz, daß der angefallene Erbteil auch mit der Nacherbschaft belastet sein solle. Dagegen äußert sich das Gesetz nicht zu der Frage, welche Rechtswirkungen eintreten sollen, wenn der weggefallene Mitvorerbe hinsichtlich der Befreiungen anders gestellt war als der Vorerbe, dem der Wegfall zugute kommt.

Vor allem auf diese Frage nehmen die folgenden Auslassungen Bezug.

Die Voraussetzungen, die für das Recht der Anwachsung im allgemeinen gelten, sind auch für unseren Fall zu fordern. Es müssen sonach mehrere Erben in der Weise eingesetzt sein, daß die gesetzliche Erbfolge ausgeschlossen wird, vgl. auch § 2094 Abs. 2. — Vor allem muß geprüft werden, ob § 2102 Geltung hat. Ist dies der Fall, so würde das Recht des als Ersatzerben in Frage kommenden Nacherben das Anwachsungsrecht gemäß § 2099 ausschließen.

Außerdem ist jedesmal bei Wegfall eines Miterben und Freiwerden des auf ihn fallenden Anteils zu prüfen, ob die Ergänzung des erblasserischen Willens nach Maßgabe des § 2105 zu erfolgen hat. — Auch § 2094 bietet ja nur eine Ergänzung des Willens des Erblassers. — Die Möglichkeit ihrer Ausschließung sieht § 2094 Abs. 3 vor. — In der Mehrzahl der Fälle wird aber das dem Willen des Erblassers am meisten entsprechende Ergebnis die Annahme der Anwachsung sein. — Würde freilich der Erblasser bestimmt haben, daß jeder der Vorerben einen gewissen Bruchteil und nur diesen erhalten solle, so wäre für das Anwachsungsrecht kein Raum. Die Testamentsauslegung spielt bei diesen Fragen selbstverständlich eine erhebliche Rolle.

gesetzliche Erbfolge Platz greift und zu den gesetzlichen Erben des freigebliebenen Teils auch der als Vorerbe zu einem Bruchteile Eingesetzte gehört. Fällt in diesem Falle einer der auf den freigebliebenen Teil berufenen gesetzlichen Erben weg, so tritt Erhöhung ein. Eine Erstreckung des Nacherbrechts auf die durch Erhöhung erworbene Quote des Nachlasses ist aber ausgeschlossen, da der Vorerbe den sich erhöhenden Teil schon als freier Erbe besitzt. — Vgl. § 2094 Abs. 2 BGB. und Strohal I S. 154.

Es soll gleich an dieser Stelle noch bemerkt werden, daß sich ähnliche Zweifelsfragen, wie bei den hier zu erörternden Fällen, bei der Berufung des Ersatzvorerben[1] und im Falle des Vererbens der Vorerbenstellung ergeben.

Um diese Fälle der Anwachsung zu beleuchten, sind folgende Beispiele nebeneinander zu stellen:

I. A, B, C sind unter Ausschließung der gesetzlichen Erbfolge auf den ganzen Nachlaß als Vorerben eingesetzt und zwar ist dem A der $A_1$, dem B der $B_1$, dem C der $C_1$ als Nacherbe bestimmt. A und C sollen befreite Vorerben sein, während B gewöhnlicher Vorerbe sein soll. B fällt vor oder nach dem Erbfalle weg, wobei zugunsten der Mitvorerben A und C das Anwachsungsrecht ausgelöst werden, das Nacherbrecht des $B_1$ unverändert bleiben soll.

II. Dieselbe Rechtslage wie unter I, nur mit der Umkehrung, daß A und C gewöhnliche Vorerben, B befreiter Vorerbe sein soll.

III. Dieselbe Rechtslage wie unter I, nur sollen A, B und C sämtlich befreite Vorerben sein.

IV. B soll Vorerbe des $B_1$ und befreit sein; A und C sollen durch Nacherbschaft nicht eingeschränkte freie Erben sein, B soll wegfallen und Anwachsung zugunsten des A und C eintreten.

V. Den drei Vorerben A, B, C soll ein Nacherbe D eingesetzt sein; — im übrigen sollen die Voraussetzungen gelten wie unter I: A und C befreite Vorerben, B gewöhnlicher Vorerbe. — Wegfall des B und Eintritt des Anwachsungsrechtes.

VI. Vgl. Pkt. II. — Dieselbe Rechtslage wie unter V, nur soll B der befreite Vorerbe sein, A und C dagegen sollen gewöhnliche Vorerben, D alleiniger Nacherbe sein.

VII. Wie unter VI, aber A, B, C sollen befreite Vorerben sein.

Der Einfachheit halber soll für alle Beispielsfälle angenommen werden, daß die Vorerben A, B, C und die Nach-

---

[1] Hierunter ist auch der Fall des § 2105 zu rechnen, wenn die gesetzlichen Erben an die Stelle eines weggefallenen eingesetzten Vorerben treten. — Vgl. auch Strohal I S. 164 Anm. 7.

erben A, B, C stets jeder auf ein Drittel des Nachlasses eingesetzt sein sollen.

Eine einheitliche Antwort läßt sich für die vorstehend gestellten Fragen nicht geben. Auch ist zu bemerken, daß der Erblasser für die angeführten rechtlichen Konstellationen besondere Anordnungen treffen kann. Hier ist nur die Frage von Interesse, wie zu entscheiden ist, wenn eine Willensäußerung des Erblassers in dieser Richtung nicht vorliegt. — Mitunter lassen sich gewisse Schlüsse auf den vermutlichen Willen des Erblassers ziehen, wenn die Erwägungen bekannt sind, aus denen sich der Erblasser bewogen gefühlt hat, den einen Vorerben freier zu stellen als den anderen.[1]

Die oben S. 52 erwähnten sogenannten verwandten Fälle der Vererbung der Vorerbenstellung, der Ersatzberufung und des § 2105, bei denen auch ein Wechsel der Person des Vorerben in Frage kommt, sollen zunächst behandelt werden.

Zu einer Vererbung der Rechtsstellung des Vorerben kommt es, wenn der Eintritt der Nacherbfolge nicht auf den Tod des Vorerben, sondern auf ein anderes Ereignis gestellt ist und dieses erst nach dem Tode des Vorerben eintritt.

Im Gegensatze zur Ersatzberufung und der Berufung des gesetzlichen Erben liegt in diesem Falle wirkliche Rechtsnachfolge vor, die die vorerbschaftliche Rechtsposition als solche zum Gegenstande zu haben scheint.

Zwingt nun die Tatsache, daß der Erbe des Vorerben Rechtsnachfolger des Vorerben ist, zu dem Schlusse, daß diesem die befreite Rechtsstellung, die der ursprünglich eingesetzte Vorerbe eingenommen hat, gleichfalls zukommt?

---

[1] Es ließe sich z. B. denken, daß der Erblasser in der letztwilligen Verfügung zum Ausdruck gebracht hat, daß er dem einen Vorerben wegen seiner bekannten Zuverlässigkeit die befreite Rechtsstellung gewährt habe, während er sie einem anderen Vorerben nur deshalb gegeben habe, weil er auf den Schutz des diesem Vorerben gesetzten Nacherben kein Gewicht lege. Im ersten Falle würde man bei einem Wechsel des Inhabers der Nachlaßquote die Fortdauer der Befreiungen zugunsten des neuen Vorerben kaum annehmen, während man im anderen Falle dies vielleicht eher als dem Willen des Erblassers entsprechend ansehen würde.

Daß der Wechsel in der Person des Vorerben von erheblicher Bedeutung für den Nacherben sein kann, liegt auf der Hand; beispielsweise wenn an die Stelle des in geordneten Verhältnissen lebenden Vorerben eine Person tritt, deren Vermögensverhältnisse zerrüttet sind oder die die Neigung hat, verschwenderisch zu leben.

In dem umgekehrten Falle, nämlich wenn das gemäß § 2108 im Zweifel vererbliche Recht des Nacherben auf dessen Erben übergegangen ist, wird man kaum auf den Gedanken kommen, daß ein Wechsel in der Person des Nacherben das Bedürfnis nach einer Änderung der rechtlichen Lage des Vorerben gegenüber dem Nacherben wachrufen könnte.

Die beiden Fälle sind eben völlig verschieden gelagert. Das Sicherungsbedürfnis in Ansehung des Rechtes des Nacherben bestimmt sich im allgemeinen nach der Veranlagung und dem Gebaren des Vorerben in den den Nachlaß betreffenden Vermögensangelegenheiten.

Inwieweit diesem Bedürfnisse Rechnung getragen werden soll, ist eine Frage, über die in gewissem Umfange der Erblasser selbst die Entscheidung treffen kann. Sicherungsbedürfnis und Sicherungsmöglichkeit brauchen sich also keineswegs zu decken, ersteres kann groß, letztere minimal sein.

Welche Gründe den Erblasser zur Anordnung von Befreiungen bestimmen, ist nicht immer ohne weiteres ersichtlich, häufig wird ein Ausdruck des Vertrauens seitens des Erblassers gegenüber dem Vorerben anzunehmen sein. Jedenfalls muß man sagen, daß, wenn der Erblasser nicht schlechthin allen etwa als Vorerben in Frage kommenden Personen die befreite Rechtsstellung zugedacht hat, die Befreiungsanordnung regelmäßig nur für den eingesetzten Vorerben gelten kann, und zwar schon deshalb, weil ein Erblasser kaum jemals an einen so fernliegenden Fall wie den der Vererbung der Vorerbenstellung denken wird und man daher mit der Möglichkeit rechnen muß, daß er, wenn er an diesen Fall gedacht hätte, noch etwas Besonderes normiert hätte. Es erscheint vielleicht widerspruchvoll, zu sagen, der Vorerbe habe zwar ein unter Umständen vererbliches Recht am Nachlasse, nicht aber insoweit die Befreiungen in Frage kämen;

auch scheint ein Gegensatz zu der oben vertretenen Ansicht vorzuliegen, daß die Einsetzung eines befreiten Vorerben als eine einheitliche Erbeinsetzung anzusprechen sei. — Das ist aber nicht der Fall. — Allerdings ist die Rechtslage des befreiten Vorerben als etwas Einheitliches anzusprechen, insofern man diejenigen Besonderheiten, die die Rechtsstellung des befreiten Vorerben vor der des gewöhnlichen Vorerben auszeichnen, nicht als einzelne subjektive Rechte ansprechen kann, die ihm neben der mit der Vorerbeneinsetzung gewährten Rechtsstellung verliehen sind. Man kann nicht sagen, der Vorerbe hat das Recht, nicht in einer aus § 2116 sich ergebenden Weise in Anspruch genommen zu werden, oder das Recht, sich nicht gemäß § 2113 im Verfügungsrecht eingeschränkt zu fühlen. Auf der anderen Seite ist aber zu bedenken, daß die befreite Rechtslage nicht die Folge einer Vorerbeneinsetzung schlechthin, sondern der Ausfluß einer solchen in Verbindung mit einer neben ihr herlaufenden, den Befreiungswillen ausdrückenden besonderen letztwilligen Verfügung ist. Weiter muß man sich vor Augen halten, daß für den Vorerben die der Sicherung dienenden, als Begleiterscheinung nacherbschaftlicher Anwartschaften aufzufassenden Rechtsbeziehungen gegenüber verschiedenen Personen in Ansehung des Gesamtnachlasses bestehen können, — vgl. S. 44ff., ohne daß die zwischen Vorerben und den eventuell als Nacherben in Frage kommenden Personen gegebenen Beziehungen gleichartig ausgestaltet zu sein brauchen, d. h. der Vorerbe kann einem Nacherben gegenüber befreit, dem anderen gegenüber gewöhnlicher Vorerbe sein. Gerade hieraus wird man erkennen, daß die Frage nach der Ausgestaltung der Rechtslage zwischen Vorerben und Nacherben mit der Vererblichkeit des bedingten Erbrechts des Vorerben nichts zu tun hat; derjenige Vorerbe nämlich, dem verschiedene Personen in Ansehung des ganzen Nachlasses als Nacherben gesetzt sind, hat nicht mehrere verschiedenartige Erbrechte, sondern nur ein auflösend bedingtes Erbrecht; die Verschiedenheit des Grades der Sicherung, die den verschiedenen Anwartschaften eigentümlich ist, kann hieran nichts ändern.

Nach vorstehenden Ausführungen hat man in einer „Befreiungsanordnung“ lediglich eine das Verhältnis zwischen Vor-

und Nacherben betreffende Modifikation des normalen Rechtszustandes zu erblicken, die das Wesen des Vorerbrechts und der nacherbschaftlichen Anwartschaft als solcher unberührt läßt.

Wenn es auch möglich ist, daß der Erblasser bei einem etwaigen Wechsel in der Person des Vorerben den Übergang auch der befreiten Rechtsstellung des eingesetzten Vorerben billigen würde, so wäre es doch verfehlt, an der Hand dieses entlegenen Falles die Grundlage zu einem den Gedanken der Vererblichkeit der befreiten Rechtsstellung ausdrückenden Regelsatze zu gewinnen. Mit dem Gedanken der Vererblichkeit des Vorerbrechts ist eine Ergänzung des Willens des Erblassers gegeben; im Hinblick darauf nun, daß ein Wechsel in der Person des Vorerben eine sehr einschneidende Änderung hinsichtlich der Sicherung des Nacherbenrechts bedingen kann und der Erblasser regelmäßig an einen solchen Wechsel nicht denkt, muß man die mit der Befreiungsanordnung gegebene Rechtsstellung des befreiten Vorerben als eine Rechtsposition höchstpersönlicher Natur auffassen, und die die Befreiung anordnende letztwillige Verfügung mit dem Wegfalle des ausdrücklich unter Gewährung von Befreiungen eingesetzten Vorerben, als gegenstandslos geworden ansehen.[1]

Wird für einen befreiten Vorerben, welcher ohne sein Recht auf seinen Erben zu übertragen, weggefallen ist, ein Ersatzvorerbe zufolge diesbezüglicher Anordnung des Erblassers berufen, so ist nicht ohne weiteres anzunehmen, daß der Ersatzvorerbe die befreite Rechtsstellung einnimmt, sondern es ist zu prüfen, ob der Erblasser auch für die Person des Ersatzvorerben den Befreiungswillen gehabt hat.

Jedenfalls zwingt der Umstand, daß der zunächst als Vorerbe Berufene Befreiungen genießen sollte, nicht zu der Annahme, daß der Ersatzvorerbe auch die freie Rechtsstellung haben müsse. Würde der Ersatzerbe selbst zu einem Bruchteile befreiter Mitvorerbe sein und denselben Nacherben haben wie der primär eingesetzte Vorerbe, so kann sich die Meinung, daß der Ersatzvorerbe auch hinsichtlich der ihm durch Ersatzberufung an-

---

[1] Vgl. auch § 12 der Darstellung, betreffend den Fall der Abtretung eines Erbteils.

gefallenen Quote befreiter Vorerbe sein solle, vielleicht eher halten lassen. Allein auch dies ist eine mit großer Vorsicht zu prüfende Auslegungsfrage.

Werden nach Wegfall eines befreiten Vorerben zunächst gemäß § 2105 gesetzliche Erben als Vorerben berufen, so kommt für diese Vorerben nur die gewöhnliche Vorerbenstellung in Frage; nur wenn seitens des Erblassers eine Modifikation der nach § 2105 sich ergebenden Rechtslage gewollt wäre, würde anders zu entscheiden sein.

Läge eine diesbezügliche Willensäußerung vor, so wird man auf jeden Fall Einsetzung der gesetzlichen Erben als Vorerben anzunehmen haben. Vgl. auch S. 50 und Anm. 1 daselbst.

In den oben S. 52 aufgeführten Fällen der Anwachsung würden sich folgende Resultate ergeben:

Zu P. I der Umstand, daß die Vorerben A und C ihrem Nacherben gegenüber befreit sind, berührt die Rechtslage des Anwärters $B_1$, dessen Vorerbe B weggefallen ist, nicht; denn wenn auch die Anwachsung Vergrößerung des Erbteils bedeutet, und von den Fällen der Hinzuerwerbung eines anderen Anteils an derselben Erbschaft wohl zu scheiden ist, so endigen trotz des Unterganges des selbständigen Erbteils des B die Rechtsbeziehungen und Sicherungsrechte des Nacherben B keineswegs. Der Nacherbe $B_1$ hat nach wie vor die Anwartschaft auf ein Drittel des Nachlasses. — Die aus dieser besonderen Rechtsstellung resultierenden Rechtsbeziehungen richten sich gegen den Inhaber derjenigen Vermögenswerte, auf die sich das fragliche Nacherbrecht bezieht. — Die Inhaber sind im Falle der Anwachsung die Personen, zu deren Gunsten die Anwachsung eingetreten ist. Die Rechtsbeziehungen, in die die Vorerben A und C infolge der Anwachsung zum Nacherben $B_1$ getreten sind, sind von denen, die zu ihren anderen Nacherben A und C bestehen, völlig zu trennen.[1]

---

[1] Es ist im Grunde dieselbe Rechtslage, die der Vorerbe einnimmt, wenn von vornherein mehrere Personen als Nacherben bestimmt sind, und der dem einen gegenüber befreit, dem anderen gegenüber nicht befreit ist.

Das Ergebnis ist also, daß die befreiten Vorerben A und C ihren Nacherben $A_1$ und $C_1$ gegenüber befreite Vorerben, dem $B_1$ gegenüber nach Maßgabe der Höhe der ihrem Erbteile angewachsenen Wertquote als gewöhnliche Vorerben beschränkt sind.

Im Falle P. II versteht es sich von selbst, daß die gewöhnlichen Vorerben A und C auch dem Nacherben $B_1$ gegenüber die beschränkte Rechtsstellung einnehmen.

Im Falle P. III erscheint es vielleicht unbillig, daß die befreiten Vorerben A und C dem $B_1$ gegenüber, dessen eigentlicher Vorerbe B gleichfalls befreit war, hinsichtlich der ihnen durch Anwachsung zugefallenen Erbschaftsteile gewöhnliche Vorerben sein sollen; allerdings wird man in einem derartigen Falle möglichst bestrebt sein müssen, die letztwillige Verfügung dahin auszulegen, daß die Vorerben A und C auch hinsichtlich des nachträglich angefallenen Teils befreite Vorerben nach dem mutmaßlichen Willen des Erblassers sein sollen.

Es lassen sich aber auch sehr leicht Fälle denken, in denen die obenerwähnte Auffassung gar nicht am Platze wäre; man nehme z. B. an, A und C sind zu verhältnismäßig sehr niedrigen Bruchteilen als befreite Vorerben eingesetzt, den weitaus größten Anteil am Nachlasse erhält B, dem der Erblasser mit Rücksicht auf seine Zuverlässigkeit gleichfalls die befreite Rechtsstellung eingeräumt hat. Tritt jetzt, weil der Erblasser keinen anderen Willen geäußert hat, Anwachsung zugunsten des A und C ein, die vielleicht nur deshalb die freie Rechtsstellung erhalten haben, weil es sich bei ihnen um geringe Werte handelt, so wird das Ergebnis, daß A und C dem $B_1$ gegenüber gewöhnliche Vorerben sind, wohl einzig und allein dem Willen des Erblassers entsprechen.

Im Falle zu P. IV dürfte das zu I und II Gesagte gelten. Aus der Tatsache, daß A und C freie Miterben sind, lassen sich keinerlei Schlüsse ziehen auf den mutmaßlichen Willen des Erblassers hinsichtlich des gedachten Anwachsungsfalles.

Zu den Fällen P. V—VII muß prinzipiell dasselbe gelten wie in den soeben erörterten Beispielsfällen. Im Falle VI wird man am wenigsten Bedenken haben.

Im Falle zu P. V kann sich die merkwürdige Situation ergeben, daß der Nacherbe D zweimal zu je ein Drittel und je ein Sechstel Anwärter des Nachlasses ist und die Vorerben A und C, jeder zu ein Drittel und ein Sechstel gewöhnliche Vorerben sind. Steht der Eintritt der Nacherbfolge hinsichtlich beider Quoten jedes Vorerben unter derselben Bedingung, so ist der auf S. 48 als unzulässig bezeichnete Fall gegeben. Der Unterschied besteht aber darin, daß hier die eigentümliche Konstellation kraft Gesetzes eintritt, während der weiter oben erwähnte Fall nur deshalb unzulässig ist, weil die einen vernünftigen Zweck nicht enthaltende Konstellation auf dem ausgesprochenen Willen des Erblassers beruht.

Anhangsweise mag noch erwähnt werden, daß einer Nacherbeneinsetzung nur dann Bedeutung beigemessen werden kann, wenn Vorerbe und Nacherbe verschiedene Personen sind. In einer Entscheidung — Bd. I S. 175 — hat das Reichsgericht einer Bestimmung des Erblassers, daß die Gläubiger des Erben nicht befugt sein sollten, das ihm hinterlassene Vermögen zum Gegenstande ihrer Befriedigung zu machen, die Wirksamkeit abgesprochen. Mit Recht betont Planck, daß auch nach BGB. eine solche Anordnung keine Bedeutung habe, wenn die Einschränkung des bedachten Abkömmlings im Verfügungsrecht nicht gleichzeitig ausgesprochen werde.

Die eben erwähnte rechtliche Situation kann sich aber auch auf andere Weise ergeben. Man vergegenwärtige sich folgende Fälle: A wird als Vorerbe, B als Nacherbe eingesetzt; der Nacherbfall wird nicht auf den Tod des A, sondern auf ein anderes Ereignis gestellt. Dieses Ereignis tritt nach dem Tode des A ein und A vererbt sein Vorrecht auf B.

Oder umgekehrt: A ist Vorerbe, B Nacherbe. B stirbt und vererbt sein Nacherbrecht auf A. —

Es ergeben sich hier einige rechtliche Kuriositäten. — Wollte z. B. im ersten Falle A, der Vorerbe und zugleich Nacherbe ist, die noch nicht angenommene Nacherbschaft nach Eintritt des Nacherbfalles ausschlagen, so würde er den Nachlaß doch nicht los werden, da die Vorschrift des § 2142 eingriffe, wonach die Erbschaft alsdann im Zweifel beim Vorerben verbleibt. Man kann fragen, ob unter derartigen Umständen der Fortbestand der

Nacherbschaft denkbar ist. Es liegt auf der Hand, daß die Vorerbschaft und Nacherbschaft sich praktisch nur in der Ausschließung des Zugriffs der Gläubiger auf den Nachlaß äußern würde. Ob man solchenfalls den Vorerben fortan als freien Erben oder bis zu dem Zeitpunkte, in welchem normalerweise die Nacherbfolge eingetreten wäre, als Vorerben zu behandeln hat, dürfte jedenfalls sehr zweifelhaft sein.

Anders wird man freilich dann zu entscheiden haben, wenn während der Dauer des Vorerbrechts noch die Möglichkeit der Ausschlagung des Nacherbrechts besteht und für diesen Fall vom Erblasser angeordnet ist, daß die Erbschaft alsdann nicht beim Vorerben verbleiben solle, sondern an einen anderen Nacherben falle solle. Der Vorerbe, der den Nacherben beerbt hat, bzw. der Erbe dieses Vorerben, darf sich in einem Falle der letztgenannten Art nicht wie ein freier Erbe bewegen, sondern muß auf das Recht des etwa statt seiner in die Nacherbenstellung einrückenden Ersatznacherben Rücksicht nehmen.[1]

## § 10.

## Das Verfügungsrecht des Vorerben.

### I. Voraussetzungen der Unwirksamkeit der Verfügungen.

Im folgenden ist nun die Würdigung der einzelnen Rechtssätze des Titels: Einsetzung eines Nacherben einzutreten, die der Rechtsstellung des Vorerben das charakteristische Gepräge verleihen. Wenn auch das Gesetz den Vorerben prinzipiell als wahren Erben anerkennt, so bleibt doch das Erbrecht des Vorerben auflösend bedingt oder betagt. Planck bemerkt hierzu, daß das Verfügungsrecht, das der Vorerbe danach haben würde, nicht geeignet sei, uneingeschränkte Wirksamkeit der Verfügungen gegenüber dem Nacherben zu erzeugen, da die zeitliche Beschränkung des dem Vorerben zustehenden Erbrechts nach dem allgemeinen Satze resoluto jure concedentis resolvitur jus concessum

[1] Über das Verhältnis des Ersatznacherben zum Vorerben herrscht Streit; vgl. KGJ. 35, 219 und Kretzschmar, Lehrbuch S. 109. Der im Text behandelte Fall dürfte gegen die Ansicht des KG. sprechen. Vgl. auch Sächs. Ann. 29, 367.

dahin führen würde, daß mit dem Eintritte des Falles der Nacherbfolge jede Verfügung des Vorerben über einen Erbschaftsgegenstand insoweit unwirksam wäre, als sie das Recht des Nacherben vereiteln oder beeinträchtigen würde; — vgl. § 161 Abs. 2; — auch diese aus der Natur des Vorerbrechts als eines bedingten bzw. betagten Rechts resultierende Beschränkung sei beseitigt worden, indem dem Vorerben grundsätzlich das Recht der Verfügung über die Erbschaftsgegenstände im § 2112 gegeben worden sei.[1]

Die freie Rechtsstellung, die der Vorerbe danach eigentlich haben würde, erleidet Einschränkungen, einmal durch Aufrichtung einer gewissen persönlichen Verantwortlichkeit, andererseits durch die Aufstellung des Surrogationsprinzips und schließlich durch ausdrückliche Durchbrechungen des im § 2112 ausgesprochenen Prinzips. Die im § 2113 enthaltene Beschränkung bedarf besonderer Erwähnung, da sie in gewissem Umfange auch für den befreiten Vorerben bestehen bleibt. Der Unterschied zwischen einem gewöhnlichen Vorerben und einem hinsichtlich der Beschränkung des § 2113 Abs. 1 befreiten Vorerben in Ansehung des Verfügungsrechts besteht darin, daß bei ersterem auf die Art der der Verfügung unterliegenden Gegenstände, bei letzterem auf das der Verfügung zugrunde liegende Kausalgeschäft abgestellt wird.

Die im § 2113 Abs. 1 enthaltene Beschränkung ist nicht als Veräußerungsverbot anzusprechen. Hätte das Gesetz der Beschränkung diesen juristischen Charakter beilegen wollen, so hätte es eine andere Formulierung gewählt.

Ehe auf die Befreiung des § 2113 Abs. 2 eingegangen werden kann, muß die des § 2113 Abs. 1 kurz gestreift werden.

Verfügungen, die der Vorerbe über zur Erbschaft gehörende Grundstücke oder Grundstücksrechte vorgenommen hat, sollen mit dem Eintritt der Nacherbfolge unwirksam sein, insoweit sie das Recht des Nacherben vereiteln oder beeinträchtigen. Das Gesetz verbietet nicht, Verfügungen über Gegenstände der gedachten Art vorzunehmen, sondern begnügt sich damit, diese durch Inaussichtstellung künftiger Unwirksamkeit zu verhindern.

---

[1] Planck, Komm. Bd. 5 Erl. 1 zu § 2112. — Vgl. auch PERRIN S. 30 und Mot. V S. 115.

In Erscheinung treten kann die Unwirksamkeit einer entgegen § 2113 vorgenommenen Verfügung nur, wenn es überhaupt zur Nacherbfolge einmal kommt.

Über die Voraussetzungen, die Wirkung und die Art des Eintritts der Unwirksamkeit herrschen in der Literatur geteilte Meinungen.

Salinger[1] steht auf dem Standpunkte, daß der Nachdruck auf den Begriff der Beeinträchtigung zu legen und dieser Begriff im weitesten Sinne zu nehmen sei. Eine Beeinträchtigung ist nach Salinger dann nicht vorhanden, wenn der Vorerbe ein zum Nachlasse gehöriges Grundstück veräußert hat und sich bei Eintritt der Nacherbfolge der Kaufpreis noch im Nachlasse befindet.[2]

Diese Ansicht ist vor allem von Thiesing[3] lebhaft bekämpft worden. Mit Recht betont Thiesing, daß unter dem Rechte des Nacherben das konkrete Recht, über das verfügt worden sei, zu verstehen sei und nicht die wirtschaftliche Situation, die sich als Folge der Verfügung ergäbe.

Übermäßig glücklich ist die Fassung des § 2113 kaum. Vor allem kann sie zu dem Irrtum verleiten, daß das Gesetz gewissermaßen ein Recht des Nacherben in Beziehung auf Grundstücke oder Grundstücksrechte schon während der Dauer des Vorerbrechts anerkennen wolle.

Wenn auch nach den Ausführungen Thiesings feststeht, daß das kontrete Recht des Vorerben zugleich „das Recht" des Nacherben ist, auf dessen Beeinträchtigung oder Vereitelung abzustellen ist, so sind doch wirtschaftliche Gesichtspunkte bei der Würdigung der Frage, ob eine Vereitelung oder Beeinträchtigung des Rechts des Vorerben vorliegt, nicht völlig ausgeschaltet.

Es gibt anerkanntermaßen Verfügungen über dingliche Rechte, die zum Nachlasse gehören, ohne daß man von einer Beein-

---

[1] Salinger, Arch. f. bürg. R. Bd. 19 S. 138.

[2] Eine Benachteiligung des Nacherben durch die Verfügung selbst nimmt Salinger dann an, wenn z. B. der Vorerbe das Grundstück später einmal zum Zwecke einer Eisenbahnanlage vorteilhafter hätte verkaufen können.

[3] Thiesing, Archiv ziv. Praxis Bd. 94 S. 229ff., insbesondere S. 240.

trächtigung oder Vereitelung des Rechts des Nacherben sprechen könnte. — THIESING erwähnt die Verwandlung einer Hypothek in eine Grundschuld. — Auch die Bestellung einer Eigentümergrundschuld an einem zur Erbschaft gehörigen Grundstücke wird man hierher zu rechnen haben.[1] Ferner enthalten Beeinträchtigungen keinesfalls Verfügungen wie Erhöhung des Zinsfußes einer zum Nachlasse gehörigen Hypothek oder Grundschuld, Eintragung einer Dienstbarkeit zugunsten eines Nachlaßgrundstücks, oder Löschung einer ein Nachlaßgrundstück belastenden Dienstbarkeit. Eine Beeinträchtigung des Rechtes des Nacherben liegt schließlich in allen den Fällen nicht vor, in denen dingliche Rechte an Grundstücken oder Grundstücksrechten des Nachlasses von vornherein mit der Maßgabe bestellt werden, daß sie nur während der Dauer der Berechtigung des Vorerben wirken sollen.[2]

Jedenfalls betont CAPPEL[3] gegenüber RÖDER[4] mit Recht, daß die Entscheidung der Frage, ob eine Beeinträchtigung oder Vereitelung des nacherbschaftlichen Rechtes anzunehmen sei, nicht etwa nur in der Hand des Nacherben liegt, sondern objektiv zu beurteilen ist.

Was die Art und Weise des Eintritts der Unwirksamkeit betrifft, ist zu sagen, daß Verfügungen des fraglichen Inhalts bei Eintritt des Nacherbfalles ohne weiteres unwirksam sind. Die Unwirksamkeit ist nicht erst die Folge einer etwa als Anfech-

---

[1] Vgl. HACHENBURG, Einsetzung eines Nacherben.

[2] Zweifeln kann man, ob die Bestellung eines Verkaufsrechts an einem zur Erbschaft gehörigen Grundstücke für alle Verkaufsfälle zugunsten eines Dritten zu den nach § 2113 beim Eintritt der Nacherbschaft unwirksame Verfügungen gehöre. — Durch Einräumung eines Verkaufsrechts wird ja weder die Befugnis, das Grundstück zu veräußern oder zu belasten beschränkt. — Sehr fraglich ist vor allem, ob man aus dem Umstande, daß infolge der Eintragung des Verkaufsrechtes sich die Verkaufsmöglichkeit hinsichtlich des Grundstücks verringern kann, schließen muß, daß diese Verfügung zu den bei Eintritt der Nacherbfolge unwirksamen gehöre. Derartige, doch immerhin sehr fernliegende Momente bei der Frage, ob eine Verfügung beeinträchtigt oder vereitelt, in Betracht zu ziehen, führt doch wohl etwas zu weit.

[3] CAPPEL a. a. O. S. 14.

[4] RÖDER a. a. O. S. 14.

tung anzusehenden Rechtshandlung des Nacherben nach Eintritt des Nacherbfalles.

Salinger[1] steht auf dem Standpunkte, daß die Unwirksamkeit vom Nacherben aufgerufen oder geltend gemacht werden müsse. Was Salinger unter aufrufen, anfechten oder Geltendmachen versteht, geht aus seinen Ausführungen nicht klar hervor. Jedenfalls will er den Gedanken zum Ausdruck bringen, daß die Unwirksamkeit nicht ipso jure eintrete.

Gegen die Salingersche Ansicht spricht vor allem der Gesetzestext. Das Gesetz gebraucht die Wendung: Die Verfügung ist unwirksam, insoweit usw. — Außerdem ist zu erwägen, daß der Gesetzgeber, wenn er Verfügungen des fraglichen Inhalts nur mit dem Mangel der Anfechtbarkeit durch den Nacherben hätte behaften wollen, diesen Willen deutlich zum Ausdruck gebracht hätte. Daß der Gesetzgeber auch nicht indirekt diesen Willen ausgedrückt hat, dürfte daraus hervorgehen, daß im Gesetze der Ausdruck „Unwirksamkeit“ und nicht „Nichtigkeit“ gewählt ist. Bei einem angefochtenen Rechtsgeschäft heißt es allerdings, es ist von vornherein nichtig. In unserem Falle soll aber eine Verfügung unwirksam sein, d. h. ex nunc ihrer Wirksamkeit ermangeln.

Aus der Verwendung der Konjunktion „insoweit“ ist nicht zu entnehmen, daß sich die Unwirksamkeit der Verfügung bloß auf einen Teil derselben zu erstrecken brauche. Die Verfügungswirkung als solche ist nicht teilbar.

## II. Rechtliche Natur der Unwirksamkeit.

Eine weitere Zweifelsfrage ist, ob die Unwirksamkeit relativer oder absoluter Natur sei. — Relative Unwirksamkeit zugunsten des Nacherben würde bedeuten, daß nur der Nacherbe sich auf die Unwirksamkeit berufen könne.

Dernburg[2] begründet seine Ansicht, daß relative Unwirksam-

[1] Salinger S. 197.

[2] Übrigens kann man sich sehr wohl denken, daß andere Personen Interesse haben können, sich auf die Unwirksamkeit zu berufen, z. B. die Nachlaßgläubiger, deren Aussicht auf Befriedigung vielleicht durch Ver-

samkeit anzunehmen sei, mit einem Hinweise auf § 135 BGB. und § 773 ZPO. Im § 773 ZPO. wird eine Sollvorschrift prozessualer Natur gegeben; wenn dabei auf eine materielle Rechtsnorm des Bürgerlichen Gesetzbuchs Bezug genommen wird, indem die an einen Verstoß gegen die Rechtsnorm geknüpfte Folge kurz zusammengefaßt wird, so ist die fragliche Wendung kein maßgebender Anhaltepunkt für die Auslegung des § 2113.

Wenn auch nicht zu verkennen ist, daß die Vorschrift des § 2113 vorwiegend dem Interesse des Nacherben dient, so muß man doch bei der Prüfung der Frage davon ausgehen, daß, wenn der Gesetzgeber die juristisch sehr eigentümliche, relative Unwirksamkeit als Folge einer Verfügung der im § 2113 gedachten Art hätte haben wollen, die Fassung des § 2113 in einer dem § 135 BGB. oder § 7 KO. entsprechenden Weise lauten würde.[1]

Erwähnt soll noch werden, daß die von CAPPEL bei Erörterung dieser Frage aufgestellte Ansicht: der Satz pretium succedit in locum rei, der sonst bei der Vorerbschaft Geltung habe, könne hier keine Anordnung finden, nicht in vollem Umfange zutreffend ist. Wenn der Satz des § 2110 einschlägt und feststeht, daß der Vorerbe eine mit dem Eintritte der Nacherbfolge unwirksame Verfügung vorgenommen hat, so ist damit noch nicht gesagt, daß der betreffende Gegenstand wieder zum Nachlaß gezogen werden kann, weil infolge der Anwendbarkeit der Vorschriften über die Wirkung des guten Glaubens beim Erwerbe von einem Nichtberechtigten Verfügungen der im § 2113 genannten Art eventuell ihre Wirksamkeit auch über den Zeitpunkt des Eintritts der Nacherbfolge hinaus behalten.[3] Gerade für diese Fälle ist aber das Surrogationsprinzip von der größten Bedeutung. — Wird freilich der entgegen § 2113 veräußerte Gegenstand wieder zum Nachlasse gezogen, so erscheint das seinerzeit für die fragliche Verfügung in den Nachlaß eingefügte Äquivalent

äußerung von zum Nachlasse gehöriger Liegenschaften zu Schleuderpreisen gemindert ist.

[1] Vgl. auch SALINGER a. a. O. S. 162. 163 und CAPPEL a. a. O. S. 10 u. 11. — Vgl. ferner FRANKE a. a. O. S. 40 ff. und die daselbst zitierte Literatur.

[2] CAPPEL a. a. O. S. 12.

[3] § 2113 Abs. 3.

als ungerechtfertigte Bereicherung; keinesfalls tritt hinsichtlich des Äquivalentes eine dingliche Wirkung ein, dergestalt, daß die als Äquivalente gegebenen Vermögenswerte etwa ohne weiteres ins Vermögen dessen, der sie geleistet hat, zurückfallen.

## III. Bedeutung des § 2114.

Bevor auf den zweiten Absatz des § 2113 eingegangen wird, soll die Vorschrift des § 2114 behandelt werden.

Sie bringt etwas Besonderes nur bezüglich der Kündigung und Einziehung von Hypothekenforderungen, Grundschulden und Rentenschulden, und verweist im übrigen auf die Vorschriften des § 2113.

Die Rechtshandlungen der Kündigung und Einziehung stellen Verfügungen über das Recht dar, auf das sie sich beziehen. — Sie sind daher an sich nach § 2113 zu beurteilen. — Da die gedachten Verfügungen ihrem Zwecke nach mehr oder weniger Verwaltungshandlungen sind, war es zweckmäßig, den Vorerben, als den derzeitig vollberechtigten Inhaber des Nachlasses etwas freier zu stellen. Das ist geschehen, indem dem Vorerben die Kündigung und Einziehung der genannten Ansprüche überlassen worden sind. Würde man jedoch dem Vorerben diese Befugnis uneingeschränkt gewähren, so würde das Recht des Nacherben wiederum großen Gefährdungen ausgesetzt sein. Es ist deshalb die Einschränkung aufgestellt worden, daß der Schuldner bei der Einziehung jener Werte nur nach Beibringung der Einwilligung des Nacherben an den Vorerben leisten darf, oder daß er das Kapital für Vorerben und Nacherben hinterlegt.[1]

Besonders für das Verkehrsleben ist diese Ausgestaltung des Rechts des Vorerben hinsichtlich Hypotheken, Grund- und Rentenschulden von großer Bedeutung. Insbesondere ist der Rechtssatz, daß das Kapital für Vor- und Nacherben hinterlegt werden kann,

---

[1] Der Rechtssatz des § 2114 gilt auch für diejenigen Kapitalzahlungen, die nicht auf Veranlassung des Vorerben erfolgen, also auch dann, wenn der Schuldner aus eigener Initiative zahlt, — so wie hier Cappel S. 29, anderer Ansicht Salinger S. 167. — Auch braucht der Schuldner die Kündigung nur dem Vorerben, nicht etwa dem Nacherben zu erklären.

für solche Fälle sehr praktisch, in denen ein Grundstück von Hypotheken möglichst rasch bereinigt werden soll und die Beschaffung der Einwilligung des Nacherben besondere Schwierigkeiten bereiten würde. Die Frage, in welchem Verhältnis die Vorschrift des § 2114 zu der des § 2113 steht, ist bestritten.

Salinger erblickt im § 2114 eine über § 2113 noch hinausgehende Einschränkung der Rechte des Nacherben.[1] Wenn man sich vergegenwärtigt, daß, wenn die Vorschrift des § 2114 nicht bestünde, die Zahlung des Kapitals nach § 2113 unwirksam wäre, also für den Schuldner keine liberierende Wirkung hätte, kann man die Bestimmung des § 2114 nur als eine gleichzeitig ein Bedürfnis des Verkehr befriedigende Erleichterung der Rechtsstellung des Vorerben ansehen.

## IV. Theoretische Konstruktion der Unwirksamkeit nach § 2113 Abs. 1 und Abs. 2.

Es sind an dieser Stelle einige Bemerkungen über theoretische Konstruktion der nach § 2113 eintretenden Unwirksamkeit einzuschalten.

Die allgemeine in der Literatur verbreitete Ansicht über die juristische Natur der Vorschrift des § 2113 geht dahin, daß der im § 2112 ausgesprochene Rechtsgedanke, der die Wirkungen des Satzes: resoluto jure concedentis resoloitur jus concessum ausschalte, selbst wieder aufgehoben sei, soweit die Rechte der im § 2113 Abs. 1 bezeichneten Art in Frage kämen; mit anderen Worten, daß die Folgen der Bedingtheit der erbrechtlichen

---

[1] Salinger a. a. O. S. 167 kommt in Konsequenz seiner Ansicht, daß nicht schon die Kündigung und Einziehung der in Rede stehenden Kapitalien das Recht des Nacherben vereiteln oder beeinträchtige, dies vielmehr erst durch Dispositionen nach der Einziehung geschehen könne, zu der Auffassung, daß der Satz des § 2113 für die nach der Einziehung vorgenommenen Dispositionsakte nicht Geltung haben könne, weil es sich nicht um die Verfügung über Grundstücke oder Grundstücksrechte handele, und deshalb zum Schutze des Nacherben nicht ausreiche, und daß aus diesem Grunde die Vorschrift des § 2114 zur Erweiterung des Schutzes des Nacherben nötig gewesen sei. — Vgl. hierzu auch Kaufmann a. a. O. S. 38.

Stellung des Vorerben hinsichtlich Grundstücken und Grundstücksrechten fortbestünden.[1]

Die Ausführungen HACHENBURGs sind sehr beachtlich und rechtfertigen, wenn auch keinen Unterschied hinsichtlich der Bedeutung der Unwirksamkeit als einer absoluten, so doch eine verschiedene Auffassung in der juristischen Konstruktion bezüglich der Fälle des § 2113 Abss. 1 und 2.

Wenn das Gesetz bestimmte Gegenstände aufzählt, bezüglich deren Verfügungen des Vorerben unwirksam sein sollen, sobald die Nacherbfolge eintritt, so kann man allerdings sagen, daß das Prinzip der absolut freien Verfügungsmacht, wie ihn § 2112 auf-

---

[1] HACHENBURG S. 37 drückt diese Gedanken in folgender Weise aus: Bei den Dispositionen über ein grundbuchmäßiges Recht ist das Recht des Vorerben an diesem ein beschränktes. Durch das Vermögensganze hindurch erfaßt die Bedingung auch das einzelne Recht. Wer nur vorübergehend die Erbschaft hat, der hat auch die zu ihr gehörenden Häuser und Hypotheken nur in dieser Weise. Der Nacherbe verfolgt sie in dritte Hand. Diese an und für sich sehr treffende juristische Konstruktion paßt freilich weniger gut für die Fälle des § 2113 Abs. 2; daß auch HACHENBURG dies empfunden hat, erhellt aus seinen Bemerkungen zu § 1986 Abs. 2 C II. Der Gegensatz zu den Fällen §§ 1386 Abs. 1 und 1987 läge darin, daß dort der Gegenstand es ist, der die Besonderheit schafft; er erscheint mit dem Anfallsrecht des Nacherben belastet, er gehört dem Vorerben nur bedingt oder befristet; hier aber ist ein bestimmtes Rechtsgeschäft getroffen, nicht weil es ein Vermögensobjekt ist, welche als wesentlichste Erscheinungsform der festen Anlage gilt und eine Eintragung des Nacherbenrechts ermöglicht, sondern weil die Verfügung eine unentgeltliche ist, soll der Nacherbe dem Dritten gegenüber auftreten dürfen. Es fließt aus dem Rechtsgeschäfte und es muß daher hier die Unwirksamkeit eine andere sein, als die aus dem Objekte fließende.

HACHENBURG gelangt auf Grund der auszugsweise wiedergegebenen Erwägungen zu dem Resultate, daß § 1986 Abs. 2 C II ein partielles Veräußerungsverbot enthalte und sofort hieraus die Relativität der Unwirksamkeit, die überdies dem Wesen des Falles durchaus entspreche.[a]

Diese Ansicht hat HACHENBURG später aufgegeben.[b] Sie stimmt allerdings, soweit sie die Relativität der Unwirksamkeit ausspricht, mit dem klaren Gesetzestexte nicht überein.

[a] HACHENBURG S. 44/45.

[b] HACHENBURG, Zeitschr. f. Deutsch. NotVersZ. 1906 S. 321 ff.; vgl. auch BÖHM, Erbrecht S. 118, der relative Unwirksamkeit im Falle des § 2113 Abs. 2 annimmt.

stellt, hinsichtlich der fraglichen Gegenstände durchbrochen werde, wenn man annimmt, daß jener die Unwirksamkeit androhende Rechtssatz dem Rechte des Vorerben an den betreffenden Gegenständen eine besondere Eigenschaft verleihe, und diese Eigenschaft als den Ausfluß der Bedingtheit des Gesamtrechts konstruiert.

Eine derartige Konstruktion ist aber innerlich unbegründet, wenn die auf eine Beschränkung der Verfügungsmacht abzielende Androhung künftiger Unwirksamkeit nicht auf eine bestimmte Gattung von Gegenständen, sondern darauf abstellt, daß die Verfügung kraft eines unentgeltlichen Titels erfolgt. — Hier ist nicht die Verfügung als solche das die besondere Sicherung des Nacherben fordernde Moment, sondern der Rechtsgrund, auf dem die Verfügung beruht. — Man kann aber nicht sagen, daß die Unwirksamkeit auch hier wieder als der Ausfluß des Satzes: resoluto jure concedentis resolvitur jus concessum zu konstruieren sei; jedenfalls wäre es keine der elegantis juris angemessene Konstruktion, wenn man sagen wollte, das Prinzip der absolut freien Verfügungsmacht werde bei gewöhnlicher Vorerbschaft hinsichtlich aller beweglichen Sachen und solcher Rechte aufrecht erhalten, die nicht in Grundstücken oder Grundstücksrechten bestehen, bei befreiter auch hinsichtlich der letztgenannten beibehalten, bezüglich aller dieser Gegenstände aber aufgehoben, wenn eine Verfügung zufolge eines unentgeltlichen Titels erfolgt, es sei denn, daß eine auf eine sittliche Pflicht oder den Anstand zu nehmende Rücksicht die Unentgeltlichkeit rechtfertige. Er scheint mir der Eigentümlichkeit dieses Rechtssatzes mehr zu entsprechen, wenn man den Grund der Unwirksamkeit nicht in einer Bedingtheit des Vorerbenrechts in Ansehung der einzelnen Gegenstände erblickt, über die unentgeltlich verfügt worden ist, sondern auf die Notwendigkeit einer mit dinglicher Wirkung ausgestatteten Remedur gegen offensichtliche Minderungen der Erbschaftsmasse zurückführt, und diese dinglichen Rechtswirkungen als den Ausfluß eines auf unentgeltliche Verfügungen gemünzten Veräußerungsverbotes konstruiert.

Diese verschiedene Behandlung der Fälle des § 2113 Abss. 1 und 2 stützt sich vor allem auf die Erwägung, daß ein Verfügungsrecht als konkretes Recht immer erst im Hinblick auf den Gegenstand, auf den es sich bezieht, begriffen werden kann, während es völlig unabhängig ist vom Inhalte des Kausalgeschäfts, das den etwa vorgenommenen Verfügungen zugrunde liegt. Es ist daher gerechtfertigt, zur Erklärung der Unwirksamkeit gemäß § 2113 Abs. 1, wo auf die objektiv feststehende Eigenart der der Verfügung unterliegenden Gegenstände abgestellt wird, die Unwirksamkeit als Folge eines gewissen Mangels im Verfügungsrecht — nämlich der Bedingtheit — aufzufassen; hingegen ist es innerlich unbegründet, ebenso für die Fälle des § 2113 Abs. 2 zu konstruieren, wo auf ein Moment, — nämlich die „causa" — abgestellt wird, das mit denen, die das Verfügungsrecht charakterisieren, nichts zu tun hat. Man muß sich daher für die Fälle des § 2113 Abs. 2 mit der Annahme eines Veräußerungsverbots behelfen, das dem Vorerben untersagt, unentgeltlich oder zufolge Schenkungsversprechens über Erbschaftsgegenstände zu verfügen, und dessen Besonderheit darin besteht, daß im Falle eines Verstoßes gegen das Verbot nicht relative, sondern absolute Unwirksamkeit eintritt.[1]

Daß es Fälle geben kann, in denen trotz Vorliegens aller die Unwirksamkeit bedingender Voraussetzungen diese beim Eintritte der Nacherbfolge dennoch nicht gegeben ist, ist schon kurz erwähnt worden. Es sind dies die Fälle, in denen § 2113 Abs. 3 eingreift. Es soll nur noch hervorgehoben werden, daß die Wirkung des guten Glaubens nur beim Erwerbe von Rechten an Sachen erfolgen kann, und daß zwischen Erwerb von Grundstücken und Grundstücksrechten einerseits und beweglichen Sachen andererseits zu scheiden ist. Bei letzteren schadet dem Erwerber schon grobe Fahrlässigkeit bezüglich der Unkenntnis der Vorerbenqualität des Verfügenden, während bei ersterem nur die bestimmte Kenntnis den Erwerb ausschließen würde.[2]

Verfügt derjenige, der vom Vorerben nicht gutgläubig erworben hat, weiter an Dritten, so kann dieser Dritte einen beim

[1] Wobei aber zu beachten ist, daß aus der Fassung des Gesetzes diese Eigenschaft des Rechtssatzes nach § 2113 Abs. 2 nicht erhellt.

[2] Vgl. § 932. 891. 892 BGB.

Eintritt der Nacherbfolge dem Rechte des Nacherben widerstehenden Rechtserwerb nur machen, wenn er seinem auctor gegenüber im guten Glauben war.

### V. **Einwilligung des Nacherben nach § 2120.**

Schließlich ist in dem Zusammenhange noch die Vorschrift des § 2120 zu erwähnen. Dieser Rechtssatz gewährt dem gewöhnlichen Vorerben die Befugnis, vom Nacherben die Einwilligung zu einer Verfügung zu verlangen, deren Vornahme zur ordnungsmäßigen Verwaltung gehört, aber an sich nicht mit Wirksamkeit gegenüber dem Nacherben erfolgen kann. — Diese Einwilligung hat die Bedeutung, daß die mit dem Zeitpunkte der Nacherbfolge eigentlich eintretende Unwirksamkeit nicht Platz greift.

Eine Vorschrift dieses Inhalts war unbedingt nötig, um den Zweck, den Nachlaß in einem ordnungmäßigen Zustande übergehen zu lassen, zur Durchführung zu verhelfen. Hat es aber der Nacherbe nach dieser Bestimmung in der Hand, einer Verfügung des Vorerben durch Abgabe einer Zustimmungserklärung für alle Zeit Wirksamkeit zu sichern, so muß er dies auch können, wenn die Verfügung bereits erfolgt ist, nur besteht alsdann keine Verpflichtung zur Abgabe einer Willenserklärung im Sinne des § 2120. — Letzteres besagt wenigstens der Wortlaut der angezogenen Bestimmung. —

Streitig ist in der Literatur, ob der Nacherbe eine Verfügung als unwirksam behandeln kann, obwohl sie, wenn auch ohne seine Einwilligung, so doch unter Umständen erfolgt ist, auf Grund deren ein Anspruch des Vorerben auf Erteilung der Einwilligung gegeben gewesen wäre. Vielfach ist die Ansicht verbreitet, daß die im § 2113 in Aussicht gestellten Folgen nicht vom Vorerben vermieden werden können, wenn er sich bei einer Verfügung, die er mit Wirksamkeit nicht gegen den Nacherben vornehmen konnte, nicht der Einwilligung des Nacherben versichert hat. M. E. ist es eine zu enge Auffassung, wenn man den Vorerben, der vielleicht, weil Gefahr im Verzuge war, die fragliche Verfügung vorgenommen hat, das Recht abschneiden wollte, vom Nacherben die Genehmigung zu der Verfügung zu verlangen. Einen solchen Anspruch wird man dem Vorerben auch ganz unbedenklich geben können. Der Sinn diese Bestimmung ist eben, einen Ausgleich gegenüber den nachteiligen Folgen der starren Durchführung des Prinzips des § 2113 zu gewähren. Selbstverständlich treten die Folgen, die § 2113 androht, wenn weder Einwilligung noch Genehmigung erteilt ist, ipso jure mit dem Eintritt der Nacherbfolge ein.

Die von Cappel — S. 49 — geltend gemachten Bedenken, wie sich bei dieser freieren Ansicht über § 2120 der Grundbuchrichter einem Antrag auf Grundbuchberichtigung gegenüber, gestellt vom Nacherben, verhalten müsse, sind m. E. nicht begründet. So lange nicht die Genehmigung des Nacherben erbracht wird, hat sich der Grundbuchrichter mit der Frage, ob eine Verfügung ordnungsmäßig ist oder nicht, überhaupt nicht zu befassen.[1] Damit wird aber die Möglichkeit nicht ausgeschlossen, den Nacherben zu zwingen, von der Ausnützung der aus § 2113 sich ergebenden rechtlichen Situation Abstand zu nehmen und die die Hebung des Rechtsmangels bewirkende Genehmigung zu erteilen. Der Anspruch des § 2120 steht nur dem Vorerben zu. Ein selbständiges Recht des Dritterwerbers gegen den Nacherben ist nicht anzuerkennen. Daß der Dritte aus abgeleitetem Rechte etwa zufolge Abtretung seitens des Vorerben den Anspruch geltend macht, ist möglich. Ob man schon mit dem Abschlusse des obligatorischen Vertrags zwischen dem Vorerben und dem Dritten die Abtretung dieses Anspruchs zu erblicken hat, ist Tatfrage.

Besonders aufgeführt ist im § 2120 der Fall, daß die Verfügung zur Berichtigung von Nachlaßverbindlichkeiten erforderlich ist. — Die Fälle, in denen ein spezifisch bestimmter Nachlaßgegenstand zu leisten ist, sind von denen, bei denen es sich um Geldschulden handelt, zu unterscheiden. — Vor allem dann, wenn der Erblasser spezifisch bestimmte Sachen vermächtnisweise einem Dritten zugewendet hat, wird es seinem Willen entsprechen, wenn der Vorerbe als zur Vornahme der zur Erfüllung des Ver-

[1] Vgl. Perrin a. a. O. S. 43 u. 44, sowie Planck, Anm. 2 zu § 2120; Cappel a. a. O. S. 46ff.

mächtnisses notwendigen Verfügung ermächtigt angesehen und eine entsprechende Befreiung von der Vorschrift des § 2113 Abs. 1 angenommen wird.[1] Bedarf es dagegen zur Erfüllung des Vermächtnisses der Versilberung eines Nachlaßgegenstandes, so wird man dem Erblasser einen Befreiungswillen niemals ohne weiteres unterstellen können.[2]

Die Vorschrift des § 2120 bezieht sich übrigens nicht nur auf die mit Rücksicht auf § 2113 sich ergebende Einschränkung, sondern z. B. auch auf die Fälle des § 2116, wenn die Hinterlegung oder Umschreibung mit der Folge der den Vorerben treffenden Verfügungsbeschränkung auf Verlangen des Nacherben erfolgt ist.

Eine Verpflichtung zur Erteilung der Einwilligung besteht für den Nacherben jedoch nur in den gedachten Fällen, also nicht auch, wenn ein befreiter Vorerbe über ein Grundstück oder Grundstücksrecht verfügen will.[3] Die Rechtslage, die sich nach Eintritt des Nacherbfalles, für den Nacherben und solche Personen, die ein Interesse daran haben, daß die entgegen § 2113 vorgenommene Verfügung als unwirksam behandelt werde, ergibt, ist kurz zu beleuchten.

Da die Unwirksamkeit absoluter Natur ist, also nicht nur zugunsten des Nacherben oder eines bestimmten Personenkreises eintritt, so kann sich ein jeder auf sie berufen. Prinzipiell muß auch dem Vorerben das Recht zustehen, sich auf die Unwirksamkeit seines Dispositionsaktes zu beziehen;[4] beispielsweise indem er wegen einer Forderung, die er gegen den Nacherben hat, den Nachlaßgegenstand, über den er in einer beim Eintritte der

---

[1] Doch spielt auch hier die Testamentsauslegung eine wichtige Rolle. In Fällen der §§ 2154. 2156 wird man besonders vorsichtig sein müssen.

[2] Vgl. Planck zu § 2120.

[3] Vgl. auch § 13.

[4] Vgl. Hachenburg S. 39. Immerhin ließe sich doch vielleicht mit dem Gedanken operieren, daß bei einer bewußt entgegen § 2113 vorgenommenen Verfügung ein freilich nur obligatorisch wirkender Verzicht seitens des Vorerben angenommen werden könnte, durch den die Möglichkeit nach Eintritt der Nacherbfolge dem Erwerber gegenüber sich auf die Unwirksamkeit zu berufen, ausgeschlossen ist.

Nacherbfolge die Unwirksamkeit zeitigenden Weise verfügt hat, pfändet.

Hat einmal ein Gläubiger des Nacherben oder ein Nachlaßgläubiger auf die Unwirksamkeit Bezug genommen und etwa ein Pfändungspfandrecht an einem solchen Gegenstande erworben, so wird man dem Nacherben kaum noch die Befugnis zusprechen können, dieses Recht durch Erteilung einer Genehmigungserklärung illusorisch zu machen. — Vgl. hierzu § 184 Abs. 2.[1]

Schon oben ist die Frage gestreift worden, ob einer Anordnung des Erblassers, daß der Vorerbe bei Verfügungen, deren Vornahme nach den Grundsätzen einer ordnungsmäßigen Verwaltung oder zum Zwecke der Berichtigung von Nachlaßverbindlichkeiten erforderlich sind, von der Einschränkung des § 2113 Befreiung genießen soll, Bedeutung beizumessen sei. Soweit es sich um Verfügungen in Ansehung bestimmt bezeichneter Gegenstände handelt, wird man mit der Annahme nicht fehlgehen, daß der Erblasser insoweit Befreiungen zubilligen darf.

Dagegen scheint es mir sehr bedenklich, eine letztwillige Verfügung, die die Anordnung der Befreiung von § 2113 für die Fälle der „Ordnungsmäßigkeit" vorsieht, für wirksam zu halten. Im § 1823 des Entwurfs I war ein Rechtssatz dieses Inhalts vor-

---

[1] Zweifeln kann man, ob derjenige, der vom Vorerben erworben hat, in folgendem Falle einer die Unwirksamkeit behebenden Erklärung des Nacherben entgegentreten könnte. Angenommen, der Vorerbe hat schenkungsweise über eine Forderung verfügt, der Erwerber war völlig gutgläubig hinsichtlich der Eigenschaft des Verfügenden. Da es sich um eine Forderung handelt, tritt trotz dieser Gutgläubigkeit mit dem Zeitpunkte der Nacherbfolge die Unwirksamkeit der Verfügung ein. Hat nun der Vorerbe diesen Mangel im Rechte arglistig verschwiegen, so hat er ihn dem Erwerber gegenüber nach § 523 zu vertreten. Ist nun inzwischen der Drittschuldner zahlungsunfähig geworden, so liegt auf der Hand, daß es der Erwerber als Nachteil empfinden muß, wenn die unentgeltliche Verfügung des Erblassers nach dem Eintritte des Nacherbfalles vom Nacherben bestätigt wird und damit der vielleicht ganz sichere Anspruch aus § 523 gegen den ehemaligen Vorerben wegfällt, weil die Genehmigung die Aufhebung des Mangels im Rechte bewirkt und dadurch einem Gewährleistungsanspruche der Boden entzogen wird. Es dürfte in diesem Falle wohl der Billigkeit entsprechen, daß der Schenkungsempfänger trotz einer etwa erteilten Genehmigung seitens des Nacherben, sich an den Vorerben als Schenker halten darf.

gesehen. Man hat ihn später aufgegeben, weil man annahm, daß in allen Fällen der Dritte — Schuldner, Zessionar — oder die angegangene Behörde — Hinterlegungsstelle, Grundbuchamt — die Beibringung der Genehmigung des Nacherben fordern und sich nicht auf eine Prüfung des Vorhandenseins der objektiven Erfordernisse einlassen werde.[1] Man hat den Rechtssatz des § 1823 Entw. I, wie man zu sagen pflegt, als unnötig beseitigt, richtiger hieße es wohl „als sehr unpraktisch". Wenn der Vorerbe einmal die beschränkte Rechtsstellung einnehmen sollte, so ist bei starrer Durchführung dieses Gedankens unter Umständen eine Benachteiligung des Nachlasses zu fürchten, insofern die im Rahmen einer ordnungsmäßigen Verwaltung bisweilen notwendigen Verfügungen alsdann ausgeschlossen wären. Würde nun der Gesetzgeber für Fälle der gedachten Art den Vorerben frei stellen, so würde eine große Rechtsunsicherheit die Folge sein, insofern beim Eintritt der Nacherbfolge nicht feststünde, ob die vom Vorerben vorgenommenen Verfügungen unwirksam sind oder nicht. Besonders im Grundbuchverkehre würden sich große Schwierigkeiten ergeben; wahrscheinlich würde auch die in den Protokollen erwähnte Übung Platz greifen, daß der Vorerbe im einzelnen Falle die Einwilligung des Nacherben beibringen würde. Aber gerade darin, daß der Vorerbe praktisch im wesentlichen auf die Erteilung der Einwilligung durch den Nacherben angewiesen wäre, liegt für den Fall einer solchen Anordnung des Erblassers das Bedenkliche. Das Bedeutsame des § 2120 liegt darin, daß eine Verpflichtung zur Einwilligungserteilung statuiert wird. Dieselbe ist aber von bestimmten Voraussetzungen abhängig; vor allem muß es sich um eine Verfügung handeln, die der Vorerbe nicht mit Wirksamkeit gegenüber dem Nacherben vornehmen kann; meist wird es sich um eine Verfügung handeln, die von dem Rechtssatz des § 2113 Abs. 1 ergriffen und demzufolge bei Eintritt des Nacherbfalles unwirksam sein würde. Außerdem muß die Verfügung eine solche sein, die nach den Grundsätzen einer ordnungsmäßigen Verwaltung erforderlich wird. Ist nun der Vorerbe gerade für solche Fälle, bei denen die Verfügung das Gebot

[1] Vgl. Prot. II Bd. V S. 109; vgl. auch Perrin a. a. O. S. 45.

der Ordnungsmäßigkeit ist, befreit, so ist eben § 2113 Abs. 1 insoweit ausgeschaltet, d. h. eine unter solchen Umständen vorgenommene Verfügung ist auch bei Eintritt der Nacherbfolge wirksam. Damit fällt aber zugleich das eine Verpflichtung zur Einwilligung begründende Moment weg. Hat aber sonach der Nacherbe keine Pflicht, zu einer zum Zwecke der ordnungsmäßigen Verwaltung notwendigen Verfügung seine Einwilligung zu erteilen, so würde der Vorerbe, sobald der Nacherbe nicht gutwillig seine Zustimmung erteilt, kaum in der Lage sein, eine zur ordnungsmäßigen Verwaltung gehörige Verfügung grundbücherlich durchzuführen.[1]

Diese höchst bedenkliche Konsequenz dürfte zu der Auffassung wohl zwingen, daß eine Befreiungsordnung, die auf die im § 2120 erwähnten Fälle gemünzt ist, unwirksam sein muß.

Sollte wirklich eine letztwillige Verfügung des gedachten Inhalts vorkommen, so wird man sie ignorieren und den Vorerben einfach als gewöhnlichen Vorerben behandeln müssen. Geht allerdings der Wille des Erblassers dahin, daß keinesfalls hinsichtlich Verfügungen der gedachten Art eine Einschränkung für den Vorerben bestehen solle, so wird man den Willen des Erblassers dahin auszulegen haben, daß der Vorerbe als freier Vorerbe anzusehen ist, aber mit der Auflage beschwert ist, von seinem Verfügungsrechte nur Gebrauch zu machen, wenn die Verfügung zur ordnungsmäßigen Verwaltung erforderlich ist.

## VI. Befreiung a) von einzelnen Beschränkungen im Verfügungsrechte; b) unter Bedingung und Befristung.

Wenn der Erblasser Befreiungen im Verfügungsrechte des Vorerben gewährt, wird man im Zweifelsfalle annehmen, daß von sämtlichen ipso jure wirkenden Einschränkungen dinglicher Natur Befreiung gegeben sein solle, gewöhnlich ist nach der Auslegungsregel des § 2137 ein noch weitergehender Befreiungswille zu vermuten.

Daß aber der Erblasser immer alle Befreiungen im Verfügungsrechte gewähren müsse, verlangt das Gesetz nicht. Es

[1] Vgl. § 13 d. Darstellung.

muß ihm freistehen, nur in Ansehung einzelner Gegenstände oder bestimmter Arten von Gegenständen, oder einiger Verfügungsarten die Wirkung des § 2113 Abs. 1 oder § 2114 auszuschalten; beispielsweise könnte der Erblasser Verfügungen über zum Nachlasse gehöriger Hypotheken nachlassen, dagegen, soweit ein Grundstück, etwa ein Landgut in Frage kommt, verbieten; ferner könnte er Verfügungen, die eine Veräußerung enthalten, gestatten, Verpfändungen bzw. Belastungen aber untersagen.

Es ist schließlich auch denkbar, daß der Erblasser letztwillig verfügt: Der Vorerbe solle im Verfügungsrecht eine Zeitlang, z. B. bis zur Erreichung eines bestimmten Lebensalters, als gewöhnlicher Vorerbe angesehen werden, dann aber im Verfügungsrechte befreit sein. Bemerkenswert ist, daß der Vorerbe, der zur Zeit, als er noch die beschränkte Rechtsstellung hatte, entgegen § 2113 verfügt hat, auch wenn er später die befreite Rechtsstellung erlangt, die an den Verstoß gegen § 2113 geknüpfte Unwirksamkeit nicht verhüten kann; denn die nachträgliche Erlangung der freieren Rechtsstellung kann nicht für den Vorerben die Befugnis im Gefolge haben, den künftig in Erscheinung tretenden Mangel einmal zu heben, weil der Vorerbe ja gar nicht derjenige ist, zu dessen Gunsten die Unwirksamkeit eintritt; eine Genehmigung kann nur der Nacherbe erteilen. Wollte man dem Vorerben das Recht geben, während der Dauer der freien Rechtsstellung die künftigen, mit dem Zeitpunkt der Nacherbfolge eintretenden Rechtswirkungen zu korrigieren, so hätte die Anordnung der Aufeinanderfolge von gewöhnlicher und befreiter Vorerbschaft schlechterdings keinen Zweck; denn wenn der Vorerbe während der Dauer der Beschränktheit seines Rechts immer die Möglichkeit vor Augen hätte, die entgegen den Beschränkungen vorgenommenen Verfügungen später gewissermaßen selbst zu ratihabieren, so würde er sich kaum durch die Einschränkungen des Gesetzes irgendwie eingeschränkt fühlen.[1]

[1] Man wird auch nicht annehmen können, daß der Vorerbe in der Lage ist, eine derartige Verfügung nach Eintritt der freien Rechtsstellung neu treffen zu können, denn sobald der Vorerbe verfügt hat, ist der betreffende Gegenstand seiner Disposition entrückt.

Anknüpfend an die umstehend erörterte Frage, ob Befreiungen hinsichtlich gewisser Rechte angeordnet werden können, bezüglich anderer nicht, soll das Verhältnis des § 2113 zu § 2114 kurz beleuchtet werden.

Wenn der Erblasser von § 2113 Abs. 1 befreit hat, so könnte man vielleicht denken, daß auch bezüglich Hypothekenforderungen, Grundschulden und Rentenschulden Befreiung im Verfügungsrecht angeordnet sei, da der Wortlaut des § 2113 Verfügungen aller Art zu umfassen scheint.

Wenn auch im § 2114 auf § 2113 Bezug genommen wird, und im ersten Satze des Paragraphen eine Abweichung von § 2113 normiert wird, so ist damit nicht gesagt, daß die Vorschrift des § 2114 mit der Geltung des § 2113 steht und fällt. § 2114 hat neben § 2113 selbständige Bedeutung, insofern er nur die Verfügungen über Hypothekenforderungen, Grund- und Rentenschulden behandelt.

Würde der Erblasser von § 2114 Satz 1 Befreiung verfügt haben, so würde das nicht den Wegfall einer Erleichterung bedeuten, die eben dieser Rechtssatz im Gegensatze zu § 2113 normiert, sondern nur als völlige Befreiung hinsichtlich der Verfügungen der Kündigung und Einziehung aufzufassen sein. Was Verfügungen anderen Inhalts betrifft, so würde aus der Bezugnahme des § 2114 Satz 2 auf § 2113 das Fortbestehen der an jener Stelle normierten Beschränkungen sich ergeben.

Die im § 2113 Abs. 2 enthaltene Beschränkung kann selbstverständlich auch dann nicht aufgehoben werden, soweit es sich um Verfügungen über die im § 2114 bezeichneten Rechte handelt.

## VII. **Nacherbschaft und fortgesetzte Gütergemeinschaft.**

Auf eine sehr interessante juristische Konstellation hat Meikel[1] hingewiesen, nämlich auf das Zusammentreffen von Vorerbschaft und fortgesetzter Gütergemeinschaft.

Meikel faßt den Fall ins Auge, wenn von zwei in Gütergemeinschaft lebenden Ehegatten der eine, der auch Vorbehaltsgut besitzt, stirbt und seine Ehefrau als Vorerben, die Kinder

---

[1] Meikel im Recht 1905 S. 364.

als Nacherben einsetzt. Zum Vorbehaltsgute sollen auch Grundstücke und Grundstücksrechte gehören. Verhältnismäßig einfach ist die Rechtslage, wenn es zur fortgesetzten Gütergemeinschaft nicht kommt. Das Rechtsverhältnis des überlebenden Ehegatten und der Abkömmlinge bestimmt sich nach § 1471. Der Nachlaß wird alsdann aus dem Anteile des Verstorbenen am Nachlasse und dem Vorbehaltsgute gebildet. Der überlebende Ehegatte und seine Miterben können nur unbeschadet der Rechte des Nacherben verfügen. Kompliziert wird die Rechtslage bei Fortsetzung der Gütergemeinschaft. Dann gehört der Anteil des verstorbenen Ehegatten nicht zu seinem Nachlasse und ist daher auch nicht Gegenstand der Nacherbfolge. Was bisher Gegenstand der allgemeinen Gütergemeinschaft war, bildet auch den Gegenstand der fortgesetzten Gütergemeinschaft. — § 1483 Abs. I. — Bezüglich Verfügungen über zum Gesamtgute gehörige Grundstücke gelten ausschließlich die Normen der §§ 1487, 1443ff. Soweit Grundstücke in Frage kommen, die zum Gesamtgute gehören, bedarf der überlebende Ehegatte daher der Zustimmung der anteilsberechtigten Abkömmlinge mit Rücksicht auf §§ 1487, 1445, 1446, nicht in ihrer Eigenschaft als Nacherben.

Hinsichtlich des Vorbehaltsgutes, insbesondere der zu ihm gehörigen Grundstücke gilt nun nach Meikel folgendes. „Dieses Vermögen gehört zum Nachlasse. Nach § 1485 fällt es aber, soweit das Erbrecht des überlebenden Ehegatten in Frage kommt, nicht in das Alleineigentum des Ehegatten, sondern wird Bestandteil des Gesamtgutes.

Zu einer Verfügung über das Grundstück bedarf der Überlebende der Zustimmung der anteilsberechtigten Abkömmlinge gemäß §§ 1487, 1445 und zugleich in ihrer Eigenschaft als Nacherben. Es ist hierbei folgender Unterschied zu konstatieren: Die Zustimmung der Abkömmlinge kann nach § 1447 durch das Vormundschaftsgericht ersetzt werden, wenn sie ohne ausreichenden Grund verweigert wird, soweit die Nacherbfolge in Frage kommt, kann sie nur im Klagewege erzwungen werden."

Mir erscheint die Ansicht Meikels vor allem schon insoweit bedenklich, als das den Nachlaß bildende, mit einer Nacherbschaft beschwerte Vermögen nach § 1485 Abs. 2 Gegenstand des Gesamtgutes werden soll. Wie soll man sich, wenn diese Rechtswirkung eingetreten ist, den Eintritt der Nacherbfolge vorstellen? Soll dann plötzlich die Zugehörigkeit des Vorbehaltsgutes zum Gesamtgute endigen? Soll etwa eine Auseinandersetzung eintreten? Soll der Nacherbe von dem zum Gesamtgute gehörigen Vermögen, das früher das Vorbehaltsgut gewesen war, nur etwa eine Hälfte oder das Ganze erhalten?[1]

Welche Unterschiede ergeben sich, wenn die Nacherbfolge mit dem Tode des überlebenden Ehegatten oder wenn sie zu Lebzeiten des Ehegatten eintritt?

Auf diese Frage gibt Meikel keine Antwort. Jene Verquickung von fortgesetzter Gütergemeinschaft und Vorerbrecht erscheint mir überhaupt rechtlich unzulässig. Das Institut der fortgesetzten Gütergemeinschaft schließt die Anwendung erbrechtlicher Normen aus. Bezüglich des Anteils des Ehegatten am Gesamtgute kann der andere Ehegatte keine letztwilligen Verfügungen treffen, da insoweit Vermögen des überlebenden Ehegatten in Frage kommt. Über seinen Anteil am Gesamtgute kann nur der überlebende Ehegatte selbst von Todeswegen disponieren. Fallen ihm zufolge Erbgangs oder aus anderem Rechtsgrunde neue Vermögenswerte zu, so werden diese Gesamtgut;[2] daraus folgt aber, daß bei einer etwaigen Auseinandersetzung, sei es nun zu Lebzeiten oder nach dem Tode des überlebenden Teiles nur die Hälfte dieser Vermögenswerte zukommen. Wollte man nun einmal die Zulässigkeit einer Nacherbschaftsordnung hinsichtlich solcher Werte, die nach § 1485 ins Gesamtgut fallen, unterstellen, so würde der Nacherbe des überlebenden Ehegatten allenfalls die Hälfte des Vermögens erhalten, das dem Ehegatten zufolge Vorerbrechts zugefallen und Bestandteil des Gesamtgutes geworden ist, ein zweifellos höchst unbefriedigendes Resultat. Wenn die Abkömmlinge als Nacherben eingesetzt sind, möchte es noch gehen, da diese bezüglich der anderen Hälfte des Gesamtgutes anteilsberechtigt sind. Ist aber der Nacherbe ein Extraneus, so ist das Ergebnis dem Zwecke der Nacherbschaft

---

[1] Vgl. § 1498 in Verbindung mit § 1476 BGB.

[2] Vgl. § 1485 BGB.

völlig zuwiderlaufend. Einen Ausweg aus diesem rechtlichen Labyrinth kann man m. E. nur finden, wenn man im Hinblick auf die rechtliche Besonderheit und den Zweck der Vorerbschaft eine Ausschaltung der aus den Rechtssätzen über die fortgesetzte Gütergemeinschaft sich ergebenden Folgen als im Willen des Erblassers liegend annimmt und die Vorerbeneinsetzung des überlebenden Ehegatten dementsprechend als eine letztwillige Verfügung auffaßt, die seitens des verstorbenen Ehegatten mit der Bestimmung erfolgt ist, daß der zufolge Vorerbrechts gemachte Erwerb Vorbehaltsgut des überlebenden Teiles sein soll. — Vgl. §§ 1486, 1469.

Die Ansicht MEIKELs von der Möglichkeit und Zulässigkeit einer Kombination der Rechtssätze über fortgesetzte Gütergemeinschaft und der des Vorerbrechts ist daher abzulehnen.

Bei der ehelichen Gütergemeinschaft muß wohl dasselbe gelten, wenn zum Vermögen des einen Erbgatten eine Vorerbschaft gehört.

Ist dagegen ein in Gütergemeinschaft lebender Ehegatte Nacherbe, so wird man wohl anzunehmen haben, daß die Anwartschaft auch dem anderen Ehegatten zugute kommt.

Zum Schlusse mag noch der Fall erwähnt werden, wenn der Vorerbe eine dem Erblasser zunächst nur angefallene Erbschaft ausschlägt.

Ob zu jener ausgeschlagenen Erbschaft Grundstücke und Grundstücksrechte gehören oder nicht, ist hinsichtlich der Wirkung der in der Ausschlagung liegenden Rechtshandlung ohne Belang.[1] Ob die Ausschlagung einer solchen Erbschaft eine Haftung des Vorerben erzeugt, kann nur unter dem Gesichtspunkte des § 2130 beantwortet werden.

## § 11.

## Unentgeltliche Verfügungen des Vorerben.

Von der Vorschrift des § 2113 Abs. 2 kann der Erblasser Befreiung nicht gewähren. Demnach sind bei gewöhnlicher wie

[1] Vgl. STROHAL I, S. 185 Anm. 37 Abs. 1; a. M.: WILKE a. a. O. S. 26.

bei befreiter Vorerbschaft Verfügungen, die der Vorerbe über zur Erbschaft gehörige Gegenstände unentgeltlich oder zum Zwecke der Erfüllung eines Schenkungsversprechens vornimmt, beim Eintritt der Nacherbfolge insoweit unwirksam, als das Recht des Vorerben vereitelt oder beeinträchtigt wird. Daß die in diesem Absatze angedrohte Unwirksamkeit gleichfalls absoluter Natur ist, ist schon oben ausgeführt worden. An jener Stelle ist auch angedeutet worden, daß der Zweck dieser Bestimmung nicht gerade dahin geht, speziell den veräußerten Gegenstand dem Nacherben wieder zu verschaffen, sondern sich in dem wirtschaftlichen Ausgleiche gegenüber der offensichtlichen Vermögensminderung erschöpft.

Eine Auslassung über deu Begriff der Schenkung ist hier nicht am Platze. Der Begriff der unentgeltlichen Verfügung ist jedenfalls gegenüber dem der Schenkung der weitere.[1] Eine unentgeltliche Verfügung liegt aber dann vor, wenn bei der Verfügung die Absicht der Beteiligten dahin geht, daß eine gleichwertige Gegenleistung seitens dessen, zu dessen Gunsten die Verfügung erfolgt, nicht erbracht werden solle. Zu den nicht als Schenkungen anzusehenden unentgeltlichen Verfügungen gehören z. B. die Dereliktion oder die Gewährung einer Ausstattung.

Nach der in der Literatur allgemein verbreiteten Ansicht gehört zur unentgeltlichen Verfügung ein positives Handeln. Wenn beispielsweise der Vorerbe es in Schenkungsabsicht unterläßt, eine Forderung rechtzeitig einzuziehen, oder eine die Verjährung unterbrechende Handlung vorzunehmen, so daß dem Schuldner die Verjährungseinrede erwächst, so nimmt man mit Recht gar keine Verfügung an.

Worin das „Entgelt“, das im Falle einer Verfügung des Vorerben das Rechtsgeschäft als ein nichtunentgeltliches erscheinen läßt, zu bestehen habe, darüber ist im Gesetze nichts gesagt.[2]

[1] Vgl. Hachenburg, Deutsch. Not.Ver.Zeitschr. 1906 S. 327.

[2] Zutreffend ist die vom Kammergericht in einer Entscheidung vom 28. Juni 1906 — Rspr. d. OLG. Bd. 14 S. 297 — gemachte Bemerkung, daß die Verfügung des Vorerben unentgeltlich sei, folge nicht schon daraus, daß der Vorerbe kein bares Entgelt dafür erhalte; es müsse nur einer Leistung eine ernstlich gemeinte Gegenleistung gegenüber stehen, um ein Rechts-

Ob man davon sprechen kann, daß einer Verfügung eine Gegenleistung gegenüberstehe, ist von Fall zu Fall zu entscheiden.

Die Rechtssätze über den gutgläubigen Erwerb von einem Nichtberechtigten sind auch im Falle des § 2113 Abs. 2 in entsprechender Weise anzuwenden. Wenn nun der Erwerber weiß, daß er von einem Vorerben erwirbt, aber der festen Überzeugung ist, daß die unentgeltliche Verfügung einer auf den Anstand oder eine sittliche Pflicht zu nehmender Rücksicht entsprungen ist? Meiner Ansicht nach schützt ein in dieser Hinsicht beim Erwerber obwaltender Irrtum nicht gegen den Eintritt der Unwirksamkeit. Die Kenntnis, es mit einem Vorerben zu tun zu haben, schadet.

Es ist an dieser Stelle einiger Besonderheiten zu gedenken, die sich bei Verfügungen über zum Nachlaß gehöriger Forderungen zufolge Abtretung ergeben.

Hachenburg hat hervorgehoben, daß bei einer solchen unentgeltlichen Zession des Vorerben vor allem der Drittschuldner in eine schwierige Lage käme, wenn der Zessionar die Forderung einziehen wolle, und hat im Anschlusse an diese Bedenken die Frage aufgeworfen, ob der Drittschuldner die Zahlung verweigern bzw. hinterlegen dürfe. Hachenburg kommt zu dem Ergebnisse, daß die Spitze des Rechts des Nacherben immer sich gegen den Schenknehmer richte. Wenn dem Schenknehmer die Forderung überlassen worden sei, die er einkassiert, so müsse er deren Wert restituieren. Hachenburg stellt, um zu diesem Ergebnisse zu gelangen, noch folgende Erwägungen an: auch wenn der Schuldner wüßte, daß der Vorerbe den Betrag, den er einkassiere, sogleich verschenken werde, müsse er Zahlung leisten; ebenso verhielte es sich, wenn der Vorerbe eine Anweisung erteilt hätte, denn auch diese sei ja nur eine Art der Erhebung.[1]

---

geschäft als ein entgeltliches auffassen zu können. Diese könne darin bestehen, daß der Schuldner es unterläßt, die mündelsichere Grundschuld zu kündigen, was er getan hätte, falls die Bewilligung der Teillöschung (es handelte sich um eine Pfandentlassungserklärung) nicht erfolgte. — Vgl. auch K. G. Jahrb. 33 S. 164.

[1] Zu dem Fall der Anweisung mag erwähnt werden, daß bei einer Anweisung auf Schuld die Anweisung und die im Anschluß an dieselbe er-

Daß die unentgeltliche Abtretung einer zum Nachlasse gehöriger Forderung im Zeitpunkte des Nacherbfalles absolut unwirksam ist, dürfte feststehen. Ob HACHENBURG auch in dieser Beziehung seine Meinung geändert hat — vgl. Deutsch. Not.Ver.-Ztschr. 1906 S. 322 Anm. 1 —, ist fraglich.

CAPPEL führt zu diesem Punkte aus, daß allerdings der Drittschuldner nicht unter den Folgen der Unwirksamkeit leiden dürfte und daß dies gar nicht der Fall sein könne, da er unbedingt verpflichtet sei, an den Zessionar als derzeitigen vollberechtigten Inhaber des Rechts zu leisten. — Daß die Zahlung des Drittschuldners und die Annahme durch den Zessionar eine Verfügung des Zessionars darstellt, liegt auf der Hand, da sie die Aufhebung des Forderungsrechtes bewirkt. Streng genommen könnte und müßte man eigentlich sagen, daß ebenso wie die unentgeltliche Abtretung beim Eintritte der Nacherbfolge der Unwirksamkeit unterliegt, dies auch von späteren Verfügungen, die der Zessionar vernimmt, gelten müsse, und demzufolge die Einziehung für unwirksam erklären, sobald die Nacherbfolge eingetreten ist. Während man bei Verfügungen anderer Art, z. B. weiterer Abtretung oder Verpfändung oder auch Erlaß der Schuld ohne Bedenken Unwirksamkeit bei Eintritt der Nacherbfolge annehmen wird, muß für die in der Zahlung des Drittschuldners liegende Verfügung etwas besonderes gelten. Das Charakteristische für Verfügungen dieses Inhalts ist, daß mit ihnen gewissermaßen der dem Forderungsrechte innewohnende Zweck erfüllt wird. Die Erbringung der Leistung enthält zugleich diejenige Veränderung des Rechtes, die es ihrer Bestimmung gemäß einmal erleiden muß. Diese Erwägung ist es m. E., die es rechtfertigt, für diese Fälle eine Ausnahme zu machen. Wollte man etwas anderes annehmen, so würde man unter Umständen zu

folgte Annahme durch den Angewiesenen eine in einer Veränderung der zwischen dem Anweisenden und dem Angewiesenen existierenden Obligation bestehende Verfügung bedeutet. Erfolgt sie unentgeltlich zu Gunsten des Anweisungsempfängers, so ist sie, wenn die Leistung zur Zeit des Nacherbfalles noch nicht erbracht ist, unwirksam. Ebenso verhält es sich, wenn der Vorerbe und der Schuldner, der eine species zu leisten hat, hinsichtlich der Schuldleistung einen Vertrag zu Gunsten eines Dritten schließen.

sehr merkwürdigen Resultaten kommen. Zum Beispiel: wenn der Zessionar die Forderung, obwohl sie schon verjährt war, einzieht. Würde nun im Zeitpunkte der Nacherbfolge die in der Einziehung liegende Verfügung unwirksam sein, so würde der Drittschuldner einerseits vom Zessionar das Gezahlte herausverlangen, andererseits aber dem Nacherben die Einrede der Verjährung entgegenhalten können. — Die Absurdität dieses Ergebnisses liegt auf der Hand.

Bei Verfügungen anderen Inhalts würde hingegen anderes gelten müssen, so z. B. wenn der Zessionar mit dem Drittschuldner eine Herabsetzung des Zinsfußes vereinbaren oder die Kündbarkeit einer Darlehnsforderung weiter hinausschieben wollte.

Wenn der Zessionar die Leistung entgegennimmt, so macht er diesen Erwerb zunächst kraft seines uneingeschränkten Rechts. Kommt es aber zum Falle der Nacherbfolge, so fällt nachträglich der rechtliche Grund dieses Erwerbes fort, und es entsteht ein Anspruch des Nacherben gegen den Zessionar auf Herausgabe der ungerechtfertigten Bereicherung, — d. h. § 812 Abs. 1 Satz 2.[1]

Hachenburg beklagt, daß in dem — S. 46 seiner Abhandlung — herausgestellten Falle, bei Verstößen gegen die Bestimmung des § 2113 Abs. 2 jedesmal, wenn der Schenknehmer gutgläubig sei, eine Klage gegen ihn aussichtslos sei. Cappel wendet die Vorschrift des § 816 Abs. 2 Satz 2 direkt an, indem er sagt, die Verfügung des Vorerben verliert mit dem Eintritte des Nacherbfolgefalles ihre Wirksamkeit und damit die Hingabe der einzelnen Erbschaftsgegenstände an den Schenknehmer ihre causa. Der Vorerbe erscheint demnach im Zeitpunkte des Eintritts der Nacherbfolge als einer, der als Nichtberechtigter verfügt habe. Wer von einem solchen Nichtberechtigten erwirbt, muß aber, selbst wenn die Verfügung dem Berechtigten gegenüber wirksam ist, im Falle eines unentgeltlichen Erwerbes die Bereicherung herausgeben. Diese Ausführungen dürften im allgemeinen zutreffend sein.

Da der während der Dauer seiner Berechtigung unentgeltlich verfügende Vorerbe als derzeit vollberechtigter Inhaber des

[1] Vgl. Cappel, S. 34/35.

Nachlasses verfügt, wird man im Hinblick auf die Fassung des § 816 besser von einer analogen Anwendung dieser Rechtssätze gegenüber dem Schenknehmer, der vom Vorerben in einer dem Nacherben gegenüber wirksamen Weise erworben hat, sprechen.

Während bei der Verfügung eines gewöhnlichen Vorerben, die ohne Rücksicht auf § 2113 Abs. 1, aber entgeltlich erfolgt, der Verlust oder die Beeinträchtigung des konkreten Rechts dadurch für den Nacherben weniger fühlbar gemacht wird, daß infolge des Surrogationsprinzips des § 2111 ipso jure ein Äquivalent in den Nachlaß eingeführt wird, so daß häufig eine wirtschaftliche Beeinträchtigung des Nacherben vermieden wird, kann bei unentgeltlichen Verfügungen von einem derartigen Ausgleich keine Rede sein. Mit Rücksicht darauf hat das Gesetz im § 2138 einen Schadenersatzanspruch des Nacherben gegen den Vorerben geschaffen und diese Bestimmung nicht unter diejenigen aufgenommen, von denen der Vorerbe befreit werden kann. Da die Aussicht, dereinst wegen unentgeltlich vorgenommener Verfügungen mit einer Schadenersatzklage in Anspruch genommen zu werden, zu den moralischen Zwangsmitteln gehört, die eine gewisse Garantie gewähren, daß der Vorerbe auf die Einschränkung des § 2113 Abs. 2 Rücksicht nimmt, so dürfte eine erblasserische Anordnung, die dem Nacherben vermächtnisweise auferlegt, auf die Geltendmachung solcher eventueller Schadenersatzansprüche zu verzichten, unzulässig sein.

Es ist schon oben angedeutet worden, daß, wenn im § 2113 Abs. 2 von unentgeltlichen Verfügungen gesprochen wird, damit nicht auch ohne weiteres Verfügungen getroffen werden, für die ein bares Entgelt nicht geleistet wird. In diesem Zusammenhange verdienen wohl einige Gruppen von Rechtsgeschäften besonderer Erwähnung, die STROHAL unter der Bezeichnung Äquivalentverfügungsverträge zusammenfaßt;[1] es sind die Fälle:

a) der vertragsmäßigen Veränderung des Inhalts einer Obligation,
b) der Hingabe bzw. Übernahme an Zahlungsstatt,
c) der Schuldenübernahmeverträge.

---

[1] STROHAL, Deutsche Jur.-Ztg. 1909 S. 1031 ff. — Vgl. SOHM, Der Gegenstand S. 7 ff.

Sohm bezeichnet in seiner Abhandlung über den Gegenstand als Charakteristikum aller echten Verfügungsverträge den Umstand, daß immer nur der eine Vertragsteil verfügt, ohne auf Grund des Verfügungsvertrages zugleich einen Erwerb zu machen, während der andere Teil dem Verfügenden als lediglich Erwerbender gegenüberstünde. Im Gegensatz zu dieser Definition erblickt Strohal die Eigentümlichkeit der Äquivalentverfügungsverträge darin, daß durch sie, ohne daß dabei erst noch ein neben dem Verfügungsvertrage bestehender besonderer Vertrag in Betracht kommt, für beide Vertragsteile rechtliche Vorteile ausgelöst werden.

Bei der Würdigung der Bestimmung des § 2113 Abs. 2 sind Verträge des gedachten Inhalts von erheblicher Bedeutung. Man muß direkt die Frage stellen, ob die Äquivalentsverfügungsverträge als unentgeltlich im Sinne des § 2113 Abs. 2 anzusehen sind. Man könnte vielleicht geneigt sein, die Unentgeltlichkeit in Ermangelung eines besonderen, ein Äquivalent ausbedingenden Vertrages zu bejahen, aber trotzdem Unwirksamkeit nach § 2113 Abs. 2 meist nicht anzunehmen, weil eine Beeinträchtigung oder Vereitelung der Rechte des Nacherben gewöhnlich nicht vorliegen.

Bedenken gegen die Ansicht, daß die Äquivalentsverfügungsverträge als entgeltliche Verfügungen anzusprechen sind, lassen sich aus dem Umstande, daß bei derartigen Modifikationen der zur Erbschaft gehörigen Rechte sehr leicht wirtschaftliche Beeinträchtigungen des Nachlasses unterlaufen, nicht herleiten. Man halte sich nur einmal ähnliche Fälle vor Augen, bei denen man die Entgeltlichkeit bejaht, obwohl von einer absoluten Gleichwertigkeit der Gegenleistung nicht gesprochen werden kann, so z. B. wenn der Vorerbe eine Nachlaßforderung an einen Dritten abtritt und dieser dafür eine Forderung, die er an einen Dritten hat, zediert; dieser Fall entspricht im äußeren Effekte völlig dem zwischen dem Vorerben als Gläubiger und einem Dritten geschlossenen Schuldübernahmevertrag, wenn auch rechtlich die von einem Dritten übernommene Schuld etwas anderes ist, als die vom Gläubiger eines Dritten an den Vorerben abgetretene Forderung. Beide Fälle haben gemeinsam, daß der Vorerbe einen neuen Schuldner erhält. In beiden Fällen kann sich dieselbe

Benachteiligung des Nacherben ergeben, wenn der neue Schuldner weniger sicher ist als der alte.

Es wäre sinnwidrig, wenn man einem Vorerben das Recht geben wollte, in der oben angegebenen Weise Forderungen gewissermaßen zu tauschen, und auf der anderen Seite den Schuldübernahmevertrag als eine unentgeltliche Verfügung aufzufassen. — Als charakteristisches Merkmal der Unentgeltlichkeit muß man ein „Ärmer werden“ dessen fordern, auf dessen Vermögen sich die fragliche Verfügung bezieht.

Für den Fall der Schuldübernahme muß man nun sagen, daß dieses Merkmal prinzipiell fehlt — von außergewöhnlichen Fällen, in denen in Benachteiligungsabsicht eine insolvente Person als Schuldner angenommen wird, abgesehen.

Das Schuldverhältnis bleibt zwar — vgl. § 417 BGB. — das gleiche; zerlegt man aber die mit dem Schuldübernahmevertrag verbundene Verfügungswirkung in ihre Bestandteile, so erscheint die Annahme des neuen Schuldners als Äquivalent der Freilassung des alten.

Wenn eine Annahme an Erfüllungsstatt vorliegt, verhält es sich ebenso, wenn mit dem an Erfüllungsstatt gegebenen Gegenstande etwas der ursprünglichen Leistung gleichwertiges gegeben werden sollte.

Damit eine Hingabe an Erfüllungsstatt liberierende Wirkung für den Schuldner habe, bedarf es einer entsprechenden Abänderung der bestehenden Obligation. Mit dem Übergange des an Erfüllungsstatt zu nehmenden Gegenstandes an den Vorerben vollzieht sich dann noch eine Verfügungswirkung, die in der Aufhebung des abgeänderten Forderungsrechtes besteht.

In den Fällen der vertragsmäßigen Abänderung des Inhalts einer Obligation liegt ein Äquivalent vor, insofern an Stelle der früheren Obligation die abgeänderte tritt.

Besonders bei Verfügungen der letzteren Art liegt die Möglichkeit, daß die Gegenseitigkeit vom wirtschaftlichen Standpunkte aus gesehen nicht gleichwertig ist, nahe.

Die Gleichwertigkeit des „Äquivalentes“ läßt sich aber kaum jemals absolut bestimmen. Die Auffassung, daß man bei diesen Verträgen es mit unentgeltlichen Rechtsgeschäften zu tun habe, von denen man nur anzunehmen habe, daß sie normalerweise das Recht des Nacherben nicht beeinträchtigen, würde für den Vorerben die sehr einschneidende Konsequenz haben, daß er dem Nacherben beweisen müßte, daß die Verfügung das Nacherbenrecht nicht vereitelt oder beeinträchtigt, und daß er dem Nacherben gegenüber haftbar würde und die Verfügung unwirksam wäre, sobald sich eine Minderung des Wertes des Nachlasses als Folge jenes Äquivalentverfügungsvertrags herausstellen würde. Steht man dagegen auf dem Standpunkte, daß diese Verfügungen prinzipiell entgeltlich sind, so könnte bei Nachweis der Unwirtschaftlichkeit höchstens nach § 2130 ein Anspruch des Nacherben zur Entstehung kommen; und bei befreiter Vorerbschaft würde auch diese Haftung wegfallen. Vorausgesetzt ist selbstverständlich, daß die Verfügung nicht absichtlich in Benachteiligungsabsicht geschehen ist, oder ein negotium mixtum cum donatione darstellt.[1]

Bei der Betrachtung des § 2113 Abs. 2 ist noch zu erwähnen, daß es eine Anzahl Fälle gibt, bei denen die Rechtshandlungen des Vorerben die Einführung eines Äquivalentes in den Nachlaß nicht zur Folge haben, wo aber trotzdem kein dinglicher Rechtsschutz für den Nacherben angenommen zu werden pflegt. Es sind dies die Fälle, in denen der Vorerbe Gegenstände „für sich verwendet hat“.

Im allgemeinen wird in der Literatur die Ansicht vertreten, daß auch Verfügungen, die unter diesem Gesichtspunkte „des Fürsichverwendens“ begriffen werden, trotz Nichtvorhandenseins eines Äquivalentes der Unwirksamkeit nicht unterliegen.

Es scheint mir dies nicht ganz unbedenklich.

Ein Eingehen auf § 2134 ist an dieser Stelle unvermeidlich. Der Begriff des Fürsichverwendens ist sehr weit. Es fällt darunter „das Verbrauchen von Sachen“, ein Rechtsbegriff, der sich in der Regel auf Verhältnisse bezieht, bei denen vom Verbrauchenden zwecks Befriedigung eines tatsächlichen oder recht-

[1] Vgl. Entsch. d. RG. Bd. 62 S. 44, wonach die Frage nach der Gleichwertigkeit des Gegenwertes sowohl nach objektiven Wertverhältnissen, als auch nach der Absicht der Parteien zu beurteilen ist.

lichen Bedürfnisses die Zugehörigkeit einer Sache zum Vermögen durch Aufhebung ihrer rechtlichen Existenz beendet wird.

Dieser Begriff steht wieder in engster Verbindung zu dem „der verbrauchbaren Sachen“ — vgl. § 92 — und muß noch dahin abgegrenzt werden, daß er auch die Veräußerung solcher Sachen umfaßt, deren Bestimmung es ist, veräußert zu werden. Im § 2134 wird nicht nur auf „verbrauchbare Sachen“ abgestellt, sondern auch der Gebrauch, der in entsprechender Weise von einer species gemacht wird, mitgetroffen. Vom Verbrauch eines species würde man beispielsweise sprechen, wenn der Vorerbe einen Konzertflügel zu Feuerholz zerhacken und das Holz verbrennen würde. Der Begriff des Fürsichverwendens umfaßt weiterhin die Fälle des Erwerbes durch Verarbeitung, Verbindung oder Vermischung und in letzter Linie auch diejenigen Fälle, in denen der Vorerbe sich Gegenstände des Nachlasses wirtschaftlich in der Weise zu Nutze macht, daß er sich ihres Wertes zum Zwecke der Tilgung von Eigenverbindlichkeiten entäußert.

Bei Fällen der Verarbeitung, Verbindung und Vermischung kann die Rechtslage des Nacherben, wie unten noch näher auszuführen sein wird, verschiedenartig ausfallen. Bisweilen wird eine dingliche Schutzwirkung vorhanden sein, bisweilen wird sie fehlen.

Daß Rechtshandlungen des Vorerben, die auf die Tilgung von Eigenverbindlichkeiten hinauslaufen, eine große Gefährdung des Nacherben enthalten können, liegt auf der Hand. Ein überschuldeter Vorerbe kann ohne große Schwierigkeiten den Nachlaß benutzen, um sich von seinen Eigenverbindlichkeiten zu befreien. Wenn hinsichtlich der im § 2127 und § 2128 gegebenen Rechte des Nacherben Befreiuung gewährt ist, befindet sich der Nacherbe in einer sehr prekären Lage.

Jedenfalls wird unter solchen Umständen der Zweck des Rechtsinstitutes verfehlt.

Die im Hinblick auf diese Bedenken zu erörternde Frage lautet dahin, ob eine Verfügung, bei der von seiten derjenigen Person, die als Erwerber in Frage kommt, ein Äquivalent geleistet wird, das aber unter Umständen oder in einer Weise gewährt wird, die das Durchgreifen des Surrogationsprinzips verhindert, als gegen den Schutzgedanken des § 2113 Abs. 2 verstoßend aufzufassen und geeignet ist, die an der angegebenen Stelle bezeichneten Rechtswirkungen auszulösen. Daß das Resultat, dem Vorerben derartige Dispositionen über den Nachlaß ohne dinglichen Rechtsschutz des Nacherben nachzulassen und nur bei gewöhnlicher Vorerbschaft einen oft bedeutungslosen Ausgleich mittels eines Ersatzanspruchs zu gewähren, nicht übermäßig befriedigend ist, wird auch von Planck in seinen Ausführungen zu § 2138 in Anm. 4 anerkannt. Planck bemüht sich an jener Stelle, einen Schadenersatzanspruch nach § 826 für solche Fälle zu konstruieren, in denen die Verwendung von Erbschaftswerten seitens des Vorerben in einer gegen die guten Sitten verstoßenden Weise zum Nachteile des Nacherben erfolgt ist. Auf die sehr beachtlichen Ausführungen Plancks a. a. O. ist zu verweisen.

Planck fügt noch hinzu, man müsse freilich zugeben, daß es mit den Intentionen des Erblassers, der einen befreiten Vorerben einsetzt, in der Regel vereinbar sein wird, wenn dieser seine wirtschaftliche Lage durch Befreiung von drückenden Eigenverbindlichkeiten verbessert.

Daß man mit einer solchen Möglichkeit unter Umständen rechnen kann, ist zwar nicht von der Hand zu weisen, diesen Gedanken in einer so allgemeinen Form auszusprechen, wie es Planck tut, scheint mir aber doch bedenklich; vor allem weil jeder feste Anhalt für die Würdigung des Einzelfalles fehlt und weil man schließlich dazu käme, ein Recht des Vorerben zu konstruieren, zur Deckung von Eigenverbindlichkeiten den Stamm des Nachlasses anzugreifen. Auch scheint mir der von Planck ausgesprochene Gedanke deshalb nicht zutreffend, weil dadurch im Grunde der Zweck des Instituts der Nacherbfolge, den Vermögensstamm über den Vorerben weg auf den Nacherben übergehen zu lassen, negiert wird.

Die Ansicht, daß man sich bei Verfügungen des Vorerben, bei denen man sagen kann, daß der Vorerbe die betreffenden Nachlaßwerte für sich verwendet habe, einen dinglichen Schutz des Nacherben denken könne, läßt sich m. E. auch nicht durch einen Hinweis aus § 2134 ohne weiteres zurückweisen; mit anderen Worten, man kann und darf aus § 2134 nicht den Schluß ziehen, daß die Gewährung eines Ersatzanspruchs nach § 2134 den Gedanken eines dinglichen Rechtsbehelfes einfach ausschließe. — Doch nun zur Illustration einige Beispiele, aus denen zugleich hervorgehen wird, daß sich Fälle denken lassen, bei denen Verfügungen gegen Entgelt vorgenommen werden, ohne daß ein Äquivalent in den Nachlaß eingeführt wird und ohne daß man sagen könnte, der Vorerbe habe Nachlaßgegenstände für sich verwendet.

1. Angenommen: der Vorerbe A will dem B, der eine Schuld an C hat, eine Zuwendung machen. Zu diesem Zwecke bezahlt er aus Mitteln des Nachlasses die Schuld an C oder überträgt einen Nachlaßgegenstand dem C ins Eigentum mit der Abrede, daß der betreffende Gegenstand an Zahlungsstatt für die Verbindlichkeit des B gegeben sein solle. Die Wirkung ist: B wird von seiner Schuld befreit, ohne den entsprechenden Wert aus seinem Vermögen haben aufwenden zu müssen; ein Vermögensrecht des C hört auf zu existieren; dafür hat er einen anderen Wert in sein Vermögen erhalten; Vorerbe A hat eine echte Verfügung über einen Nachlaßgegenstand getroffen, ohne daß ein Äquivalent in den Nachlaß gelangt ist. Keinesfalls kann man vom Standpunkte des C aus sagen, daß ihm gegenüber eine unentgeltliche Verfügung vorgenommen worden sei, denn dem Empfange des Nachlaßgegenstandes steht die Endigung des Forderungsrechts gegen B gegenüber. Wo soll sich hier die Unwirksamkeit äußern, die nach § 2113 Abs. 2 an unentgeltliche Verfügungen geknüpft ist? Daß es sich um eine unentgeltliche Zuwendung an B handelt, dürfte keinem Zweifel unterliegen. Ebenso aber steht fest, daß jener Gläubiger C derjenige ist, der durch die Verfügung einen rechtlichen Vorteil erlangt hat.

2. Man denke weiter an folgenden Fall: Vorerbe A vereinbart mit dem Nachlaßschuldner C, er soll das zu leistende Geld oder die betreffende Sache, auf die sich die Forderung bezieht, an B leisten. B hat keine Forderung an den Nachlaß, auf die jene Leistung, die C erbringen soll, etwa angerechnet werden könnte.

Tritt nun der Fall der Nacherbfolge ein, bevor seitens des C an B geleistet worden ist, so wird der Nacherbe jene Vertragsänderung einfach ignorieren können, da dieselbe, weil kein Äquivalent in den Nachlaß eingeführt werden soll, auf eine unentgeltliche Verfügung abzielt.

Wie verhält es sich aber, wenn C an B geleistet hat und dann erst die Nacherbfolge eintritt? B erhält einen Gegenstand, der in die Erbschaft hätte gebracht werden müssen, ohne Entgelt; C andererseits verfügt nicht unentgeltlich; er erfüllt die ihm obliegende Verbindlichkeit; der Nachlaß wird geschmälert.

3. Schließlich denke man sich den unter 2 erwähnten Fall dahin modifiziert, daß jener dritte B, an den geleistet werden soll, ein Eigengläubiger des Vorerben ist. Leistet C an B, so wird seine Verbindlichkeit erfüllt, desgleichen die des Vorerben A an B, wenn jene Leistung den Zweck haben sollte, auf diese Schuld in Anrechnung zu kommen. — B erlangt einen Vorteil auf Kosten des Nachlasses.

Die Frage ist, ob sich dingliche Wirkungen zum Schutze gegen Verfügungen der genannten Art, die, wenn man den Nachlaß ins Auge faßt, ohne Entgelt erfolgt sind, denken lassen, beziehungsweise in welcher Weise und wem gegenüber sie sich äußern würden.

Der Fall unter 2 ähnelt derjenigen rechtlichen Situation, die sich ergeben würde, wenn der Vorerbe die ihm als Inhaber der Erbschaft zustehende Forderung unentgeltlich an B abgetreten hätte. Tritt, bevor die Verbindlichkeit erfüllt ist, der Fall der Nacherbfolge ein, so fällt die Forderung ohne weiteres an den Nacherben zurück. Ist die Leistung dagegen schon erbracht, so kann eine dingliche Wirkung zu Gunsten des Nacherben nicht eintreten; ebenso wird man in dem Falle unter Nr. 2 zu entscheiden haben.

Um sich die Besonderheit des Falles Nr. 1 deutlich zu machen, denke man sich das Beispiel dahin verschoben, daß der Vorerbe ein formgerechtes, wirksames Schenkungsversprechen zu Gunsten des B abgegeben hat und daß B weiterhin mit dem Vorerben vereinbart, A solle die Leistung an C, den Gläubiger des B, in Anrechnung auf seine Schuld erbringen. Erfolgt die Leistung, auf die sich das Schenkungsversprechen bezieht, so liegt eine Verfügung vor, die zum Zwecke der Erfüllung eines von dem

Vorerben erteilten Schenkungsversprechens erfolgt. Der Umstand, daß vom Standpunkt des C aus für die Leistung ein Äquivalent in Gestalt der Aufhebung des Forderungsrechtes an B erbracht wird, ändert nichts an der gedachten Wirkung. — Soll nun eine Verfügung, die zum Zwecke der Erfüllung eines vom Vorerben erteilten Schenkungsversprechen erfolgt, wegen ihres schädigenden Einflusses unwirksam sein, so kann sich diese Rechtsänderung nur in der Person desjenigen äußern, in dessen Vermögen der fragliche Erbschaftsgegenstand eingeführt worden ist. Das ist in unserem Falle der Gläubiger C.

Ganz ebenso muß es sich aber im Falle unter 1 verhalten. Die Verfügung hat eben auch den Zweck, dem B eine unentgeltliche Zuwendung zu machen und wiederum erfolgt dieselbe durch Entnahme eines Vermögensstückes aus dem Nachlasse und Übertragung auf einen Dritten.

In beiden Fällen erfolgt die Verfügung vom Standpunkte des C aus gesehen gegen Entgelt, nur soweit der Nachlaß und das Vermögen des B in Frage kommt, stellt sie sich als unentgeltliche Verfügung dar.

Wie ist nun aber im Falle unter Nr. 3 zu entscheiden?

Da die Voraussetzungen im wesentlichen dieselben sind wie im Falle 2, wird man sagen müssen, daß jene Vereinbarung mit dem Nachlaßschuldner C, er solle an B die Leistung erbringen, ungefähr dieselbe Bedeutung hat, wie die Abtretung jener Nachlaßforderung an Zahlungsstatt an den Eigengläubiger, und ebenso zu behandeln sein dürfte, wie die Fälle unter 2. Tritt die Nacherbfolge ein, nachdem die Leistung erbracht ist, die den Inhalt des abgetretenen Forderungsrechts bildete, so kann man, wie schon oben ausgeführt, keine dinglichen Wirkungen mehr annehmen.[1] Wie hat man aber zu befinden, wenn die Nacherbfolge eintritt nach erfolgter Abtretung, aber noch ehe der Schuldner geleistet hat? Auch hier ist das Charakteristische an der Befriedigung des Gläubigers, daß sie aus Mitteln erfolgt, in welche eine zwangsweise Befriedigung zu betreiben untersagt ist, daß die betreffende Verfügung vom Standpunkte des Gläubigers aus ge-

[1] Vgl. oben S. 93.

sehen entgeltlich erfolgt, dagegen in Ansehung des Eigenvermögens des Vorerben, wie im Hinblick auf den Nachlaß als unentgeltlich anzusehen ist.

Man kann sich auch einfachere Fälle denken: z. B. der Vorerbe vereinbart mit seinem Eigengläubiger, dieser solle eine zum Nachlaß gehörige Sache an Zahlungsstatt annehmen und überträgt diese Sache auf den Eigengläubiger; — oder der Vorerbe bestellt zu Gunsten seines Eigengläubigers an einem Nachlaßgrundstück eine Grundschuld mit der Abrede, daß die persönliche Schuld getilgt sein soll.

Die sämtlichen im vorstehenden aufgeführten Beispielsfälle weisen mehr oder weniger große Verschiedenheiten auf. Das gemeinsame Merkmal besteht aber darin, daß eine Verfügung aus Mitteln des Nachlasses ohne Einführung eines Äquivalentes in denselben erfolgt, obwohl aus dem Vermögen des auf Grund der Verfügung des Vorerben direkt Erwerbenden ein als Äquivalent gedachter Wert ausscheidet; — in den Beispielen 1—3 handelt es sich immer um die Endigung des Forderungsrechtes des C. —

Eine augenfällige Verschiedenheit des Falles der Tilgung von Eigenverbindlichkeiten des Vorerben mit Mitteln des Nachlasses und dem zu P. 1 erwähnten Falle, wo die Erfüllung eines vom Vorerben erteilten Schenkungsversprechens in Frage stand, besteht darin, daß im letzteren Falle eine vom Vorerben verschiedene Person infolge der Verfügung bereichert wird, daß also noch in Beziehung auf eine andere Person die Verfügung als unentgeltlich anzusehen ist, während im anderen Falle der Vorerbe derjenige ist, der in seinem Vermögen bereichert ist.

Rechtfertigt nun dieser Unterschied eine verschiedenartige Behandlung der Fälle? M. E. nicht. Man muß davon ausgehen, daß zur Erreichung des dem Institut der Vor- und Nacherbfolge zugrunde liegenden Zweckes auf möglichste Erhaltung des dem Nacherben zu übermittelnden Vermögens der der Nacherbfolge unterliegende Nachlaß vom sonstigen Eigenvermögen des Vorerben geschieden wird; es kommt dies in den verschiedensten Bestimmungen, so auch in der des § 2143 zum Ausdrucke. Es bedeutet bloß eine strenge Durchführung dieses Gedankens, wenn man bei Festlegung des Begriffs der Unentgeltlichkeit nach § 2113

Abs. 2 gleichfalls zwischen Nachlaß und Eigenvermögen des Vorerben scheidet und auch solche Verfügungen als unentgeltlich anspricht, bei denen in Beziehung auf den Nachlaß die Einführung eines Äquivalentes fehlt, selbst wenn hinsichtlich anderer Vermögenssphären, beispielsweise der des Eigenvermögens des Vorerben oder eines Gläubigers des Vorerben das Kausalgeschäft die Merkmale der Entgeltlichkeit aufweist.

Der im vorstehenden angeregte Gedanke, bei der Würdigung des § 2113 Abs. 2 den Begriff der „relativen Unentgeltlichkeit einer Verfügung“ einzuführen, dürfte, wie ein Hinweis auf die Bestimmungen des § 2111 und § 2115 ergibt, den Intentionen des Gesetzgebers sehr wohl entsprechen. Mit Ausnahme der als Nutzung anzusprechenden Erwerbungen des Vorerben auf Grund der Erbschaft wird jeglicher Erwerb, den der Vorerbe auf Grund eines zur Erbschaft gehörenden Rechtes oder durch Entziehung eines Erbschaftsgegenstandes oder durch Rechtsgeschäft mit Mitteln der Erbschaft macht, mit dinglicher Wirkung in die Erbschaft eingeführt. — Vgl. § 2111.

Auf der anderen Seite wird im § 2115 das Verbot des Zugriffs des Eigengläubigers des Vorerben in den Nachlaß aufgestellt und seine Einhaltung der Androhung ungünstiger dinglicher Rechtswirkungen sichergestellt.

In beiden Rechtssätzen kommt die Absicht des Gesetzgebers zum Ausdruck, dem Gedanken der größtmöglichen Erhaltung der Erbschaft während der Dauer des Vorerbrechts unter Zuhilfenahme gewisser Kautelen dinglichen Inhalts die praktische Bedeutung zu garantieren.

Neben diesen beiden Rechtssätzen und dem Verbote der der Vornahme unentgeltlicher Verfügungen im gewöhnlichen Sinne würde es eine Lücke im Gesetze bedeuten, wenn für die Fälle der sogenannten „relativen Unentgeltlichkeit“ nur der Rechtssatz des § 2134 die einzige Remedur enthielte, der noch dazu bei befreiter Vorerbschaft in Wegfall kommen kann. — Wie schon oben kurz angedeutet, muß gleich in diesem Zusammenhange auf die Vorschrift des § 2134 eingegangen werden. — Man könnte nämlich das Bedenken haben, daß den Benachteiligungen aus eventuellen relativ unentgeltlichen Verfügungen des Vorerben, bei denen man Fälle des Fürsichverwendens von Nachlaßgegenständen seitens des Vorerben vor sich hat, nach dem Willen des Gesetzes nur der Anspruch aus § 2134 gegeben sein solle. Gerechtfertigt könnte dieses Bedenken höchstens dann sein, wenn sich § 2134 ausschließlich auf die Fälle der Tilgung von Eigenverbindlichkeiten bezöge und wenn sich nicht bei einer erheblichen Anzahl Fällen, wo von einem Fürsichverwenden von Erbschaftsgegenständen durch den Vorerben gesprochen werden muß, zeigte, daß dingliche Rechtswirkungen zugunsten des Nacherben sehr wohl neben Ansprüchen aus § 2184 herlaufen können.

Eine genaue Festlegung des Begriffs des „Fürsichverwendens" kann in dieser Abhandlung nicht gegeben werden, es sollen nur die Gruppen von Fällen, auf die die Vorschrift des § 2134 Anwendung findet, aufgezählt werden. Zu nennen sind:

1. Die Fälle des Verbrauchens bzw. Aufbrauchens, gleichviel ob es sich um verbrauchbare Sachen handelt oder nicht,
2. Die der Vermischung, Verbindung und Verarbeitung,
3. Die der Tilgung von Eigenverbindlichkeiten mit Erbschaftsmitteln.

In den Fällen zu 1 liegt es in der Natur der Sache, daß ein dinglicher Schutz unmöglich ist. Daß sich bei Befreiung von § 2134 für den Nacherben besonders dann Härten ergeben können, wenn der Vorerbe in unrationeller Weise eine Spezies verbraucht hat, ist schon erwähnt worden. Nur wenn eine Benachteiligungsabsicht nachzuweisen ist, hat der Nacherbe einen Schadenersatzanspruch aus § 2138.

In den unter 2 aufgeführten Fällen gestaltet sich die Rechtslage des Vor- und Nacherben merkwürdig. Wenn eine Verbindung, Vermischung oder Verarbeitung von Erbschaftsgegenständen mit Sachen, die im freien Eigentume des Vorerben stehen, stattfindet, ist bei Würdigung der Rechtswirkungen eine direkte Anwendung der in den §§ 946ff. enthaltenen Rechtssätzen um deswillen ausgeschlossen, weil in den genannten Paragraphen das Vorhandensein verschiedener Eigentümer vorausgesetzt wird, deren kollidierende Interessen ausgeglichen werden sollen.

Wenn ein dem Tatbestande des § 946 verwandter Sachverhalt vorliegt, in der Weise, daß der Vorerbe eine zur Erbschaft gehörige Sache mit einem in seinem freien Eigentume stehenden Grundstücke als wesentlicher Bestandteil verbindet, wird man unbedenklich zu dem Ergebnisse gelangen, daß die bisher zur Vorerbschaft gehörende Sache dadurch, daß sie wesentlicher Bestandteil des Grundstücks geworden ist, ihre Zugehörigkeit zur Vorerbschaft einbüßt.

Ebenso verhält es sich mit den Fällen des § 950. Verarbeitet nämlich der Vorerbe zum Nachlasse gehörige Stoffe mit anderen Stoffen oder bildet er solche Stoffe um, mit der Wirkung, daß eine neue bewegliche Sache entsteht, deren Wert nicht unerheblich größer ist als der Wert des verarbeiteten oder umgebildeten Stoffes, so wird er freier Eigentümer des neuentstandenen Sachindividiums. In diesen Fällen versagt also ein dinglicher Schutz. Welche Rechtsbehelfe dem Nacherben verbleiben, soll weiter unten erörtert werden. — Der Wegfall eines dinglichen Schutzes in den Fällen des § 946 und des § 950 gründet sich auf die Erwägung, daß die Gewährung einer dinglichen Mitberechtigung für den, der infolge Eingreifens des § 946 und 950 einen Rechtsverlust erlitten hat, eine unverhältnismäßige Bevorzugung bedeuten würde im Gegensatze zu der übermäßigen Belastung, die eine derartige Rechtsgestaltung für denjenigen enthalten würde, der nach den im BGB. enthaltenen Grundsätzen der gewinnende Teil ist. —

Die zuletzt angeführten Erwägungen schlagen jedoch nicht durch, soweit die Fälle des § 947 Abs. 1 und § 948 in Frage kommen. Hier wird die Herbeiführung des Ausgleichs dadurch angestrebt, daß das Gesetz Miteigentum zur Entstehung kommen läßt.

Es liegt kein Grund vor, einen Vorerben in einem entsprechenden Falle dem Nacherben, als dem künftigen Eigentümer der Erbschaftssache gegenüber, die ihre selbständige rechtliche Existenz eingebüßt hat, besser zu stellen und dem Nacherben eine dingliche Rechtsposition in Ansehung der fraglichen Erbschaftssache zu versagen.

Einen Anhalt für die Beantwortung der soeben angeschnittenen Fragen bieten die — direkt nicht anwendbaren — Rechtssätze des § 949.

Man muß diejenige Sache, auf die sich das Nacherbrecht

bezieht, nach Art einer mit dem Rechte eines Dritten belasteten Sache behandeln und weiterhin die rechtliche Stellung, die der Vorerbe als freier Eigentümer der zu seinem Eigenvermögen gehörigen Sachen einnimmt, völlig von der als Inhaber der Vorerbschaft trennen.

Führt man diese getrennte Behandlung konsequent durch, so darf im Falle einer Vereinigung zweier Sachen, von denen die eine zum freien Vorerbenvermögen, die andere zur Vorerbschaft gehört, nicht die Entstehung freien Alleineigentums des Vorerben angenommen werden, sondern die Entstehung zweier während der Dauer der Vorerbschaft in einer Hand vereinigten Anteile an dem neuentstandenen Gegenstand, deren einer dem freien Vorerbenvermögen zugehörig zu erachten ist, während der andere als das Surrogat der seiner rechtlichen Selbständigkeit verlustig gegangenen Vorerbschaftssache anzusehen ist. Daß in Ansehung eines und desselben Gegenstandes freies Eigentum und Eigentum als Vorerbe nebeneinander möglich sind, geht schon aus früheren Erörterungen hervor; es ist dies z. B. möglich, wenn der Vorerbe mit dem Erblasser zusammen Miteigentümer nach Bruchteilen gewesen ist, und den Anteil des Erblassers als Vorerbe erhält. —

Ist eine der Sachen als die Hauptsache anzusehen, so erwirbt ihr Eigentümer das Alleineigentum, lautet § 947 Abs. 2.

Auch dieser Rechtsgedanke muß entsprechend angewendet werden, und zwar in der Weise, daß, wenn die im freien Eigentume stehende Sache gegenüber der mit ihr verbundenen Sache Hauptsache ist, freies Alleineigentum des Vorerben entsteht, während andererseits in Anlehnung an den Rechtssatz des § 949 S. 3 zu sagen ist, daß im umgekehrten Falle, wenn die Erbschaftssache die Hauptsache ist, die neuentstandene Sache als Ganzes lediglich als Erbschaftssache anzusprechen ist.

Daß man in denjenigen Fällen, in denen ein dinglicher Schutz des Nacherben nicht gegeben ist — vgl. §§ 946, 956 — in Bezug auf diejenigen Rechtshandlungen, die der Vorerbe zur Herbeiführung des Rechtseffekts vorgenommen hat, von einem „Fürsichverwenden" in Ansehung der betreffenden Erbschaftssache sprechen muß, erscheint mir nicht zweifelhaft.

Man könnte aber doch noch das Bedenken haben, daß dem Begriffe des „Fürsichverwendens" der Ausschluß jeglicher dinglicher Schutzwirkung gewissermaßen charakteristisch sei und demzufolge in den Fällen der §§ 947, 948, sobald eine dingliche Wirkung zugunsten des Nacherben anzunehmen ist, die Voraussetzungen für einen Anspruch nach § 2134 fehlen. Es läßt sich in dieser Hinsicht ein allgemein lautender Satz nicht aufstellen, so wird es beispielsweise bei Vermischung von Geld bei der dinglichen Wirkung sein Bewenden haben. Anders muß es sich hingegen verhalten, wenn beispielsweise in einem Falle des § 947 die neuentstandene einheitliche Sache einen für den Nacherben völlig wertlose Schöpfung bedeutet, die lediglich dem Interesse oder der Laune des Vorerben zur Befriedigung dienen soll, vielleicht unter völliger Verkennung ihres Zwecks und des Interesses des Nacherben. In einer solchen übermäßigen Betonung des Interesses des Vorerben ohne Rücksicht auf die im Interesse des Nacherben liegende, sowie nach wirtschaftlichen Grundsätzen anzustrebende Erhaltung der selbständigen rechtlichen Existenz der betreffenden Erbschaftssache liegt der Angelpunkt für die Entscheidung der Frage, ob man bei einem rechtlichen Gebahren des Vorerben, das die in den §§ 947, 948 angegebenen Wirkungen zeitigt, von einem „Fürsichverwenden" seitens des Vorerben in Ansehung von Erbschaftssachen zu sprechen hat, trotz der zugunsten der Vorerbschaft eintretenden dinglichen Surrogationswirkung. Das Ergebnis vorstehender Ausführungen ist dahin zusammenzufassen, daß nach den Umständen des Einzelfalles zu beurteilen ist, ob neben der dinglichen, in Zukunft zugunsten des Nacherben eintretenden Wirkung auch noch ein Anspruch aus § 2134 gegeben ist. — Jedenfalls ist die Möglichkeit, daß eine dingliche Wirkung im Sinne der §§ 947, 948 neben einem Anspruche aus § 2134 vorkommt, zu bejahen.[1]

---

[1] Die praktische Bedeutung dieser Rechtslage besteht für den Nacherben darin, daß er durch Geltendmachung des Anspruchs nach § 2134 den Nachteilen und Schwierigkeiten, die die Auseinandersetzung in Ansehung derjenigen Sache, an der er ein Anteilrecht hat, im Gefolge hätte, aus dem Wege gehen kann.

Die Bedeutung vorstehender Ausführungen für das in diesem Paragraphen behandelte spezielle Thema liegt in der Erbringung des Nachweises, daß zum Begriffe des Fürsichverwendens nicht notwendig der Ausschluß jeglicher dinglicher Schutzwirkung zugunsten des Nacherben gehört. Hieraus ist eine Bestätigung der oben vertretenen Ansicht zu erblicken, daß auch bei denjenigen Rechtsgeschäften des Vorerben, die in Verfügungen über Nachlaßgegenstände zwecks Deckung der Eigenverbindlichkeiten des Vorerben bestehen und gleichfalls zu den Fällen zählen, in denen der Vorerbe Erbschaftssachen für sich verwendet, ein dinglicher Schutz des Nacherben in Gemäßheit der Bestimmung des § 2113 Abs. 2 neben dem Anspruche aus § 2134 anzuerkennen ist.[1] Es ist ferner noch in Betracht zu ziehen, daß die Einführung des Begriffs der „relativen Unentgeltlichkeit" in Beziehung auf § 2113 Abs. 2 das einzige Mittel zur Herbeiführung eines gerechten Ausgleichs ist, soweit Verfügungen in Frage kommen, die nicht auf eine wirtschaftliche Besserung oder Begünstigung der Vermögensverhältnisse des Vorerben hinauslaufen, sondern lediglich der Befriedigung eines idiellen Interesses dienen, wie es bei den — S. 92 unter 1 aufgezählten Beispielen der Fall ist. — In diesen Fällen kann man nicht sagen, daß der Vorerbe den Erbschaftsgegenstand für sich verwendet habe. Ein Anspruch aus § 2134 kann dann auch bei gewöhnlicher Vorerbschaft nicht zur Entstehung gelangen. Der Nacherbe wäre, wenn nicht gerade die im § 2138 Abs. 2 Halbs. 2 genannte Voraussetzung vorliegt, schlechterdings schutzlos.

Fast man aber derartige „relativ unentgeltliche" Verfügungen als Verstoß gegen § 2113 Abs. 2, so wird auch der Schadenersatzanspruch aus § 2138 Abs. 2 ausgelöst, so daß der Nacherbe in den gedachten Fällen drei verschiedene Rechte gegenüber dem Vorerben hätte:

---

[1] Der im § 2115 ausgedrückte Schutzgedanke läßt sich, wie schon gesagt, zur Begründung der hier vertretenen Ansicht heranziehen. — Die Befriedigung der Eigengläubiger des Vorerben im Wege der Zwangsvollstreckung mit Mitteln der Erbschaft, die dem Nacherben gegenüber ohne dingliche Wirkung bleiben soll, weist im Bezug auf den Nachlaß gleichfalls die Merkmale „relativer Unentgeltlichkeit" auf.

1. den dinglichen Schutz nach § 2113 Abs. 2, es sei dann, daß § 2113 Abs. 3 eingreift,

2. den Schadenersatzanspruch nach § 2138 Abs. 2,

3. der Anspruch nach § 2134.

Das Nebeneinander der Ansprüche aus § 2138 Abs. 2 und § 2134 entbehrt nicht jeder praktischen Bedeutung. Sobald nämlich der Nacherbe eine derartige, gegen § 2113 Abs. 2 verstoßende Verfügung genehmigen würde, würde er des Anspruchs aus § 2138 Abs. 2 verlustig gehen, denn man kann nicht mehr davon sprechen, daß die Verfügung dem § 2113 Abs. 2 zuwider erfolgt sei, sobald sie die Billigung des Nacherben findet. Auf den Anspruch nach § 2134 bleibt eine solche Rechtshandlung hingegen ohne Einfluß, denn § 2134 stellt nur darauf ab, daß der Vorerbe den Gegenstand für sich verwendet hat. Besonders wertvoll ist auch der nach § 2134 S. 2 sich ergebende Anspruch, weil mit ihm ein Ausgleich gegenüber denjenigen Beeinträchtigungen erzielt werden kann, die über den in der bloßen Entziehung des Gegenstandes liegenden Schadens noch hinausgehen.

Der von § 2134 befreite Vorerbe kann nur nach Maßgabe des § 2138 Abs. 2 in Anspruch genommen werden.

Bei der Würdigung der Bedeutung der relativen Unentgeltlichkeit von Verfügungen sind noch einige wichtige Fragen aufzurollen. Zunächst die nach Art und Umfang des die Wirksamkeit heilenden guten Glaubens.

Die Rechtssätze, die hier in Frage kommen, lassen sich ohne weiteres in unseren Fällen anwenden. Überträgt der Vorerbe beispielsweise eine bewegliche Erbschaftssache an einem Dritten, so ist der Dritte dann in gutem Glauben, wenn er auch grobfahrlässig nicht wußte, daß er es mit einem Vorerben zu tun habe, der über eine Erbschaftssache verfügt, — und daß die Verfügung ohne Einführung eines Äquivalentes in den Nachlaß geschehen soll. —

Bei befreiter Vorerbschaft ist noch die Möglichkeit in Betracht zu ziehen, daß der Vorerbe über ein Grundstück verfügt entgegen § 2113 Abs. 2. In diesem Falle dürften die weniger strengen Voraussetzungen für den Schutz des guten Glaubens durchgreifen, sonach nur bei Kenntnis der Sachlage der Dritterwerber nicht in gutem Glauben sein.

Zu erwähnen ist noch, welche Bedeutung dem Rechtssatze des § 2113 Abs. 2 S. 2 in unserem Falle zukommt. Man wird auch diesem Rechtsgedanken die Geltung nicht versagen können. Wenn demnach eine unentgeltliche Zuwendung, die beispielsweise der Vorerbe dem B in der Weise macht, daß er die Schuld, die B dem C gegenüber hat, tilgt, durch eine sittliche Pflicht oder eine auf den Anstand zu nehmende Rücksicht gerechtfertigt ist, so wird § 2113 Abs. 2 S. 2 durchschlagen. Man könnte hieran noch die Frage knüpfen, ob sich der im § 2113 Abs. 2 S. 2 ausgesprochene Gedanke auch zugunsten des Vorerben verwerten läßt, der Erbschaftsgegenstände z. B. zur Tilgung von Eigenverbindlichkeiten für sich verwendet hat, wenn nach den Umständen die Zuführung der betreffenden Werte und dem Nachlaß in das Eigenvermögen des Vorerben einer sittlichen Pflicht oder einer seitens des Erblassers dem Vorerben gegenüber auf den Anstand zu nehmende Rücksicht entsprochen hätte.

So naheliegend dieser Gedanke sein mag, — er entspricht in gewisser Weise den von Planck zu § 2138 gemachten Ausführungen, wonach in gewissem Umfange der Vorerbe zur Verwertung des Nachlasses in seinem Interesse befugt sein soll —, so glaube ich ihn doch ablehnen zu müssen, weil bei dieser Konstellation der Interessent und derjenige, der die sittliche Pflicht zu erfüllen oder auf den Anstand Rücksicht zu nehmen hat, zusammenfallen, und man von einer sittlichen Pflicht oder einer auf den Anstand zu nehmende Rücksicht, die jemand gegen sich selbst wahrzunehmen habe, unmöglich sprechen kann.

Eine Konsequenz der eben dargelegten Ansicht von den relativ unentgeltlichen Verfügungen ist es, daß die Aufrechnung einer Forderung des Nacherben gegen eine Nachlaßverbindlichkeit für unzulässig bzw. unwirksam mit Eintritt der Nacherbfolge zu erklären ist, weil die in der Aufrechnung liegende Verfügung gleichfalls relativ unentgeltlich erfolgt. Immerhin würde der Vorerbe, wenn er die Aufrechnung einseitig erklärt oder mit seinem Schuldner vereinbart hätte, nicht in der Lage sein, die Nachlaßverbindlichkeit während der Dauer seines Rechtes geltend zu machen.

Wie verhält er sich aber, wenn der Nachlaßschuldner seinerseits einseitig die Aufrechnung gegenüber dem Vorerben bezüglich einer Eigenverbindlichkeit desselben erklärt. An sich muß man während der Dauer des Vorerbrechts dem Gläubiger des Vorerben, der zugleich Nachlaßschuldner ist, das Recht gewähren, eine solche Aufrechnung zu erklären, da ja trotzdem zwei gesondert zu behandelnde Vermögenssphären auf Seiten des Vorerben in Betracht kommen, das Erfordernis der eaedem personae gegeben ist. Die Lösung der Frage läßt sich meines Erachtens aus der Bestimmung des § 2115 herleiten, nach welcher die Verfügung über einen Erbschaftsgegenstand insoweit unwirksam ist, als sie das Recht des Nacherben vereiteln oder beeinträchtigen würde. Demnach kann sich ein Gläubiger des Vorerben zur Befriedigung seiner Forderung nicht an den Nachlaß halten, also auch nicht eine Nachlaßforderung pfänden. Vergegenwärtigt man sich nun, daß die Aufrechnung die Nachlaßforderung im Grunde auch nur als ein Objekt der Befriedigung ergreift, so wird man dazu gelangen, auf der vom Schuldner erklärten Aufrechnung bei Eintritt des Nacherbfalles die Wirksamkeit zu versagen. Man wird dem Vorerben wohl das Recht einräumen müssen, einer vom Schuldner erklärten Aufrechnung unter diesen Umständen zu widersprechen oder dieselbe einfach zu ignorieren.[1]

Zum Schlusse ist in diesem Zusammenhange noch eine das Verhältnis der §§ 2134 und 951 betreffenden Zweifelsfrage zu erörtern, die im Falle der Befreiung des Vorerben von § 2134 besonders praktisch wird. Feststehend ist, daß § 951 I einen Anspruch ganz anderer Art begründet als der nach § 2134 ist, insofern im § 951 nach den Grundsätzen über die ungerechtfertigte Bereicherung zu verfahren ist. Da der Anspruch aus § 2134 nicht auf das Vorhandensein einer Bereicherung abstellt, wird man § 2134 gegenüber § 951 Abs. 1 als den weitergehenden Rechtssatz anzusehen haben und an eine Befreiung des Vorerben

---

[1] Vgl. Strohal, Bd. I S. 182 Anm. 31, der bei Erörterung des § 2114 die Unzulässigkeit der Aufrechnung durch den Vorerben in Ansehung eines Anspruchs, über den er nicht verfügen kann, behauptet, ein Gedanke, der wenn auch in anderem Zusammenhange ausgesprochen, den im Text gemachten Ausführungen verwandt ist.

von § 2134 den Wegfall der Ansprüche des Nacherben nach § 951 Abs. 1 knüpfen müssen. Hinsichtlich der aus § 951 Abs. 2 sich ergebenden Rechte ist zu bemerken, daß auch § 2134 S. 2 eine Haftung des Vorerben für weitergehendes Verschulden vorsieht, aber auch hinsichtlich Ansprüchen dieser Art die Befreiung zuläßt.

Insoweit sich hiernach Ansprüche gemäß § 2134 mit solchen aus § 951 II decken, wird man der Befreiung von § 2134 gleichfalls die Wirkung beizulegen haben, daß sie die Entstehung von Ansprüchen aus § 951 II ausschließt. Letzteres dürfte jedoch nicht gelten, soweit das Wegnahmerecht in Frage kommt, welches § 951 II vorsieht.

Bei der Betrachtung der Vorschrift des § 2113 Abs. 2 muß schließlich noch einer rechtlichen Konstellation gedacht werden, die sich im Rahmen einer ordnungsmäßigen Vermögensverwaltung sehr leicht ergeben kann, die aber wegen ihres Verhältnisses zu der Bestimmung des § 2113 Abs. 2 gewisse Schwierigkeiten für ihre rechtliche Würdigung mit sich bringt: es ist der Fall der Belastung eines Grundstücks mit Hypothek oder Grundschuld. Findet die Bestellung des Grundstückspfandrechts statt, ohne daß die Hingabe einer Valuta erfolgt, so liegt die Unentgeltlichkeit der Verfügung auf der Hand. — Wie ist aber zu entscheiden, wenn der Vorerbe, der zum Zwecke einer ordnungsmäßigen Verwaltung der Erbschaft Geld benötigt, sich durch Aufnahme eines Darlehns Geld verschafft und zur Sicherung des Anspruchs Hypothek am Erbschaftsgrundstück bestellt? — Zu diesem Falle ist zu bemerken, daß der Erwerb des Darlehns sich in der Person des Vorerben nicht mit der Wirkung vollzieht, daß das Geld Bestandteil des Nachlaßvermögens wird, denn keine der im § 2111 aufgeführten Voraussetzungen der Surrogation ist gegeben. Es entsteht eine persönliche Verpflichtung des Vorerben — d. h. eine Eigenverbindlichkeit auf Rückerstattung, und wegen dieser Eigenverbindlichkeit erfolgt die Pfandrechtsbestellung. —

Die hier vor allem interessierende Frage läuft darauf hinaus, ob die Pfandrechtsstellung eine unentgeltliche, bzw. wenn die Verpflichtung zur Pfandbestellung im Darlehnsvertrag ausgemacht war, eine relativ unentgeltliche Verfügung darstellt, die nach § 2113 Abs. 2 unter den daselbst genannten Voraussetzungen unwirksam wird.

Würde man letztere Frage schlechthin bejahen, so würde eine erhebliche Beschränkung der Verwaltungsfreiheit, die dem befreiten Vorerben doch in ganz besonders weitem Umfange zustehen soll, festzustellen sein. Es ist oben schon zur Genüge ausgeführt worden, daß die Schutzbestimmung des § 2113 Abs. 2 auf den wirtschaftlichen Effekt abstellt, den gewisse Verfügungen haben, ohne Rücksicht darauf, welcher Art die Gegenstände sind, auf die sich die Verfügungen beziehen. In dem vorbezeichneten Beispielsfalle wird man nicht behaupten können, daß die Belastung dem Erbschaftsvermögen gegenüber entgeltlich erfolgt sei, insofern die Einführung eines Äquivalentes in Verbindung mit der Verfügung fehlt; trotz dieses Merkmals der relativen Unentgeltlichkeit wird man ein Durchgreifen der Bestimmung des § 2113 Abs. 2 bei Eintritt der Nacherbfolge nicht anzunehmen haben, wenn die Verfügung unter den angegebenen Umständen nicht geeignet ist, das Recht des Nacherben zu vereiteln oder zu beeinträchtigen.

Nach § 2124 Abs. 2 kann der Vorerbe solche Aufwendungen, die, ohne zu den gewöhnlichen Erhaltungskosten zu gehören, zum Zwecke der Erhaltung von Erbschaftsgegenständen nach den Umständen erforderlich scheinen, aus der Erbschaft bestreiten und wenn er sie aus seinem Vermögen bestritten hat, vom Nacherben Ersatz verlangen; diese Ersatzleistung kann nach § 256 BGB. auch in der Befreiung eingegangener Verbindlichkeiten bestehen.

Vergegenwärtigt man sich nun, daß die Beschaffung von Mitteln von dritter Seite zwecks Vornahme notwendiger Aufwendungen fast stets nur gegen Gewährung von Sicherheiten möglich ist, so dürfte man der zum Zwecke einer solchen Sicherstellung vorgenommenen Verfügung über einen Erbschaftsgegenstand keine das „Recht" — d. i. hier die wirtschaftliche Position — des Nacherben beeinträchtigende oder gar vereitelnde Rechtswirkung zuschreiben können.

Selbst im Falle einer Geltendmachung des fraglichen Rechts, während der Dauer des Vorerbenrechts, die mit der Befriedigung des Gläubigers endete, ließe sich keine Benachteiligung des Nacherben konstatieren, da ja die Beseitigung der Verbindlichkeit um derentwillen die Belastung erfolgt ist, sonst dem Nacherben zugekommen wäre. Der soeben erörterte Rechtssatz umfaßt die Fälle der zum Zwecke einer ordnungsmäßigen Verwaltung gemachten Aufwendungen; nach § 2126 in Verbindung mit § 2124 Abs. 2 gilt dasselbe hinsichtlich der außerordentlichen Lasten, die als auf den Stammwert der Erbschaftsgegenstände gelegt anzusehen sind; im Wege extensiver Interpretation muß man dazu gelangen, auch solche Lasten, die auf den Stammwert der Erbschaft gelegt sind, hierher zu rechnen.[1] — Man wird also, wenn der Vorerbe zum Zwecke der ordnungsmäßigen Verwaltung Aufwendungen macht, indem er Geld aufnimmt, gegen Verpfändung eines Erbschaftsgrundstücks, oder von dem auf solche Weise beschafften Gelde Nachlaßverbindlichkeiten tilgt, in den Verfügungen bestehend in der Verpfändung von Erbschaftsgegenständen, selbst wenn das Merkmal der Unentgeltlichkeit gegeben ist, keine das Recht des Nacherben beeinträchtigende Rechtshandlungen erblicken können.

Verfügt ein gewöhnlicher Vorerbe zu dem gedachten Zwecke über Grundstücke oder Grundstücksrechte, so ist er durch § 2113 Abs. 1 eingeschränkt, auch wenn eine Beschränkung nach § 2113 Abs. 2 nicht vorläge; nach § 2120 würde der gewöhnliche Vorerbe die Einwilligung vom Nacherben fordern können.

Zweifelhaft ist es, ob das Vorgesagte auch zu gelten hat, wenn der befreite Vorerbe nach § 2125 Verwendungen auf die Erbschaft gemacht hat, das Geld aber dazu geliehen und dafür an einem Erbschaftsgrundstücke Hypothek bestellt hat.

Sobald die Verwendungen derart gewesen sind, daß nach § 2125 in Verbindung mit den Rechtssätzen über die Geschäftsführung ohne Auftrag der Nacherbe die Aufwendungen des Vorerben zu ersetzen hat, wird man die Wirksamkeit der grundbücherlichen Verfügung des Vorerben aus denselben Gründen wie oben anzunehmen haben. Der Umstand, daß in gleichen

---

[1] Vgl. LÜDDECKE a. a. O. S. 43, PLANCK zu § 2126 Nr. 3, STROHAL I S. 180 Nr. 17.

Fällen der gewöhnliche Vorerbe die Einwilligung des Nacherben nach § 2126 nicht verlangen könnte, dürfte dieser Ansicht nicht entgegen stehen.[1]

Es ist schließlich noch kurz darauf einzugehen, welche Bedeutung der Rechtssatz des § 2113 Abs. 2 S. 2 hat, wonach Schenkungen und unentgeltliche Verfügungen, deren Vornahme einer sittlichen Pflicht oder einer auf den Anstand zu nehmenden Rücksicht entsprochen hat, nicht den Grundsätzen, die § 2113 Abs. 2 S. 1 aufstellt, unterliegen sollen.

Es kann hier auf die trefflichen Ausführungen Hachenburgs Bezug genommen werden. — Hachenburg betont, daß nicht jedwede sittliche Pflicht, die dem Vorerben obliegt, diesen berechtige, den Nachlaß anzugreifen, da bei der Beurteilung der Umstände des Falles, insbesondere der Vermögensverhältnisse, die Vorerbschaft garnicht in Betracht komme, und faßt seine Meinung dahin zusammen, daß ebenso wie ein Vater oder Vormund nur die sittlichen Pflichten der ihrer Hut Befohlenen erfüllen solle, so auch der Vorerbe nur sittliche Pflichten des Erblassers zu beachten habe, die gewissermaßen den von diesem kontrahierten Schulden gleichstehen. —

Auch die Rechtsstellung des befreiten Vorerben kann in dieser Beziehung sich nicht anders ausnehmen, wie die des gewöhnlichen Vorerben. Eine etwa in dieser Richtung gegebene Anordnung des Erblassers würde, da sie dem strengen Rechtssatz des § 2113 Abs. 2 zuwiderliefe, unbeachtlich sein.

Bezüglich der Frage nach der Rechtswirkung solcher unentgeltlicher Verfügungen, die der Vorerbe zugunsten des Nacherben vornimmt, ist auf die interessanten Ausführungen Hachenburgs zu verweisen.[2]

Bezüglich des § 2113 Abs. 2 Satz 2 ist noch zu sagen, daß dieser Rechtssatz, soweit Verfügungen der darin bezeichneten Art über Grundstücke oder Grundstücksrechte in Frage kommen, nur

---

[1] Ähnliche Ausführungen finden sich in der Entscheidung des OLG. Dresden Sächs. Ann. Bd. 28 S. 415ff., wenn auch in anderem Zusammenhange.

[2] Vgl. Hachenburg, Deutsch. Notar-Ver. 1906 S. 328, 329.

für die befreite Vorerbschaft Bedeutung hat und zwar aus folgenden Gründen:

§ 2113 Abs. 2 S. 1 bezieht sich auf Gegenstände aller Art und zwar beruht die darin normierte Einschränkung auf der wirtschaftlichen Wirkung der Verfügung, während im § 2113 Abs. 1 auf die Eigenart des Gegenstandes abgestellt wird; daß die letztere Einschränkung die einschneidendere ist, liegt auf der Hand. — Da nun die im § 2113 Abs. 2 S. 2 statuierte Ausnahme auf unentgeltliche Verfügungen anspielt, also nur die weniger eingreifende Beschränkung des § 2113 Abs. 2 S. 1 im Auge hat, kann sie auf die Beschränkung des § 2113 Abs. 1 keinen Einfluß haben. —

Trotzdem wird man nicht sagen können, daß der gewöhnliche Vorerbe gehindert sei, unentgeltliche, dem Anstande oder sittlichen Pflichten entsprechende Verfügungen vorzunehmen, wenn sich die Verfügungen auf Grundstücke oder Grundstücksrechte beziehen würden.

Man kann zwar solche Verfügungen nicht unter dem Gesichtspunkte der ordnungsmäßigen Verwaltung bringen, auch haben die auf den Anstand zu nehmenden Rücksichten oder die sittlichen Pflichten nicht den Charakter der Nachlaßverbindlichlichkeiten; da aber die letzterwähnten beiden Momente nicht in der Rechtssphäre des Vorerben, sondern in der des Erblassers zur Entstehung gelangen, mithin in gleicher Weise gegenüber dem Nacherben wirken, dürfte eine solche Verfügung als auf einer Quasi-Nachlaßverbindlichkeit beruhend anzusehen sein. — Aus diesem Grunde aber rechtfertigt sich eine entsprechende Anwendung des § 2120, wodurch die oben angeregte Zweifelsfrage gelöst sein dürfte. —

## § 12.

## Einfluß des Vorerbrechts auf die Rechtsverhältnisse der Erbengemeinschaft, insbesondere der Erbauseinandersetzung.

Im Anschlusse an die Betrachtungen über das Verfügungsrecht des Vorerben, insbesondere des befreiten Vorerben, ist zu erörtern, welche Bedeutung einer Verfügung des Vorerben über die Erbschaft als Ganzes beizumessen ist. Es ergaben sich bemerkenswerte Unterschiede, je nachdem der Vorerbe Alleinerbe oder Miterbe ist.

## I. Der Vorerbe als Miterbe.

Wenn der Vorerbe Anteilserbe ist, kann er eine Gesamtverfügung in Gemäßheit des § 2033ff. vornehmen, mit der Wirkung, daß der Erwerber ohne weiteres an seine Stelle tritt und Schuldner der Nachlaßverbindlichkeiten wird.

Die Frage, welchen Einfluß es bei Zugehörigkeit von Grundstücken und Grundstücksrechten zum Nachlasse hat, wenn der Vorerbe nur gewöhnlicher Vorerbe ist, oder welche Bedeutung einer unentgeltlichen Verfügung über den Anteil beizumessen ist, läßt sich weder unter Heranziehung des § 2113 Abs. 1 und 2 noch unter dem Gesichtspunkte des § 2111 beantworten.[1]

Das Recht, welches die Anteilberechtigung an der Erbschaft darstellt, ist, auch wenn zum Nachlasse Grundstücke oder Grundstücksrechte gehören, nicht etwa ein zur Erbschaft gehörendes Recht an einem Grundstücke; ebensowenig kann man bei einer ohne Entgelt erfolgten Verfügung über den Erbschaftsanteil eine unentgeltliche Verfügung über die Erbschaftsgegenstände annehmen.

Hat der Vorerbe bei Veräußerung seines Anteils ein Aquivalent erhalten, so darf man in Ansehung dieses Äquivalentes nicht das Prinzip des § 2111 anwenden, da kein Erwerb auf Grund eines zur Erbschaft gehörigen Rechts, oder mit Mitteln der Erbschaft gemacht wird. Auch wenn von einem Erwerb „mit Mitteln der Erbschaft" gesprochen wird, hat man nur teilweise Veränderungen in der wirtschaftlichen Zusammensetzung im Auge.

Ebenso wie der Vorerbe sich seines Anteils entäußern kann, kann er auch Anteile seiner Miterben hinzuerwerben, sei es durch Erbgang, sei es durch Rechtsgeschäft. — Es kann ge-

---

[1] Denselben Gedanken spricht in anderem Zusammenhange Strohal aus Bd. II S. 109 Anm. 8 bei Erörterung des Verhältnisses des § 2033 und § 2211. — Vgl. ferner Sohm, der Gegenstand S. 68.

schehen, daß auf solche Weise der Vorerbe sämtliche Anteile in seiner Hand vereinigt. — Es wird hier die Frage praktisch, ob der Vorerbe über die hinzuerworbenen Anteile weiter verfügen kann. Die Annahme einer derartigen Nachwirkung des Gemeinschaftsverhältnisses ist vor allem deshalb von Bedeutung, weil der Vorerbe mit sich selbst schlechterdings keine Auseinandersetzung vornehmen kann, sonach nicht in der Lage ist zu bestimmen, daß er eine Gruppe von Nachlaßgegenständen als freier Erbe, den anderen Teil als Vorerbe besitzen wolle. — Der Vorerbe würde außerstande sein, diejenigen Werte, die er nicht als Erbe hinzuerworben hat, zu verwerten. — Wollte man eine rechtsgeschäftliche Verfügung über den Anteil nicht zulassen, so müßte dasselbe von Verfügungen im Wege der Zwangsvollstreckung gelten. Die Unzulässigkeit von Pfändungen solcher hinzuerworbener Anteile würde aber eine schwere Benachteiligung der Eigengläubiger des Vorerben im Gefolge haben, da denselben wegen § 2115 der Zugriff auf einzelne Nachlaßgegenstände versagt wäre.[1]

Es wird Strohal beizupflichten sein, daß allerdings nur unter besonderen Umständen die Möglichkeit, über einen Anteil trotz Wegfalls einer Erbengemeinschaft zu verfügen, gegeben sein kann; daß auch in dem hier zur Erörterung stehenden Beispielsfalle schwerwiegende Gründe dafür sprechen, daß dem Vorerben die Verfügungsmöglichkeit hinsichtlich der hinzuerworbenen Anteile zu gewähren sei, dürfte sich aus Vorstehendem ergeben. Das Ebengesagte gilt indessen nicht, wenn ein Miterbenverhältnis noch nicht bestanden, sondern künftig erst zur Entstehung gelangen kann; ist beispielsweise der Vorerbe als Anteilserbe eingesetzt und ist ihm in Ansehung eines Bruchteils seines Anteils ein Nacherbe gesetzt, so daß er hinsichtlich des anderen Bruch-

---

[1] Strohal nimmt gleichfalls die Möglichkeit der Nachwirkung des Gemeinschaftsverhältnisses an, auch wenn sich alle Anteile in der Person eines Miterben vereinigt haben. — Vgl. Bd. II S. 99 und 419. — An der zuletzt zitierten Stelle gibt Strohal dem früheren Miterben, der nach Erwerb aller Anteile gleichwie ein Alleinerbe zu behandeln ist, das Recht über seinen ursprünglichen Anteil wie ein Miterbe zu verfügen, allerdings nur unter besonderen Umständen. — Vgl. ferner Bd. II S. 423 Anm. 1.

teils der auf ihn entfallenen Erbschaft freier Erbe ist, so kann der Vorerbe über den Anteil, den er nach Eintritt des Nacherbfalles neben dem Nacherben haben würde, nicht etwa schon vor Eintritt des Nacherbfalles verfügen dergestalt, daß er nur noch einen Anteil als Vorerbe besäße.[1] Auch ließe sich insoweit keine Zwangsvollstreckung etwa in einer den Rechtssätzen des § 2044 Abs. 1 in Verbindung mit § 751 entsprechenden Weise durchführen.

Hat hingegen der Vorerbe Anteile seiner Miterben hinzuerworben zufolge Rechtsgeschäfts, so darf man nicht zweifeln, daß Pfändung der hinzuerworbenen freien Anteile (d. h. solche, auf denen keine nacherbschaftliche Anwartschaft ruht) zulässig und Auseinandersetzung mit dem Vorerben, als Inhaber eines mit der Nacherbschaft beschwerten Anteils möglich ist.

Dasselbe muß gelten, wenn der Vorerbe an sich Alleinerbe ist, jedoch diese Rechtsstellung dadurch erlangt hat, daß er zu einer Miterbengemeinschaft nicht gekommen ist; dies ist der Fall, wenn z. B. der Miterbe des Vorerben ohne sich über Annahme und Ausschlagung erklärt zu haben, stirbt und vom Vorerben beerbt wird.

Es ist bei Betrachtung der einzelnen Sicherungsbestimmungen näher auszuführen, daß die Miterben während der Dauer der Erbengemeinschaft durch die eingeschränkte Rechtsstellung des Vorerben in gewissem Umfange in Mitleidenschaft gezogen werden. Hervorzuheben ist, daß eine Teilung der Sicherungsrechte des Nacherben gegenüber dem Vorerben etwa nach Maßgabe der Größe seines Anteils ausgeschlossen ist. So kann z. B. der Anspruch auf Mitteilung des Verzeichnisses gemäß § 2121

---

[1] Eine Verfügung über einen Bruchteil des Anteils ist zulässig und untersteht denselben Regeln, wie eine Verfügung über den Anteil selbst. Der Vorerbe, der in Ansehung seines Anteils zugleich freier Erbe ist könnte sonach einen Bruchteil seines Anteils veräußern. Der veräußerte Bruchteil würde jedoch in der entsprechenden Höhe, wie bisher der ganze Anteil mit dem Nacherbrecht belastet erscheinen. Veräußert z. B. der Erbe, der zur Hälfte des Nachlasses Erbe ist und hinsichtlich der Hälfte dieses Anteils Vorerbe ist, ein Drittel seines Anteils, so muß der Erwerber damit rechnen, daß beim Eintritt der Nacherbfolge hinsichtlich eines Sechstels der Nacherbe an seine Stelle tritt.

nur dadurch erfüllt werden, daß das Verzeichnis sämtliche Erbschaftsgegenstände aufführt.[1] Ebenso besteht die Verpflichtung zur Duldung der Feststellung des Zustandes der Erbschaft gemäß § 2122 zweifellos auch für den freien Miterben. Dasselbe wird hinsichtlich des § 2123 gelten müssen. — Wird das Verlangen nach § 2116 gestellt, so muß ihm durch Hinterlegung sämtlicher Inhaberpapiere nachgekommen werden. — Große Schwierigkeiten ergeben sich bei der Frage der Anwendbarkeit der §§ 2127 und 2128ff., weil hier auf ein Verhalten bzw. die Verhältnisse des Vorerben speziell abgestellt wird. — Es wird meist ungemein schwer festzustellen sein, wann der Vorerbe durch seine Teilnahme an der Verwaltung — von einer solchen nur kann gesprochen werden — die Rechte des Nacherben erheblich verletzt. Liegen die Verhältnisse so, daß bei der Beschlußfassung über Verwaltung und Benutzung der Erbschaft der Vorerbe vermöge der Größe seines Anteils stets die Stimmenmehrheit für seine Vorschläge hat,[2] so wird man im Falle eines unwirtschaftlichen Gebarens der Erbengemeinschaft kein Bedenken tragen, das im praktischen Erfolge sich gegen alle Miterben richtende Recht aus § 2127 geltend zu machen. Schwieriger ist die Entscheidung, wenn der Vorerbe majorisiert worden ist und eine unwirtschaftliche Behandlung des Nachlasses beschlossen worden ist. Näher kann hierauf nicht eingegangen werden. Es soll nur darauf hingewiesen werden, daß der Vorerbe seine Verwaltungspflicht schon dann verabsäumen würde, wenn er sich nicht gegen die unwirtschaftliche Behandlung des Nachlasses sträubt, nötigenfalls eine rationelle Wirtschaft in Ansehung der Erbschaft im Klagewege erzwingt,[3] oder eventuell die Aufhebung der Gemeinschaft nach §§ 2044 Abs. 1, 749 Abs. 2 veranlaßt. — Kommt es in Gemäßheit des § 2128 Abs. 2 und § 2129 zur Entziehung der Verwaltung nach den Vorschriften des § 1052, so hat der Verwalter die Rechte des Vorerben zur Erbengemeinschaft wahrzunehmen.

---

[1] Bezüglich Abs. 4 des § 2121 wird man im gedachten Falle eine lediglich den Anteil des Nacherben belastende Verbindlichkeit anzunehmen haben.

[2] Vgl. § 2038 in Verbindung mit § 745.

[3] Strohal II, S. 89.

Am bedeutsamsten aber ist die Frage, welchen Einfluß die Mitwirkung eines Vorerben bei den Verfügungen der Erbengemeinschaft hat, insbesondere welche Wirkung die unter den Miterben vorgenommene Erbauseinandersetzung hat, wenn zu den Miterben Vorerben gehören. Wenn es im § 2040 heißt, daß die Miterben über einen Nachlaßgegenstand nur gemeinsam verfügen können, so ergibt sich hieraus ein Gegensatz zu der Behandlung von Verwaltungsangelegenheiten, insofern nicht nur ein Mehrheitsbeschluß, sondern Übereinstimmung aller Miterben bei der Verfügung gefordert wird.[1]

Eine wirksame Verfügung kann die Erbengemeinschaft selbstverständlich nur dann vornehmen, wenn alle Mitglieder der Gesamthand die Verfügungsfähigkeit besitzen. Dieselbe kann aus verschiedenartigen Gründen fehlen oder eingeschränkt sein. Soweit die Verfügungsbefugnis hinsichtlich der einzelnen Erbschaftsgegenstände in Frage steht, leitet jeder Miterbe sein Verfügungsrecht aus seinem Erbrechte ab. Modifikationen des Verfügungsrechts in Ansehung gewisser Arten von Verfügungen, oder hinsichtlich gewisser Gegenstände, die in der Eigenart des Erbrechts wurzeln, behalten ihre Bedeutung auch für das Stadium der Erbengemeinschaft. Gehören also zur Erbschaft Grundstücke oder Grundstücksrechte, so kann, wenn ein gewöhnlicher Vorerbe Mitglied der Erbengemeinschaft ist, die Verfügung bei Eintritt der Nacherbfolge unter den Voraussetzungen des § 2113 keine Wirksamkeit haben. Es würde ja auch ein ganz unverständliches Ergebnis sein, wenn der Vorerbe während der Dauer der Erbengemeinschaft anders gestellt sein sollte, als nach der Auseinandersetzung oder als Alleinerbe. Eine Beschränkung der Unwirksamkeit etwa auf eine der Größe des Anteils des Vorerben entsprechenden Wertquote des betreffenden Gegenstandes ist ausgeschlossen, da die Verfügungswirkung nicht teilbar ist.

Das oben besprochene, beinahe selbstverständlich erscheinende Resultat wird man sich theoretisch in der Weise zurecht zu legen haben, daß man in der Beteiligung des Miterben an der Verfügung der Erbengemeinschaft die Verfügung des Miterben

---

[1] Strohal II S. 111 Anm. 10.

über den an sich seiner Disposition entzogenen Anteil am einzelnen Erbschaftsgegenstande erblickt und die Gemeinschaftsverfügung danach als die Erscheinungsform einer Summe von Einzelverfügungen der anteilsmäßigberechtigten Miterben auffaßt.

Es bedarf noch eines Hinweises auf die bisweilen eigentümlichen Wirkungen der Unwirksamkeit beim Eintritt der Nacherbfolge. Man nehme folgende beide Beispiele an: 1. von drei Miterben ist einer Vorerbe; dem Vorerben ist in Ansehung seiner Erbportion ein Nacherbe gesetzt, 2. drei Miterben sind jeder zu einem Drittel zur Erbschaft berufen; allen Miterben ist ein und derselbe Nacherbe gesetzt und zwar soll derselbe ein Viertel der Erbschaft erhalten.

Zu Fall 1. Ist bei Eintritt der Nacherbfolge die Erbauseinandersetzung noch nicht erfolgt, so fällt eben der Gegenstand, über den wegen der eingeschränkten Verfügungsbefugnis des Vorerben nicht wirksam verfügt worden ist, in das Gemeinschaftsvermögen. Der Nacherbe ist an Stelle des Vorerben getreten und es kann und muß bei einer Auseinandersetzung von neuem über den fraglichen Gegenstand verfügt werden.

Ist dagegen vor Eintritt der Nacherbfolge die Auseinandersetzung unter den Miterben erfolgt, so muß, wenn sich mit dem Eintritte der Nacherbfolge die Unwirksamkeit einer von der Erbengemeinschaft vorgenommenen Verfügung verbindet, wiederum eine Erbengemeinschaft zur Entstehung gelangen, deren gemeinsames Vermögen der fragliche zurückgefallene Gegenstand bildet. — Diese Wirkung muß deshalb eintreten, weil seiner Zeit die Erbengemeinschaft der Träger des Rechts gewesen ist. — Ist seitens der Erbengemeinschaft unentgeltlich verfügt worden, so wird dasselbe gelten müssen.

Zu Fall 2. Wenn zur Zeit des Eintritts der Nacherbfolge die Erbengemeinschaft noch besteht, so fällt der Gegenstand, über den unwirksam verfügt worden war, in das Gemeinschaftsvermögen zurück. Die Größe des Anteils jedes Miterben beträgt alsdann infolge des Einrückens des Nacherben in seinem Anteil nur noch ein Viertel der Erbschaft.

Ist hingegen die Auseinandersetzung unter den Miterben erfolgt, dergestalt, daß jeder ein Drittel der Erbschaft durch

Zuweisung von Erbschaftsgegenständen in entsprechendem Werte erhalten hat, so wird der Nacherbe, der zu einem Viertel berufen ist, neben jedem der Miterben Anteilserbe zu einem Zwölftel an den Gegenständen, die jeder Mitvorerbe aus der Erbschaft erhalten hat. Der Nacherbe bildet mit jedem Vorerben eine Gemeinschaft hinsichtlich des Drittels, das auf diesen entfallen ist. Ist nun seitens der Erbengemeinschaft entgegen § 2113 Abs. 1 oder 2 verfügt worden, so muß ebenso wie oben der an die Erben zurückfallende Gegenstand in das Vermögen einer wieder entstehenden Erbengemeinschaft der bisherigen Miterben fallen, zu der jetzt auch der Nacherbe gehört. Es laufen also im letzterwähnten Falle zwei Gemeinschaftsverhältnisse nebeneinander her.

## II. Rechtslage des Vorerben bei der Erbauseinandersetzung.

Es ist nun zur Betrachtung derjenigen Verfügungen, die speziell zum Zwecke der Erbauseinandersetzung erfolgen, überzugehen und die Bedeutung der Mitwirkung des Vorerben zu würdigen.

Die Verfügungen zum Zwecke der Auseinandersetzung erfolgen gewöhnlich auf Grund eines vorher geschlossenen Auseinandersetzungsvertrages. Soweit der Nachlaß versilbert worden ist, kommt es zu einer Verteilung des Barerlöses, soweit von Versilberung des Nachlasses hingegen abgesehen wird, vollzieht sich die Auseinandersetzung in der Regel so, daß jeder Miterbe einen Teil der Erbschaftsgegenstände nach Maßgabe der Größe seines Anteils zugewiesen erhält, oder in der Weise, daß einzelne besonders wertvolle Vermögensstücke von einem Miterben gegen Abfindung der anderen Miterben übernommen werden.

Obwohl regelmäßig die Miterben verpflichtet sind, nach Maßgabe des Auseinandersetzungsvertrags zu einer gerechten Verteilung der Erbschaftsgegenstände mitzuwirken, weisen doch die seitens der Gemeinschaft zugunsten des Miterben vorgenommenen Verfügungen eigentlich nicht das Merkmal der Entgeltlichkeit auf.

Man muß berücksichtigen, daß das verfügende Rechtssubjekt die Erbengemeinschaft, also die Gesamthand ist, und daß eine zum Zwecke der Auseinandersetzung erfolgende Verfügung über einen Erbschaftsgegenstand doch ohne Einführung eines Äquivalentes in das Gemeinschaftsvermögen vor sich geht. Auch der Umstand, daß der Miterbe, der einen Gegenstand aus der Erbschaft erhalten hat, gehalten ist, Verfügungen, die zwecks Herbeiführung eines gerechten Ausgleichs zugunsten der anderen Miterben nötig sind, mit vorzunehmen, kann derartigen Verfügungen nicht den Charakter der Entgeltlichkeit verleihen. Würde man aus diesem Satze die Konsequenzen ziehen, so würde man zu dem befremdlichen Resultate kommen, daß alle Verfügungen zum Zwecke der Auseinandersetzung wegen des in ihnen enthaltenen Verstoßes gegen § 2113 Abs. 2 und § 2040 bei Eintritt der Nacherbfolge unwirksam sein würden. — Wenn nun auch Verfügungen der fraglichen Art als unentgeltlich erscheinen, so werden doch die Wirkungen des § 2113 Abs. 2 nicht ausgelöst. Es ergibt sich das aus dem Zwecke und den Umständen, unter denen solche Verfügungen erfolgen.

Zu beachten ist vor allem, daß bei der Auseinandersetzung weder die Gesamtheit noch der Mitvorerbe bzw. Nacherbe ein Interesse an der Einführung eines Äquivalentes in das der Gemeinschaft gehörige Vermögen haben. Die Erbengemeinschaft ist eben kein für die Dauer geschaffenes Rechtsinstitut; es ist im Grunde nur als Provisorium gedacht.[1] Würde man in der oben angedeuteten Weise bei allen Verfügungen der Gesamthand, zu der Vorerben gehören, gemäß § 2113 Abs. 2 verfahren, so würde es ja zu einer Aufhebung des Gesamthandverhältnisses gar nicht kommen können.

Um zur Lösung dieser Frage zu gelangen, muß man sich den wirtschaftlichen Effekt vergegenwärtigen, den die Auseinandersetzung hat, indem man einmal das bisher der Erbengemeinschaft unterstehende, den gesamten Nachlaß umfassende Vermögen mit der Summe derjenigen Werte, die die den einzelnen Miterben aus der Erbschaft zugewiesenen Stücke insgesamt repräsentieren, vergleicht. Man wird konstatieren müssen, daß der Gesamtnachlaß keine Minderung erfahren hat und der Wert des Miterben-

---

[1] Vgl. Strohal II, S. 103.

anteils vor der Auseinandersetzung sich mit dem Werte, den der Anteil natürlich nur nach einer gerechten Auseinandersetzung hat, deckt.[1] Letztere Feststellung in Verbindung mit der Erwägung, daß die Einführung von Äquivalenten bei der Erbauseinandersetzung in das Gemeinschaftsvermögen als Erfordernis der Wirksamkeit solcher Verfügungen beim Vorhandensein von Vorerben aufgestellt, widerspruchsvoll und geeignet sein würde, jede Auseinandersetzung zu verhindern, zwingt meines Erachtens zu der Annahme, daß die zum Zwecke der Auseinandersetzung erfolgenden Verfügungen der Erbengemeinschaft an die Miterben, auch wenn dieselben vom rein formellen Standpunkte aus unentgeltlich erscheinen mögen, keine Beeinträchtigung oder Vereitelung des Rechts des Nacherben auslösen.

Zweifelhaft ist aber immer noch der Fall, wie zu entscheiden ist, wenn sämtliche Erbschaftsgegenstände unter die Miterben aufgeteilt sind, also kein Gemeinschaftsverhältnis mehr besteht, der Miterbe, der Vorerbe ist, jedoch nicht die der Größe seines Anteils entsprechenden Werte aus dem Nachlasse erhalten hat, und die Nacherbfolge eintritt.

Man wird vielleicht zunächst Bedenken haben, ob die Bestimmung des § 2113 Abs. 3 alsdann ohne weiteres durchschlägt, weil gewissermaßen die bestimmte einzelne Verfügung fehlt, an die sich die wirtschaftliche Benachteiligung knüpft; allein dieses Bedenken wäre nicht stichhaltig; im Grunde sind eben alle Verfügungen gewissermaßen formell unentgeltlich, und nur weil bei gerechter Auseinandersetzung ein den Nacherben wirtschaftlich benachteiligender Effekt nicht zu verzeichnen ist, schlägt § 2113 Abs. 2 gewöhnlich nicht durch. Erfolgt hingegen die Auseinandersetzung unter offenbarer Benachteiligung des Vorerben, insofern dieser nicht so viele Gegenstände zugewiesen erhält, als er nach dem Werte seines Anteils hätte erhalten müssen, so ist eben eine wirtschaftliche Benachteiligung des Rechts des Nacherben zu konstatieren, die im Falle des Eintritts der Nacherbfolge hin-

[1] Selbstverständlich ist der Satz cum grano salis zu nehmen; eine Minderung des Wertes als unmittelbare Folge der Teilung ist bisweilen unvermeidlich.

sichtlich sämtlicher Verfügungen, durch die den anderen Miterben Erbschaftsgegenstände zugewiesen worden sind, die Wirkung des § 2113 Abs. 2 auslöst. Auch bezüglich derjenigen Verfügungen, durch die ein Teil der Erbschaftsgegenstände dem Vorerben übertragen worden ist, Unwirksamkeit anzunehmen, fehlt jede Veranlassung. Die Benachteiligung ist im Grunde nur die Folge der Unterlassung derjenigen Verfügungen, deren es bedurft hätte, um dem Vorerben den der Größe seines Anteils voll entsprechenden Vermögenswert zuzuführen. Die Kehrseite dieser Unterlassung bilden die zugunsten der anderen Miterben seitens der Erbengemeinschaft vorgenommenen Verfügungen; an diesen Verfügungen hat der Vorerbe als Mitglied der Erbengemeinschaft teilgenommen. Diese Teilnahme ist aber wegen des für Vorerben und Nacherben nachteiligen Gesamteffektes dieser Verfügungen in Gemäßheit des § 2113 Abs. 2 zu würdigen und eben darum auch die Gesamtverfügung wegen dieses Mangels im Verfügungsrechte eines Miterben unter diesem Gesichtspunkte zu beurteilen. Ist z. B. der Vorerbe zu einem Drittel Miterbe, erhält er aber bloß ein Viertel des Wertes der Erbschaft durch Zuweisung von Erbschaftsgegenständen, so sind sämtliche Verfügungen, die zum Zwecke der Auseinandersetzung zugunsten des anderen Miterben erfolgt sind, mit dem Eintritt der Nacherbfolge unwirksam; es entsteht hinsichtlich der an jene Miterben verteilten Gegenstände wiederum ein Gesamtverhältnis und der Nacherbe kann verlangen, daß ihm noch soviel Werte überwiesen werden, die ihm an seinem Drittel an der Erbschaft fehlen.

Die juristische Konstruktion, unter der man die Auseinandersetzungsverfügungen zu begreifen hat, ist für unser Thema vor allem deshalb so wichtig, weil sie den Schlüssel zur Beantwortung der Fragen gibt, wie sich die Rechtslage des Nacherben gestaltet: 1. wenn der Vorerbe seinen Anteil als Ganzes veräußert, 2. wenn der Vorerbe, ohne etwa Anteile seiner Miterben zu übernehmen, einzelne oder eine größere Anzahl Erbschaftsgestände, deren Wert den Wert seines Anteils übersteigt, gegen eine aus seinen Eigenmitteln gewährte Abfindung an die Miterben übernimmt; 3. wenn der Vorerbe seinen Anteil an der

Erbschaft veräußert hat, vor dieser Veräußerung aber bereits Gegenstände aus der Erbschaft erhalten hat.

Zur Beantwortung dieser Fragen muß etwas weiter ausgeholt werden. — Die Erbauseinandersetzung kann sich auch in der Weise vollziehen, daß die Miterben hinsichtlich der Erbschaftsgegenstände Gemeinschaften nach Bruchteilen herstellen. — Das Vermögen, das der Miterbe unter solchen Umständen aus dem Nachlasse erhält, besteht aus der Summe der Bruchteile an den einzelnen Erbschaftsgegenständen. — Die Größe des Bruchteils an jedem Gegenstande würde sich unter solchen Umständen nach der Größe des Anteils richten.

Es ist das naheliegendste, in diesem Falle den Erwerb der Bruchteile als die Surrogate für diejenigen Anteile an den einzelnen Gegenständen zu denken, die der Miterbe schon während der Erbengemeinschaft hatte, über die er aber nicht gesondert verfügen konnte. — Es verwandelt sich gewissermaßen der Anteil an dem Einzelgegenstand, der durch das Gemeinschaftsrecht unablösbar mit dem Erbanteile verbunden war, in einen der freien Disposition zugänglichen Bruchteil.

Um derartige Bruchteile an einzelnen Gegenständen, die der Miterbe bei Fortdauer der Gemeinschaft neben seinem Anteilrechte am noch nicht verteilten Nachlasse haben kann, als dem Recht des Nacherben unterliegend auffassen zu können, muß man die Summe der Anteile, die dem Vorerben gewissermaßen schon während der Erbengemeinschaft an den Gegenständen zusteht, als die Erbschaft des Vorerben im Sinne des § 2111 ansehen und in dem Erwerbe einer solchen Bruchteilsberechtigung am Erbschaftsgegenstande einen Erwerb mit Mitteln der Erbschaft erblicken, dergestalt, daß die Bruchteilsberechtigung das Surrogat des bisherigen der Disposition entzogenen Anteils an dem betreffenden Gegenstande bildet.[1]

[1] Wenn in dem zuletzt zur Besprechung stehenden Falle nach Herstellung der Bruchteilsgemeinschaft der Bruchteil des anderen Miterben gepfändet wird, es mag z. B. angenommen werden, daß ein Vorerbe und ein freier Miterbe vorhanden sind, so kann der Eigengläubiger des Miterben die Auseinandersetzung betreiben gemäß § 751. Wenn der Vorerbe den Bruchteil seines Miterben nach beendeter Teilung aus Eigenmitteln hinzu-

Das Beispiel, von welchem zur Klarlegung der juristischen Konstruktion ausgegangen wurde, war besonders primitiv gewählt. Darf man nun diese Konstruktion in entsprechender Weise auch bei Anwendung eines anderen Teilungsmodus zugrunde legen? Man wird diese Frage bejahen können.

Um zur Möglichkeit der Anwendung des Rechtssatzes des § 2111 zu gelangen, muß man, wie schon oben ausgeführt, unter „Erbschaft des Vorerben" während des Gesamthandverhältnisses die Summe der Anteile an den einzelnen Erbschaftsgegenständen verstehen. Setzt man nun den Fall, daß jeder Miterbe eine Gruppe von Erbschaftsgegenständen zugewiesen erhalten hat, und daß der Wert der dem einzelnen Miterben zugewiesenen Gegenstände im Verhältnis der Größe der Anteile bemessen ist, so kann man sehr wohl in der oben angegebenen Weise konstruieren: der Vorerbe erhält dann eben nicht von jedem Erbschaftsgegenstande den der Größe seines Anteils entsprechenden Bruchteil zugewiesen, dafür werden ihm aber andere Erbschaftsgegenstände, von denen er eigentlich nur einen Bruchteil zu bekommen hätte, als Alleinberechtigten zugeteilt. Ist eine Verfügung über einen Erbschaftsgegenstand an einen Miterben erfolgt, ohne daß die anderen Miterben ebenfalls Gegenstände aus dem Nachlasse erhalten haben, so ist, wenn der Wert des Gegenstandes sich gerade mit dem Werte des Anteils deckt, den der erwerbende Miterbe an der Erbschaft hatte, mit Mitteln der Erbschaft erworben worden, wenn man sich den dem Miterben übertragenen Gegenstand als das Surrogat sämtlicher Anteile, die der Miterbe an den anderen Erbschaftsgegenständen gehabt hätte, denkt.

Hat nun der Miterbe — „der Miterbe", der bei diesen Erörterungen immer den „anderen Miterben" gegenübergestellt wird, soll stets ein Vorerbe sein — aus der Erbschaft Werte erhalten, die der Größe seines Anteils am Gesamtnachlasse nicht ent-

erworben hat, wird man ihn zweifellos hinsichtlich dieses Erwerbes als freien Berechtigten ansehen müssen, und eine gegen den Vorerben gerichtete Pfändung des hinzuerworbenen Bruchteils für wirksam halten müssen, mit der Folge, daß der Gläubiger gleichfalls eine Auseinandersetzung mit dem Vorerben als Inhaber des anderen Bruchteils, den dieser als Vorerbe inne hat, vornehmen kann.

sprechen, insofern sie den Wert des Anteils nicht erreichen, so ist er, soweit der Nachlaß noch unverteilt geblieben ist, anteilsberechtigt. — Der Anteil am noch vorhandenen Gesamthandsvermögen muß nach Feststellung des Vermögenswertes, der dem Miterben nach Maßgabe der Größe seines Anteils am ursprünglichen Nachlasse zukam, und unter Berücksichtigung des Wertes derjenigen Gegenstände, die er schon zugeteilt erhalten hat, berechnet werden.[1]

Auch auf diesen Fall paßt die oben angegebene Konstruktion. Der Umstand, daß der Vorerbe einzelne Gegenstände aus der Erbschaft erhalten hat, löst eine Herabsetzung der anteilsmäßigen Berechtigung am Gesamthandrestvermögen aus. Diese geminderte anteilsmäßige Berechtigung und der Erwerb einzelner Gegenstände aus der Erbschaft bilden nunmehr die Erbschaft des Vorerben und zwar als Surrogat der bisher aus der schon mehrfach erwähnten Summe der Anteile an den einzelnen Erbschaftsgegenständen bestehenden Erbschaft.

Denkt man sich den zur Erörterung stehenden Fall einmal dahin verschoben, daß der Vorerbe, mit einigen Miterben in der Gemeinschaft verbleibt, und an einen Miterben Erbschaftsgegenstände in Anrechnung auf dessen Anteil seitens der Erbengemeinschaft veräußert werden, so besteht — vorausgesetzt, daß der Wert der an den betreffenden Miterben veräußerten Gegenstände den Wert seines Anteils nicht übersteigt — das Surrogat, daß der mitverfügende Vorerbe im Sinne des § 2111 erhält, in der durch das völlige oder teilweise Ausscheiden jenes Miterben bedingten Erhöhung seiner anteilsmäßigen Berechtigung an den

[1] Hat also der Vorerbe z. B. Werte erhalten, die ein Viertel des Wertes des Gesamtnachlasses ausmachen, hatte er aber im ganzen ein Drittel zu bekommen, so ist sein Anteil an dem Restgesamthandvermögen in der Höhe zu berechnen, daß der Wert dieses Anteils zu dem Werte der Gegenstände, die der Vorerbe aus der Erbschaft schon erhalten hat, addiert, gleich einem Drittel des Wertes des Gesamtnachlasses ist. Beträgt z. B. der Wert des Nachlasses 120 und hat der zu einem Drittel eingesetzte Nacherbe 30 bekommen, so ist er an dem Restvermögen von 90 noch zu ein Neuntel anteilsberechtigt; hierbei wird vorausgesetzt, daß die anderen Miterben aus der Erbschaft noch nichts erhalten haben.

das noch vorhandene Gesamthandvermögen bildenden Gegenständen.

Es ist schon oben gesagt worden, daß bei einer Verfügung der Erbengemeinschaft, zu der ein Vorerbe gehört, der Mangel im Verfügungsrechte des mitverfügenden Vorerben die Unwirksamkeit der Verfügung zur Folge hat.

Bei Verfügungen, die zum Zwecke der Erbauseinandersetzung unter den Miterben erfolgen, muß dasselbe gelten. Wird also z. B. ein Grundstück oder Grundstücksrecht ohne Einwilligung des Nacherben auf einen der Miterben übertragen, so tritt ebenfalls bei Eintritt der Nacherbfolge die Unwirksamkeit ein. Bei befreiter Vorerbschaft fällt diese Beschränkung weg. Wenn von seiten der Erbengemeinschaft unentgeltlich an einem Dritten verfügt wird, unterliegt die Verfügung der Unwirksamkeit nach § 2113 Abs. 2. Erhält ein Miterbe einen Gegenstand der Erbschaft ohne Anrechnung auf den Anteil gewissermaßen im voraus zugewiesen, obwohl kein Vorausvermächtnis zu seinen Gunsten vorliegt, so hat derselbe zu gelten.

Im folgenden ist zur Behandlung der wichtigen Frage überzugehen, wie die Rechtslage des Vorerben und Nacherben sich gestaltet, wenn der Vorerbe einen Erbschaftsgegenstand aus der Erbschaft übernimmt unter Anrechnung auf seinen Anteil und unter Zuzahlung des den Wert seines Anteils an die Erbschaft übersteigenden Betrages aus Eigenmitteln.

Man kann hierbei an der Hand obiger Ausführungen nur zu dem Ergebnisse gelangen, daß mit dem Erwerbe des fraglichen Gegenstandes bloß insoweit ein Erwerb mit Mitteln der Erbschaft vor sich geht, als der Wert des vom Vorerben erworbenen Gegenstandes den Wert des Anteils des Vorerben an der Erbschaft nicht übersteigt, mit anderen Worten, daß der Vorerbe in Ansehung derjenigen Wertquote des Gegenstandes, die dem aus Eigenmitteln zugezahlten Betrage entspricht, nicht als Erbe, sondern gleich wie ein freiberechtigter Dritter zu behandeln ist.[1]

---

[1] Daher muß auch das aus der Erbschaft dem Vorerben zugewiesene Grundstück mit dem Nacherbrechtsvermerk versehen werden; hat der Vorerbe zugleich als freier Berechtigter erworben, so bedarf es der Angabe

Es würde im Effekt doch dieselbe Rechtslage sein, als wenn hinsichtlich des Gegenstandes zwischen dem Vorerben und dem oder den anderen Miterben Bruchteilsgemeinschaft begründet worden wäre, und der Vorerbe aus Eigenmitteln jene Bruchteile seines Miterben hinzuerworben hätte. Diese Auffassung läßt sich weiter durch Hinweis auf folgendes Beispiel stützen: Der Vorerbe, dem die Mittel fehlen, einen bestimmten, an Wert die Größe seines Anteils übersteigenden Erbschaftsgegenstand durch Zuzahlung zu erwerben, erwirbt den Gegenstand mit einem Dritten zusammen, dergestalt, daß sich der Vorerbe seinen Anteil als Preis anrechnen läßt und der Dritte das trotz Anrechnung des Anteils am Werte fehlende zuzahlt. Auch hier könnte, wenn nicht ausdrücklich ein Gesellschaftsverhältnis zum Erwerbe jenes Gegenstandes begründet worden wäre, nur Bruchteilseigentum des Vorerben und des Dritten zur Entstehung gelangen.

Wenn der Vorerbe allein erwirbt, muß dasselbe gelten; denn es liegt ebenso wie in dem zuletzt angezogenen Beispiele ein Erwerb vor, der in zwei verschiedene Vermögenssphären wurzelt.

Schwierigkeiten ergeben sich nur dann, wenn der Vorerbe nicht nur einen, sondern wie es häufig geschehen wird, eine größere Anzahl Gegenstände aus der Erbschaft zum Zwecke der Auseinandersetzung erwirbt, deren Wertsumme den Wert des auf den Vorerben entfallenden Erbschaftsanteils übersteigt unter Ausgleichung der Differenz durch Zuzahlung des entsprechenden Betrages. — Man wird in einem derartigen Falle zunächst zu prüfen haben, welche Gegenstände nach dem Willen der Beteiligten der Vorerbe als Erbe — zufolge Anrechnung auf den Anteil — erwerben sollte, und hinsichtlich welcher etwa ein freier Erwerb stattfinden sollte.[1] — Jedenfalls kann es nicht in das

---

derjenigen Wertquote, die als im freien Eigentume stehend anzusehen ist. Vgl. hierzu die Entscheidung des KG. Jahrb. 30 A. S. 212.

[1] Ist beispielsweise die Auseinandersetzung nicht auf einmal, sondern zunächst erst teilweise erfolgt, dergestalt, daß der Vorerbe Gegenstände erhält, deren Wertsumme nicht so viel ausmacht als der Wert seines Anteils, so wird man, wenn er später bei Fortsetzung der Auseinandersetzung Gegenstände erhält, deren Wert über das, was er noch hätte bekommen

willkürliche Ermessen des Vorerben oder des Nacherben gestellt sein, zu bestimmen, welche Erbschaftsgegenstände als der Nacherbschaft unterliegend zu behandeln seien und welche in das freie Vermögen des Vorerben übergegangen anzusehen seien.

Im Zweifel wird man anzunehmen haben, daß der Vorerbe hinsichtlich sämtlicher unter diesen besonderen Umständen erworbenen Erbschaftsgegenständen teilweise als Erbe, teilweise als freier Berechtigter anzusehen ist. Die Größe des Bruchteils, in Ansehung dessen der Vorerbe in seiner Eigenschaft als Erbe erworben hat, ergibt sich aus dem Verhältnisse des Wertes, den der Vorerbe nach Maßgabe seines Anteils zu erhalten hatte, zu dem Werte, der ihm tatsächlich aus der Erbschaft zugewiesen worden ist.[1]

Hat der Vorerbe in der besprochenen Weise aus dem Gemeinschaftsvermögen erworben, so besteht das Vermögen, auf welches sich das Recht des Nacherben erstreckt, aus der Summe der von ihm als Erbe an den einzelnen Gegenständen erworbenen Bruchteile.

Ist der Vorerbe nicht hinsichtlich des ganzen Erbteils Vorerbe, sondern nur hinsichtlich eines Bruchteils seines Anteils, so kann sich in unserem Falle das eigentümliche Resultat ergeben, daß dem Erben ein aus der Erbschaft erworbener Gegenstand zum Teil als freiem Berechtigten, teils als Vorerben und teils als freiem Erben gehört. Die Möglichkeit der Verfügung würde jedoch dem Vorerben nur bezüglich des Bruchteils, den er als freier Berechtigter inne hat, zuzubilligen sein.

---

müssen, hinausgeht, und den Ausgleich durch Zuzahlung eines entsprechenden Betrags herbeiführt, annehmen können, daß die bei der ersten Auseinandersetzung erworbenen Gegenstände von ihm als Erbe erworben worden sind und nur hinsichtlich des Erwerbs anläßlich der zweiten Teilung die Frage aufrollen, welche Bedeutung die Verwendung von Eigenmitteln beim Erwerbe aus dem Nachlasse unter gleichzeitiger Anrechnung auf den Erbschaftsanteil hat.

[1] Hat beispielsweise der Vorerbe, der Erbe zu einem Viertel ist, aus der Erbschaft, deren Wert 400 betragen soll, vier Gegenstände erhalten, deren Wert 20, 25, 30, 50, also insgesamt 125 beträgt, während er nur 100 zu bekommen hatte, so berechnet sich der Anteil an den Gegenständen, soweit er sie als Erbe erhalten hat, auf $^{100}/_{125} = {}^{4}/_{5}$. In Ansehung eines Fünftels hingegen würde der Vorerbe als freier Berechtigter anzusprechen sein.

Nunmehr ist die oben aufgeworfene Frage zu beantworten, wie sich die Rechtslage des Nacherben gestaltet, wenn der Vorerbe seinen Anteil an der Erbschaft als ganzes veräußert und dafür ein Äquivalent erhalten hat.

Es ist vor allem zu prüfen, ob diejenigen Werte, die der Vorerbe für die Veräußerung des Anteils erworben hat, den Gegenstand der Nacherbfolge bilden oder nicht.

Es empfiehlt sich von dem Falle der unentgeltlichen Veräußerung des Erbschaftsanteils auszugehen. — Bei dieser Sachlage kann der Nacherbe nur auf das, was der Erwerber des Anteils erhalten hat, angewiesen sein. — Solange die Erbschaft noch ungeteilt ist, bildet die Mitberechtigung an der Erbschaft den Gegenstand der Nacherbfolge. In diese Mitberechtigung tritt, falls die Nacherbfolge vor der Auseinandersetzung eintritt, der Nacherbe ohne weiteres ein. Die Rechtsstellung des Erwerbers des Anteils muß während der Dauer des Rechts des Vorerben dem Nacherben gegenüber ebenso geartet sein, wie sie der Vorerbe eingenommen hätte. Einen Schutz des guten Glaubens des Erwerbers gibt es selbstverständlich nicht. Die Erbeneigenschaft kann der Vorerbe nicht übertragen, wenn auch die Veräußerung des Anteils wie eine Gesamtnachfolge in die Erbberechtigung wirken mag.

Es muß aber hier die Frage noch angeschnitten werden, ob bzw. welchen Einfluß die Anteilsveräußerung auf die Rechtsstellung des Erwerbes hat, wenn der Vorerbe befreiter Vorerbe war.

Es ist schon oben[1] näher ausgeführt worden, daß die freie Rechtsstellung des befreiten Vorerben der Ausfluß einer vom Erblasser statuierten Rechtsbeziehung personenrechtlicher Natur zwischen Vorerben und Nacherben ist. — Der hier zur Erörterung stehende Fall bietet insofern etwas besonderes, als der Erbe trotz der Veräußerung des Anteils seine Eigenschaft als Erbe beibehält. — Es besteht nach wie vor die Möglichkeit, daß der Miterbe für erbunwürdig erklärt wird; ferner kann Anwachsung

[1] Vgl. S. 54—56 der Darstellung.

eintreten, die sich gemäß § 2373 im Zweifel zugunsten des Erben vollzieht.[1]

Man wird auch im vorliegenden Falle nicht anders entscheiden können als wie oben im § 9 der Darstellung geschehen ist. — Die Übertragung der Mitberechtigung an dem Gesamthandvermögen kann nicht auch den Übergang jener besonderen Rechtsstellung, die zufolge der Befreiungsanordnung Vorerbe und Nacherbe zueinander einnehmen, nach sich ziehen. — Der Erwerber hat eben eine Mitberechtigung, die mit einer nacherbschaftlichen Anwartschaft beschwert ist, erworben und muß alle hieraus sich ergebenden Einschränkungen gegen sich gelten lassen.

Für denjenigen Zeitraum hingegen, während dessen Dauer der Vorerbe selbst zur Erbengemeinschaft gehört und an der Verwaltung teilgenommen hat, ist für das Verhältnis zwischen Vor- und Nacherben die Befreiungsanordnung maßgebend. Diese Unterscheidung wird vor allem praktisch, wenn nach Eintritt des Nacherbfalles der Nacherbe Ansprüche gegen den Vorerben und seinen Rechtsnachfolger in den Anteil wegen nicht ordnungsmäßiger Verwaltung der Erbschaft erheben wollte.

Zweifelhaft kann es sein, ob die für den Fall der unentgeltlichen Veräußerung des Miterbenanteils durch den Vorerben entwickelten Grundsätze auch dann zu gelten haben, wenn der Vorerbe seinen Anteil gegen Entgelt veräußert hat, oder ob alsdann unter Anwendung des § 2111 als der Gegenstand der Nacherbfolge das vom Erwerber geleistete Äquivalent anzusprechen ist.

Man kann, wie schon am Anfange dieses Paragraphen gesagt ist, das Surrogationsprinzip nur anwenden, wenn sich teilweise Änderungen im wirtschaftlichen Bestande des Nachlasses vollziehen; das dies auch für den sogenannten rechtsgeschäftlichen Erwerb „mit Mitteln der Erbschaft“ zu gelten hat, muß daraus gefolgert werden, daß sich diese Wendung am Ende einer Aufzählung von Fällen findet, denen die Einführung eines Surrogates an Stelle eines einzelnen Erbschaftsgegenstandes charakteristisch ist.

---

[1] Strohal II S. 97 Anm. 2 a. A.

Die obenerwähnte, auf die Fälle der Auseinandersetzung gemünzte Konstruktion, wonach der Vorerbe beim Erwerbe von einzelnen Erbschaftsgegenständen in Anrechnung auf seinen Erbteil gewissermaßen Surrogate von Anteilen an den einzelnen Gegenständen erwirbt, hat man in den Fällen der Erbanteilsveräußerung gar keine Veranlassung anzuwenden. Der Gegenstand, auf den sich die Verfügung bezieht, ist eben die Mitberechtigung am Gemeinschaftsvermögen, die im Hinblick auf die nacherbschaftliche Anwartschaft bedingt oder betagt ist. — Wenn zwischen den Miterben und dem Anteilserwerber die Auseinandersetzung stattfindet, so kann man nicht sagen, daß der Rechtsnachfolger des Vorerben in Ansehung des Erbteils etwa solche Sachen, über die der Vorerbe dem Nacherben gegenüber entgeltlich mit Wirksamkeit hätte verfügen können, bei der Auseinandersetzung als freier Berechtigter erwirbt.

Tritt der Fall der Nacherbfolge ein, so darf nicht die Unwirksamkeit sämtlicher Auseinandersetzungsverfügungen schlechthin angenommen werden. Ebensowenig darf man sagen, daß der Nacherbe, der nach Eintritt der Nacherbfolge diejenigen Gegenstände, die der Anteilswerber erhalten hat, mit dinglicher Wirkung kraft seines Erbrechts ergreift, etwa die Unwirksamkeit von zugunsten jenes Erwerbers vorgenommener Verfügungen geltend mache, vielmehr muß man die Endigung der Rechtsstellung des Anteilserwerbers sowohl in Ansehung des Erbschaftsanteils als auch hinsichtlich etwa bei einer Auseinandersetzung erhaltener Gegenstände bei Eintritt der Nacherbfolge lediglich als einen Ausfluß der infolge der nacherbschaftlichen Anwartschaft gegebenen Bedingtheit desjenigen „Rechts“ erblicken, das der Vorerbe auf den Erwerber des Anteils übertragen hat.

Das Charakteristische der echten Auseinandersetzung besteht darin, daß der Vorerbe aus den Mitteln des Nachlasses direkt etwas erhält. — Dies ist auch dann der Fall, wenn ein Miterbe einen Erbschaftsgegenstand, dessen Wert den seines Anteils übersteigt, in Anrechnung auf seinen Anteil übernimmt und zum Ausgleich einen Betrag draufzahlt. Dieser Geldbetrag fällt alsdann in das Gemeinschaftsvermögen, der Vorerbe, der sich mit anderen Miterben darein teilt, erhält sonach direkt Werte aus dem Nachlasse.

Wenn ein Miterbe auf diese Weise abgefunden wird, so ist das etwas ganz anderes als die Veräußerung des Miterbenanteils an die Miterben. In dem soeben besprochenen Falle liegt keine Veräußerung, sondern nur Endigung des Anteilsrechtes als einer Forderung gegen die Erbengemeinschaft durch Befriedigung vor.

Selbstverständlich kann es mitunter Schwierigkeiten machen, festzustellen, ob Auseinandersetzungsmaßregeln oder die Veräußerung des Anteils an der Erbschaft vorliegen. In letzter Linie ist stets auf den Parteiwillen abzustellen. Hat man es aber einmal mit der Veräußerung des Anteils zu tun, so kommt es nicht darauf an, ob sie gegen oder ohne Entgelt erfolgt ist; auch wenn ein Äquivalent geleistet worden ist, kann § 2111 keine Anwendung erleiden, vielmehr muß wegen der Bedingtheit des Erbrechts des Vorerben der Erwerber dem Nacherben weichen, sobald der Nacherbfall eingetreten ist.[1]

Schwierigkeiten bereitet aber immer noch die Frage 1, welches die Rechtslage der Nacherben ist, wenn der Vorerbe vor der Anteilsveräußerung schon einzelne Gegenstände aus der Erbschaft erhalten hat und 2, wie sie sich im umgekehrten Falle gestaltet, wenn der Vorerbe, der Werte aus der Erbschaft erhalten hat, die sich annähernd mit dem Werte seines Anteils decken, sein Anteilsrecht, das in Ansehung eines Teils der Erbschaft noch besteht, veräußert. — Daß nach Zuweisung einzelner Gegenstände aus der Erbschaft noch eine Anteilsveräußerung möglich ist, wird in der Literatur anerkannt.[2]

Die Frage kann auch dahin gestellt werden, wann man im Hinblick auf vorgenommene Auseinandersetzungsverfügungen sagen kann, daß die Auseinandersetzung durchgeführt sei bzw. wann man sagen muß, daß die Erbschaft eines Miterben nicht mehr aus dem Anteile, sondern aus einer Summe einzelner aus der Erbschaft dem Miterben zugewiesener Gegenstände bestehe. — — Für das Verhältnis zwischen Vorerben und Nacherben haben diese Fragen unter dem obenerwähnten Gesichtspunkte besondere

[1] Auch bei unentgeltlicher Anteilsveräußerung ist der Eintritt des Nacherben in das Recht nicht eine Folge des § 2113 Abs. 2.

[2] Vgl. Strohal II S. 98.

Bedeutung. Zu Nr. 1 ist zu bemerken, daß diejenigen Gegenstände, die ein Vorerbe auf seinen Anteil aus dem Nachlasse erhält, seinem Erbrechte unterliegen, selbst wenn sie nur einen ganz minimalen Bruchteil des Wertes des Anteils darstellen würden. Eine vom Nacherbrechte freie Berechtigung kann der Vorerbe an den Gegenständen nicht erwerben, während dies bei dem Äquivalente der Fall sein würde, das der Vorerbe für die Veräußerung seines Anteils erhält. Wenn der Vorerbe unter solchen Umständen seinen Anteil an dem Gesamthandsrestvermögen veräußert, so wird man nicht zweifeln, daß eine Gesamtverfügung vorliegt, die nach § 2033 zu beurteilen ist und an welche sich eine Art „Universalsukzession“ des Anteilserwerbers knüpft. — Zu P. 2. Ist hingegen der Nachlaß im wesentlichen aufgeteilt und besteht das Gesamthandrestvermögen nur noch aus relativ wenigen, im Verhältnisse zum Werte des Gesamtnachlasses und der auf die Miterben verteilten Vermögenswerte unbedeutenden Gegenstände, so kann man im Falle der Veräußerung des Anteils am Gesamthandsrestvermögen zweifeln, ob eine solche Verfügung nach den Grundsätzen des § 2033 zu beurteilen ist oder nicht. Im Rahmen dieses Themas kann diese schwierige Frage nicht durchgeführt werden. Daß aus der Eigentümlichkeit des Rechtsverhältnisses zwischen Vorerben und Nacherben für den gedachten Fall besondere Konsequenzen zu ziehen seien, ist meines Erachtens nicht angezeigt, denn immer bleibt die Mitberechtigung am Gesamthandsvermögen etwas total verschiedenes vom Rechte am einzelnen Erbschaftsgegenstande.[1]

### III. Verfügung über die Erbschaft als Ganzes durch den Alleinvorerben bzw. nach Vollzug der Auseinandersetzung durch den Mitvorerben.

Wenn der Erbe Alleinerbe ist bzw. wenn er nach erfolgter Auseinandersetzung keinen Anteil im Sinne des § 2033 mehr besitzt, so besteht für ihn nicht die Möglichkeit, in Beziehung auf

[1] Die Annahme von Bruchteilseigentum, nachdem im wesentlichen die Auseinandersetzung erfolgt ist, dürfte doch nur in dem speziellen von Strohal behandelten Falle zulässig sein. — S. Strohal a. a. O. Bd. II S. 119.

die Erbschaft eine Gesamtverfügung vorzunehmen. Der Verkauf — d. h. also der Abschluß eines obligatorischen Vertrags — der Erbschaft als ganzes wird durch das Bestehen der nacherbschaftlichen Anwartschaft nicht berührt. — Es ergibt sich das aus der Fassung des § 2376.

Auch bei Vor- und Nacherbschaft kann selbstverständlich die Erfüllung des Vertrags nur durch Vornahme der entsprechenden einzelnen Verfügungen über die einzelnen Gegenstände erfolgen. — Man muß daher die zur Erfüllung der Erbschaftskaufvertrags vorgenommenen Verfügungen lediglich unter dem Gesichtspunkte betrachten, wie das Verfügungsrecht des Vorerben den einzelnen Erbschaftsgegenständen gegenüber gestaltet ist. — Gehören Grundstücke oder Grundstücksrechte zur Erbschaft, so ist die Rechtslage beim Eintritt der Nacherbfolge verschieden, je nachdem ein befreiter oder ein gewöhnlicher Vorerbe verfügt hat. Soweit andere als die Gegenstände der im § 2113 Abs. 1 bezeichneten Art in Frage kommen, sind die Verfügungen des Vorerben regelmäßig als wirksam anzunehmen, auch den Nacherben gegenüber.

Besonders hervorzuheben, als Hauptunterschied von den Fällen der Anteilsveräußerung, ist, daß hinsichtlich des Kaufpreises, den der Vorerbe erhält, das Prinzip des § 2111 ohne weiteres eingreift, so daß mithin das dem Vorerben vom Erbschaftskäufer gewährte Äquivalent vom Rechte der Nacherben ergriffen wird. — Gerade diese Rechtswirkung wird aber meist eine wirtschaftliche Benachteiligung des Nacherben im Gefolge haben. Regelmäßig wird schon im Hinblick auf die Haftung für die Nachlaßverbindlichkeiten der Kaufpreis niedriger ausfallen, ganz abgesehen davon, daß es bei Erbschaftskäufen in der Natur der Sache liegt, daß der Preis nicht genau der Summe der Werte der einzelnen Gegenstände entspricht, sondern zugunsten des Käufers pauschaliert, d. h. niedriger bemessen zu werden pflegt. — Ein häufig nicht sehr wertvoller Ausgleich wird dem Nacherben mit dem Anspruche des § 2130 gegeben; und dies ist wiederum nur dann der Fall, wenn der Nacherbe es mit einem gewöhnlichen Vorerben zu tun hatte.

Ist zur Zeit des Eintritts der Nacherbfolge der Erbschaftskauf seitens des Vorerben noch nicht erfüllt, so kann der Nacherbe den Vertrag selbstverständlich einfach ignorieren. Der Käufer kann sich alsdann, wenn er beim Abschlusse des Erbschaftskaufs das Recht des Nacherben nicht kannte, an den Vorerben als Verkäufer halten gemäß § 2376.

War der Kauf bzw. der entgeltliche Vertrag auf Veräußerung der mit dem Nacherbenrechte belasteten Erbschaft seitens des Käufers, nicht aber auch seitens des Vorerben erfüllt, so erwirbt der Nacherbe nicht nur sämtliche den Nachlaß bildenden Gegenstände, sondern auch das, was vom Käufer als Äquivalent im voraus geleistet worden ist, mit dinglicher Wirkung; und zwar letzteres deshalb, weil der Erwerb des Kaufpreises als mit Mitteln der Erbschaft zufolge Rechtsgeschäfts gemacht, nach § 2111 zu beurteilen ist. Den Kaufpreis würde jedoch der Nacherbe, der nach Eintritt der Nacherbfolge den vom Vorerben geschlossenen Erbschaftsverkauf ignoriert, nach den Grundsätzen über die ungerechtfertigte Bereicherung an den Käufer herauszugeben haben.

Ist hingegen von seiten des Vorerben der Kaufvertrag erfüllt, nicht aber von seiten des Käufers, so ist die Rechtslage der Nacherben ziemlich ungünstig, insofern er nur das in der Forderung an den Käufer bestehende Erbschaftsvermögen erhält.

Es ist nicht zu leugnen, daß durch einen vom Vorerben vollzogenen Erbschaftsverkauf das Recht der Nacherben in der Regel unvorteilhaft beeinflußt wird. Erbschaftskäufe und -Verkäufe sind zwar nichts alltägliches. Wo sie aber vorkommen, entspringen sie, soweit es sich um die Person des Verkäufers handelt, meist dem starken Bedürfnis baldmöglichst bares Geld für die veräußerten Werte zu erhalten; hierin wiederum ist kaum ein für eine günstige Gestaltung der Vermögenslage des Verkaufenden sprechendes Sympton zu erblicken.

Bei gewöhnlicher Vorerbschaft hat der Nacherbe in einem derartigen Falle noch die Möglichkeit, sich schon während der Dauer des Vorerbrechts durch ein Vorgehen im Sinne des § 2128 zu sichern. Einem befreiten Vorerben gegenüber kommt dieses Recht in Wegfall.

Ist bei Eintritt der Nacherbfolge der Erbschaftserkauf vom Vorerben nur teilweise erfüllt, d. h. hat er noch Gegenstände, die bisher zur Erbschaft gehörten und noch an den Käufer zu veräußern wären, in seinem Besitze, so werden die fraglichen Gegenstände selbstverständlich gleichfalls vom Nacherbrechte ergriffen.

Hat der Vorerbe die gesamte Erbschaft verschenkt, so greift hinsichtlich jeder zum Zwecke der Erfüllung des Erbschaftsschenkungsvertrags vorgenommener Verfügung § 2113 Abs. 2 durch.

Es ist auch denkbar, daß der Erbschaftsverkauf zu einer Zeit erfolgt, zu der nur teilweise die Auseinandersetzung unter den Miterben erfolgt ist, während im übrigen die Erbengemeinschaft noch fortbesteht. — Die Erfüllung des Erbschaftskaufes durch den Vorerben kann hier nur in der Weise erfolgen, daß er einerseits seinen Anteil abtritt, den er am Gesamtshandsvermögen hat, und andererseits über die bei Gelegenheit der Auseinandersetzung erhaltenen Vermögensstücke einzeln verfügt. — Nach dem Obengesagten gestaltet sich die Rechtslage des Nacherben beim Eintritt der Nacherbfolge in der Weise, daß er einmal mit dinglicher Wirkung diejenigen Vermögenswerte erwirbt, die der Vorerbe als Äquivalent für Veräußerung derjenigen Gegenstände erhalten hat, in Ansehung deren bereits Auseinandersetzung erfolgt war, und weiterhin den Anteil erhält, der auf den Käufer übertragen worden war. Ist inzwischen bezüglich des Gesamthandrestvermögens zwischen den Miterben und dem Käufer Auseinandersetzung eingetreten, so erhält der Nacherbe diejenigen Gegenstände, die der Käufer bei der Auseinandersetzung erhalten hatte.

## § 13.

## Die Rechtsstellung des befreiten Vorerben im Grundbuchverkehre.

### I. Zweck des § 52 GBO.

Um keine Unsicherheit im Rechtsverkehre hervorzurufen mußte der Gesetzgeber denjenigen, die beim Erwerbe von Rechten hinsichtlich der Eigenschaft ihres Auktors als eines Vorerben in gutem Glauben waren, den Schutz des guten Glaubens zubilligen.

Mit Rücksicht darauf aber, daß das Eingreifen des Schutzes des guten Glaubens dem Nacherben in der Mehrzahl der Fälle den dinglichen Schutz, den § 2113 bezweckt, wieder entziehen würde, hat das Gesetz, soweit grundbücherliche, zum Nachlasse gehörige Rechte in Frage kommen, noch besondere Kautelen geschaffen, um die Wirkungen des guten Glaubens Dritter beim Erwerbe von einem Vorerben auszuschließen.

Im § 52 GBO. ist bestimmt:

Bei der Eintragung eines Vorerben ist zugleich das Recht des Nacherben, insoweit der Vorerbe von den Beschränkungen seines Verfügungsrechts befreit ist, auch die Befreiung von Amtswegen einzutragen.

Der Entwurf I hatte eine Bestimmung dieses Inhalts in das Bürgerliche Gesetzbuch aufnehmen wollen; mit der Begründung, daß sie im wesentlichen eine Verfahrungsvorschrift darstelle, ist sie in die Grundbuchordnung verwiesen worden.

Dieser beschränkende Zusatz ist nicht nur bei den zur Zeit des Erbfalls im Nachlasse befindlichen Grundstücken oder Grundstücksrechten einzutragen, sondern auch bei Rechten dieser Art, die während der Dauer des Vorerbrechts mit Mitteln des Nachlasses erworben worden sind.

Welche Bedeutung hat nun die Eintragung des Nacherbrechts? Es ist unumgänglich, die Fälle der befreiten und der gewöhnlichen Vorerbschaft nebeneinander zu behandeln. — Eine über den Zweck der materiell-rechtlichen Normen des § 2113 hinausgehende Wirkung kann die Eintragung des Nacherbrechts keinesfalls haben. Es wird also das Verfügungsrecht nicht prinzipiell ausgeschlossen, vielmehr besagt dieser Vermerk nur, daß der Vorerbe zwar derzeitig Vollberechtigter in Ansehung des im Grundbuche verlautbarten Rechtes ist, daß seine Verfügungen im Hinblick auf das Recht des Nacherben aber ihre Wirksamkeit mit dem Zeitpunkte des Nacherbfalles einbüßen, insoweit sie das Recht des Nacherben vereiteln oder beeinträchtigen.

Wird aus dem Erbschaftsvermögen des Vorerben, der als solcher eingetragen ist — d. h. also wenn das Nacherbenrecht im Grundbuche vermerkt ist — von einem Dritten ein zur Erbschaft gehöriges Recht oder ein Recht an einem solchen Rechte erworben, so muß der Erwerber die mit dem Eintritte der Nacherbfolge sich ergebenden Wirkungen gegen sich gelten lassen. — Über die Art und Weise, in der das Nacherbrecht zu verlautbaren ist, enthält das Gesetz keine Bestimmungen. Der Hinweis auf das Recht der oder des Nacherben bzw. derjenigen Personengruppe, der der Nacherbe dereinst entnommen werden soll, muß genügen. Ist das Nacherbrecht im Grundbuche vermerkt, so ist damit „ersichtlich" gemacht, welche Mängel im Rechte sich unter Umständen bei einem vom Vorerben abgeleiteten Rechtserwerbe ergeben können.[1]

Das Nacherbrecht in Gestalt des Vermerkes beim Rechte des Vorerben im Grundbuche gehört also zu den Verfügungsbeschränkungen des § 892 BGB. — Ist die Beschränkung nicht eingetragen, so ist der Erwerber bei Eintritt der Nacherbfolge dann nicht geschützt, wenn ihm bekannt gewesen ist, daß der Vorerbe zugunsten des Nacherben im Verfügungsrechte beschränkt ist. Hierin liegt der Unterschied des Anwartschaftsrechts zu einer Rechtsbeziehung, die durch Vormerkung gesichert werden könnte, aber noch nicht gesichert ist; bei letzterer wäre die Kenntnis des Erwerbers unschädlich.

Im Gegensatze zu dem im § 13 GBO. aufgestellten Prinzipe, daß Eintragungen im Grundbuche nur auf Antrag zu erfolgen haben, stellt § 52 GBO. den Grundsatz auf, daß mit der Eintragung des Vorerben von Amtswegen auch das Recht des Nacherben zu vermerken ist.

## II. Verzicht auf Eintragung des Nacherbrechts.

In der Judikatur des Kammergerichts wird die Meinung vertreten, daß der Grundbuchrichter von der Eintragung des Nacherbrechts dann Abstand nehmen müsse, wenn seitens des

---

[1] Staudinger bemerkt zu dieser Frage: Bd. III S. 185 (5./6. Aufl.), daß der Erwerber die Tragweite der einschlägigen Rechtsbegriffe selbstverständlich auch ohne nähere Definierung im Grundbuche gegen sich gelten lassen müsse.

Nacherben auf die Eintragung verzichtet würde und dieser Verzicht in öffentlich-beglaubigter Form nachgewiesen würde. Die Annahme der Zulässigkeit eines derartigen Verzichts gründet das Kammergericht auf die Erwägung, daß es sich hierbei nicht um eine im öffentlichen Interesse gegebene, sondern um eine Vorschrift handele, welche ausschließlich dem Interesse des Nacherben zu dienen bestimmt sei, und auf welche dieser deshalb verzichten könne.[1] — Ob diese Gründe durchschlagend sind, erscheint mir zweifelhaft.

Ein Verzicht auf die Eintragung des Nacherbrechts würde den gewöhnlichen Vorerben keineswegs zu einem hinsichtlich der Beschränkung des § 2113 befreiten Vorerben machen. Auch würde aus der Tatsache, daß der Nacherbe auf Eintragung des Nacherbrechtsvermerkes im Grundbuche verzichtet hat, noch nicht zu entnehmen sein, daß der Nacherbe sich des Rechts habe begeben wollen, die mit dem Nacherbfalle zutage tretenden Folgen etwaiger Verstöße gegen § 2113 geltend zu machen.[2]

Das Fehlen des Nacherbrechtsvermerkes würde allerdings die Möglichkeit, daß häufiger ein gutgläubiger Erwerb an zur Vorerbschaft gehöriger, grundbücherlich verlautbarter Rechte stattfindet, erhöhen, weil ja dann die im § 2113 angedrohte Unwirksamkeit nur eintreten kann, wenn der Erwerber von der Beschränktheit des Rechtes des Vorerben Kenntnis gehabt hat. Mit einer derartigen „Erleichterung" wird den Interessen des Verkehrs aber wohl kaum gedient sein. Gewöhnlich wird derjenige, der von einer ihm unbekannten Person sich ein Grundstückspfandrecht bestellen lassen oder ein Grundstück erwerben will, durch Einsichtnahme im Grundbuche und in den Grundakten sich möglichst genau informieren über die Rechtsverhältnisse seines Gegenkontrahenten. Dabei kann er sehr leicht darauf stoßen, daß er es mit einem Vorerben zu tun habe. Vom Standpunkte des Nacherben aus ist es jedenfalls naheliegend, wenn er vermutet, der Erwerber habe Kenntnis von der Be-

[1] Vgl. Rspr. OLG. 9 S. 401 u. 10, S. 446.

[2] Wenn auch, wie Fuchs-Ahrnheim Komm. zur GBO. Bd. II S. 553 richtig bemerkt, dann für das Grundbuchamt das Gleiche gelten müsse, als wenn der Nacherbe überhaupt nicht vorhanden wäre.

schränkung des Vorerbenrechts gehabt, und aus diesem Grunde die streitige Frage, ob der Erwerber im guten Glauben gewesen ist, im Prozeßwege austrägt. Das Fehlen des Eintrags des Nacherbrechts hat sonach leicht zur Folge, daß im Falle der Vornahme einer gegen § 2113 verstoßenden Verfügung durch den Vorerben Anlaß zu Prozessen gegeben wird. Bei solchen Prozessen wiederum kann der Erwerber, auf dessen Eid in der Mehrzahl der Fälle der Beweis für Vorhandensein oder Fehlen des guten Glaubens gestellt sein wird, in Konflikt kommen, wenn er sich nicht darüber klar ist, ob er beim Erwerbe des Rechts vom Vorerben wirklich Kenntnis von der Vorerbeneigenschaft oder nur eine Vermutung in dieser Richtung gehabt habe. Abgesehen von dem eben erörterten Bedenken scheint mir die Ansicht des Kammergerichts auch deshalb bedenklich, weil damit dem Grundbuchrichter zugemutet wird, bewußt einen unrichtigen Grundbucheintrag zu machen, und weil nach dieser Ansicht der Wille der Parteien geeignet wäre, den Richter von einer Amtspflicht zu entbinden.

Aus letzterem Grunde muß man meines Erachtens auch bei der befreiten Vorerbschaft, wo die Nichteintragung des Befreiungsvermerkes an sich nicht denselben Bedenken unterliegen würde wie die Unterlassung der Nacherbrechtseintragung bei der gewöhnlichen Vorerbschaft, gleichfalls einen Verzicht des befreiten Vorerben hinsichtlich der Befreiungen als unzulässig ablehnen.[1]

## III. Juristische Bedeutung des Eintrags.

Streit herrscht in der Literatur über den juristischen Charakter des „Rechts“ des Nacherben, dessen Eintragung im § 52 GBO. von Amtswegen vorgesehen wird, sowie darüber, wie man die rechtliche Möglichkeit, als Nacherbe während der Dauer des Vorerbrechts im Grundbuche eingetragen zu werden, vom Standpunkte des Nacherben aus zu beurteilen habe.

---

[1] a. A. Fuchs, Kom. zu § 52 Bd. II S. 553, der sogar dem Erblasser die Befugnis einräumt, die Nichteintragung des Nacherbvermerks anzuordnen; a. A. Güthe, Kom. zu § 52 Nr. 15.

Gewöhnlich wird die Frage dahin gestellt, ob der Nacherbe den Berichtigungsanspruch nach §§ 894, 895 BGB. habe und zwar meist im Zusammenhange mit der anderen Frage nach dem Verhältnis der §§ 52 und 41 GBO. zueinander.

§ 41 GBO. statuiert eine Ausnahme von dem Prinzipe des § 40, wonach Eintragungen nur erfolgen sollen, wenn derjenige, dessen Recht durch sie betroffen wird, als Berechtigter eingetragen ist. Dem Erben des Berechtigten wird, wenn es sich um die Übertragung oder die Aufhebung eines Rechts handelt, die vorgängige Eintragung seines Rechtes erspart.

Es liegt auf der Hand, daß die Bestimmung des § 52 einfach illusorisch würde, wenn es dem Vorerben frei stünde, ohne sich vorher im Grundbuche eintragen zu lassen, eine Verfügung zu treffen. Wer vom nicht eingetragenen Vorerben erwirbt, würde sich zwar auf den öffentlichen Glauben des Grundbuchs nicht berufen können. Jeder weitere Erwerber würde jedoch bei Gutgläubigkeit dem Nacherben gegenüber wirksam erwerben können.

Eine Meinung in der Literatur geht dahin, daß dem Vorerben das Recht aus § 41 ohne weiteres zu gewähren sei, und stützt sich dabei darauf, daß der Vorerbe während der Dauer seines Vorerbrechts eben der derzeitige, voll verfügungsberechtigte Erbe sei. Vom Kammergericht[1] wurde einige Zeit die vom Reichsgericht nicht akzeptierte Meinung vertreten, daß der Vorerbe und Nacherbe zusammen als der Erbe im Sinne des § 41 GBO. anzusprechen seien und zwar deshalb, weil der Nacherbe ein dingliches Recht an dem zur Vorerbschaft gehörigen Grundstücke oder Grundstücksrechte habe, und sonach zu denjenigen gehöre, deren Recht durch eine Eintragung betroffen werde, woraus dann gefolgert worden ist, daß vom Vorerben und Nacherben zusammen nach § 41 ohne vorherige Eintragung verfügt werden könne.[2]

Auch wenn man den Satz, daß der Nacherbe an Grundstücken oder Grundstücksrechten ein buchungsfähiges, dingliches

---

[1] Rspr. OLG. 6 S. 320.

[2] Drewes, Deutsche Jur.-Ztg. 1903 S. 198, 199; Cohn, Jur. Wochenschr. 1903 S. 364. — Vgl. ferner Güthe, Komm. Anm. 5 zu § 41.

Recht habe, als richtig unterstellen wollte, so würde dies noch immer nicht zu dem Schlusse zwingen, daß unter „Erbe" im Sinne des § 41 Vorerbe und Nacherbe zusammen zu verstehen sind. Erbe kann in Ansehung eines ganzen Nachlasses immer nur eine Person sein, bzw. eine Mehrheit, wenn jeder Miterbe einen Anteil an der Erbschaft erworben hat.

CAPPEL[1] steht auf dem Standpunkte, daß hier eine Gesetzesbestimmung fehle, die den Nacherben für den Fall des § 41 besonders schütze, und daß diese Lücke mittelst Analogie auszufüllen sei, dergestalt, daß der Vorschrift des § 52 für den Ausnahmefall des § 41 ebenso Geltung zukommen müsse, wie für den Regelfall des § 40 GBO.

Nach der Ansicht HERMANNS[2] ergibt sich die Lösung der Zweifelsfrage, wenn man die Worte: „bei der Eintragung" dahin auslegt, daß darunter zu verstehen sei: „mindestens bei der Eintragung" und daraus den Schluß zieht, daß auch bei Verfügung des Vorerben nach § 41 das Recht des Nacherben eingetragen werden müsse.

BLANKMEISTER[3] hat zwei Wege zur Lösung vorgeschlagen: einmal den der Analogie, andererseits die Annahme einer Verpflichtung des Grundbuchrichters, wonach die Eintragung einer vom Vorerben vorgenommenen Verfügung zu verweigern sei, wenn nicht gleichzeitig beantragt werde, das Recht des Nacherben zu verlautbaren. Mit Recht betont CAPPEL, daß mit diesem zweiten Vorschlage eigentlich die Unnötigkeit der Bestimmung des § 52 GBO. behauptet würde.[4]

THIESING spricht sich gegen die analoge Anwendung des § 52 aus, weil die Materie des formellen Grundbuchrechts an und für sich schon der Anwendung der Analogie wenig Raum biete und weil es sich im vorliegenden Falle, um die analoge Anwendung einer Ausnahmevorschrift handeln würde, die eine weitere Durchbrechung des im § 13 aufgestellten Antragsprinzipes zur

---

[1] CAPPEL a. a. O. S. 19; ebenso FELLGENTREFF a. a. O. S. 26.

[2] HERMANN im „Recht" 1903 S. 233.

[3] BLANKMEISTER im „Recht" 1903 S. 423.

[4] Ebenso SCHWARZ im „Recht" 1903 S. 225.

Folge haben würde.[1] Er[2] kommt zu dem Ergebnisse, daß der Nacherbe zunächst, solange der Vorerbe in Gemäßheit der Bestimmung des § 52 noch nicht eingetragen ist, schutzlos sei und sein Recht nur wahren könne, indem er nach § 895 die Eintragung des Vorerbrechts und damit zugleich seines Rechtes baldmöglichst veranlaßt.[3] — Hierbei kommt man wieder auf die oben schon berührte Frage nach der Bedeutung der §§ 894, 895 für den Nacherben zurück.[4]

Abgesehen davon, daß gegen die Anwendbarkeit der Rechtssätze der §§ 894, 895 theoretische Bedenken sprechen, muß zunächst festgestellt werden, daß ein Bedürfnis nach einem Schutze, wie ihn die angezogenen Vorschriften gewähren sollen, dann kaum vorhanden ist, wenn man annimmt, daß die Ausnahme, die § 41 trifft, für den Fall der Vorerbschaft keine Geltung habe oder dem im § 52 ausgesprochenen Gedanken bei jeder Verfügung, die der Vorerbe vornehmen will, ohne sich vorher eintragen zu lassen, auf andere Weise, z. B. durch analoge Anwendung des § 52 zur Durchführung verholfen werde. Der Gedanke der analogen Anwendung des Grundsatzes des § 52 erscheint zwar sehr naheliegend, dürfte sich aber im Hinblick auf die strengen grundbuchrechtlichen Normen wenig empfehlen.[5]

Wollte man den Nacherbvermerk ohne vorherige Eintragung des Vorerben vornehmen, so wäre doch eine Bezugnahme auf das Recht des Vorerben unerläßlich; denn sonst könnte der Irrtum entstehen, daß der Erwerber der Vorerbe sei.

Verlangt man aber einmal einen deutlichen Hinweis auf das Recht des Vorerben, so ist der Effekt im wesentlichen derselbe, wie wenn der Vorerbe zunächst sein Recht offiziell hätte eintragen lassen und gemäß § 52 von Amtswegen das Nacherbrecht vermerkt worden wäre.

Trotzdem darf man nicht mit Thiesing den Nacherben für schutzlos halten. Die Bestimmung des § 41, deren Zweck

---

[1] Vgl. auch Strohal II S. 67 Anm. 4.

[2] Thiesing a. a. O. S. 254.

[3] Vgl. Fuchs-Arnheim Bd. II Anm. 5 zu § 41 S. 549.

[4] Vgl. Strohal I S. 181 Anm. 24.

[5] S. auch Predari zu § 52 GBO. S. 641.

übrigens nur in der Vermeidung der Eintragskosten besteht, kann im Hinblick auf § 52 GBO. einfach keine Geltung haben, weil das Gesetz deutlich den Gedanken ausgedrückt hat, neben dem materiellen Rechtsschutze des Nacherben noch besonderen Kautelen im formellen Grundbuchrechte zu schaffen, die Anwendung jener Verfahrensvorschrift aber, die nur eine geringfügige Erleichterung des Erben enthalten soll, unter den vorgedachten Umständen sehr bedenkliche Folgen haben könnte. Man muß § 41 insofern restriktiv interpretieren und demnach fordern, daß der Vorerbe, der eine der im § 41 erwähnten Verfügungen vornehmen will, sein Recht zuvor eintragen lassen müsse, damit auf diese Weise der Nacherbrechtsvermerk ins Grundbuch gelangt.

Solange der Vorerbe noch nicht eingetragen ist, besteht nach dieser Ansicht keinerlei Gefahr für den Nacherben, da der Grundbuchrichter bei der Legitimationsprüfung die Vorerbeneigenschaft ohne weiteres aufstechen muß und, da § 41 keine Geltung haben kann, die vorherige Eintragung des Vorerben als desjenigen, dessen Recht betroffen wird, nach § 40 GBO. zu fordern hat.

Dem Nacherben einen Anspruch auf Grundbuchberichtigung zu geben, liegt daher ein praktisches Bedürfnis nicht vor.

Die Anwendung der Rechtssätze des § 894 erscheint überdies aus folgenden Gründen ausgeschlossen.[1] — Aus den allgemeinen Vorschriften, die das Gesetzbuch über Rechte an Grundstücken im zweiten Abschnitt des dritten Buches aufstellt, ergibt sich, daß unter „Rechten an einem Grundstücke“ ganz bestimmte Rechte verstanden werden, die gemäß § 873 durch Einigung und Eintragung begründet werden. Zu diesen „Rechten“ gehört das Nacherberecht keinesfalls[2]; denn wenn auch der Vorerbe zum Zwecke der Sicherung der Nacherben unter gleichzeitiger Angabe des Nacherbrechts eingetragen wird, so kann man nicht davon sprechen, daß auf dem Grundstück oder Grundstücksrechte ein dingliches Recht des Nacherben ruhe. Die nacherbschaftliche Anwartschaft richtet sich auf den Nachlaß als Ganzes und löst

---

[1] a. A. Weber, Deutsche Not. Ver.-Ztschr. 1907 S. 241.

[2] S. auch Weber a. a. O. S. 256; ebenso Sohm, Der Gegenstand S. 76 Anm. 7; ferner Merkel im Recht 1905 S. 185.

künftige, dinglich wirkende Sicherungsrechte aus, die aber, trotzdem sie schon während der Dauer des Vorerbrechts in die Erscheinung treten, nicht als dingliche Rechte im technischen Sinne anzusprechen sind. Seiner juristischen Natur nach hat man die im Grundbuche zum Ausdruck gelangende Rechtsbeziehung des Nacherben zu dem zur Vorerbschaft gehörenden Grundstücksrechte ähnlich zu beurteilen wie die Vormerkung oder den Widerspruch. Auch mit den beiden letzteren Rechtserscheinungen wird kein dingliches Recht an der Sache begründet; sie stellen nur „formelle Sicherungsmittel dinglicher Natur dar“.[1]

Wenn der Nacherbrechtsvermerk das Vorhandensein einer Verfügungsbeschränkung feststellt, und im § 894 von Grundbuchberichtigung hinsichtlich Verfügungsbeschränkungen der im § 892 bezeichneten Art gesprochen wird, liegt ein auf die Rechtsbeziehungen des Nacherben zum Vorerben passender Fall nicht vor; denn § 894 gibt einen Berichtigungsanspruch nur gegen die zu Unrecht eingetragene Verfügungsbeschränkung zu Gunsten desjenigen Berechtigten, dessen Recht durch die unrichtige Eintragung beeinträchtigt wird, nicht aber zu Gunsten desjenigen, der sich beschwert fühlt, weil sein „Recht“, das die Kehrseite der Rechtslage des mit der Verfügungsbeschränkung Belasteten ist, grundbücherlich in Erscheinung tritt. Indem das Gesetz den Berichtigungsanspruch nur für den ersterwähnten Fall gewährt, hat es meines Erachtens deutlich den Willen ausgedrückt, daß in dem anderen Falle das gleiche Recht dem, zu dessen Gunsten jemand in der Verfügung beschränkt ist, nicht zu gewähren sei.[2]

Weiter ist zu beachten, daß die gewöhnliche Grundbuchberichtigung nach § 894 deshalb nicht möglich ist, weil der Nacherbvermerk von Amtswegen einzutragen ist, und es sonach auf die „Zustimmung“ des Vorerben gar nicht ankommt. Man denke z. B. an den Erwerb von Grundstücken oder Grundstücksrechten

---

[1] Vgl. Planck Anm. zu § 883; ferner Biermann, Widerspruch und Vormerkung: S. 184; Predari 211. — Abzulehnen ist dagegen die Auffassung von Biermann a. a. O. S. 79, daß in der Eintragung des Nacherbvermerks bedingtes Eigentum verlautbart werde.

[2] Vgl. auch Holz, Deutsche Jur.-Ztg. 1906 S. 483. — Vgl. ferner Biermann a. a. O. S. 98, 224 und Planck Anm. 4a zu § 2113.

mit Mitteln der Erbschaft. Auch für diese Rechte gelten die materiellen Rechtsätze der §§ 2113 und 2114 BGB. und der formelle Satz des § 52 GBO. Es hat also auch in diesem Falle die Eintragung des Nacherbrechts von Amtswegen zu erfolgen; das besagt, daß eine bloße Bewilligung des Vorerben weder erforderlich noch genügend sei.[1]

Lediglich auf eine Erklärung des Vorerben hin zur Eintragung eines Nacherbrechtsvermerks zu verschreiten, ist nicht unbedenklich; man darf nicht verkennen, daß mit dem Eintrag des Nacherbvermerks der betreffende Gegenstand als dem Zugriffe des Eigengläubigers des Vorerben entzogen erscheint, und daß ein Vorerbe eventuell auf dem Gedanken kommen könnte, um Grundstücksrechte dem Zugriffe des Gläubigers zu entziehen, im Grundbuche den Nacherbrechtsvermerk eintragen zu lassen. Es können hier keine Betrachtungen darüber angestellt werden, mit welchen Rechtsbehelfen sich etwa die Eigengläubiger gegen solche Schiebungen des Vorerben wehren können. Daß eine Benachteiligung der Eigengläubiger sehr wahrscheinlich ist, bedarf keiner näheren Begründung.[2]

---

[1] Man kann auch § 898 BGB. nicht zur Unterstützung der entgegengesetzten Meinung von der Anwendbarkeit des § 895 heranziehen, denn auch bei § 898 handelt es sich um Fälle, bei denen die Eintragung des Widerspruchs zufolge Bewilligung möglich ist. Gerade beim Nacherbvermerk ist aber eine Bewilligung des Vor- oder Nacherben belanglos. Immerhin kann § 894 BGB. im Verhältnisse zwischen Vor- und Nacherben praktische Bedeutung erlangen, nämlich wenn der Vorerbe Beseitigung des Nacherbvermerks fordert, weil feststeht, daß es niemals zur Nacherbfolge kommen kann.

Wenn man in solchen Fällen dem Vorerben den Berichtigungsanspruch nach § 894 gewährt, so ist der Nacherbe der zur Zustimmung Verpflichtete, weil er von der Löschung des Vermerks betroffen wird.

Wenn im letzten Halbsatze des § 894 von dem „Rechte" des Betroffenen gesprochen wird, so muß hierunter „Recht" im weitesten Sinne verstanden werden, also nicht etwa ein dingliches Recht am Grundstücke, sondern auch die Rechtslage, die die Kehrseite jener Verfügungsbeschränkung ist und durch den betreffenden Eintrag einen dinglichen Schutz genießt.

[2] Vgl. auch die interessante Entscheidung des OLG. Dresden, Lobes Zentr.-Bl. f. Fr. G. S. 637/638; in dem fraglichen Falle halte das Grund-

Es ergeben sich nun folgende Zweifelsfragen:

1. Was kann der Nacherbe tun, um sich bezüglich solcher kraft des Surrogationsprinzips in die Erbschaft gefallener Grundstücke oder Grundstücksrechte gemäß § 2113 BGB. zu schützen?

2. Auf welche Weise verschafft sich das Grundbuchamt die zur Erfüllung der nach § 52 GBO. ihm obliegenden Amtspflicht notwendigen Unterlagen?

Daß das Grundbuchamt, das einen Vorerben im Grundbuche eingetragen hat, ohne den Nacherbvermerk aufzunehmen, eine Eintragung letzteren Inhalts nachträglich bewirken kann, dürfte wohl keinem Zweifel unterliegen.[1]

Wenn der Nacherbe die Herbeiführung eines solchen Eintrags bewirken will, so ist ihm der Weg der Beschwerde in direkter Anwendung des § 71 GBO. zu versagen[2]; denn der Nacherbe beschwert sich ja nicht über die Eintragung des Vorerben, sondern beanstandet das Fehlen einer Eintragung, nämlich des Nacherbrechtsvermerkes.

Immerhin wäre es ein unbilliges Resultat, wenn man dem Nacherben jeglichen Rechtsbehelf abschneiden wollte.

Nach der in der Literatur wohl durchgängig vertretenen Meinung ist die Sachlegitimation zur Beschwerde grundsätzlich nicht auf den Antragsteller bzw. die ersuchende Behörde beschränkt, vielmehr jedem Beteiligten zu gewähren, der durch die Entscheidung in seinem Rechte betroffen wird und an ihrer Beseitigung ein rechtliches Interesse hat. Wenn das Grundbuchamt selbst die Eintragung nachholen kann, wird man es wohl auch für zulässig erachten müssen, daß ein Nacherbe sich dagegen

---

buchamt, als der Nacherbe ein mit dem Nacherbrechtsvermerk eingetragenes, vom Erben zufolge Surrogation erworbenes Grundstück veräußern wollte, die Beibringung der Einwilligung der Erben des Vorerben gefordert. Das OLG. hat der Beschwerde stattgegeben und entschieden, daß es bei der vom Grundbuchamte seinerzeit ausgegangenen Feststellung der Zugehörigkeit jenes Grundstücks zur Erbschaft durch die von Amtswegen bewirkte Eintragung des Nacherbrechts sein Bewenden habe. Daß die Kennzeichnung des Rechts als eines Vorerbrechts nur auf dem Vorbringen des Vorerben beruht, unterläßt das OLG. hervorzuheben.

[1] Vgl. Fuchs zu § 54 Anm. 3 S. 561.

[2] S. auch KG.; im Jahrbuch 30 A S. 212.

wehren darf, wenn das Grundbuchamt eine vom Nacherben ausgehende Anregung auf Eintragung des Nacherbevermerks abschlägig beschieden hat, und daß die Beschwerdeinstanz das Grundbuchamt anweist, den Nacherbvermerk einzutragen; — in diesem Falle erst auf die Eintragung eines Widerspruchs zuzukommen, dürfte kaum einen Zweck haben.[1]

Aber auch wenn man sich entschlösse, dem Nacherben unter den vorgedachten Umständen eine Art Beschwerderecht zu gewähren, so würde immer noch die Frage offen bleiben, auf welche Weise das Grundbuchamt oder die Beschwerdeinstanz sich die Überzeugung von der Zugehörigkeit jenes Rechts zur Vorerbschaft verschaffen soll.

Man wird, soweit eine solche Eintragung von Amtswegen in Frage steht, das Grundbuchamt freier zu stellen haben, als wie dies im § 29 GBO. für die Beschaffung der Unterlagen einer bewilligten Eintragung vorgesehen ist, da die Grundsätze des § 29 offenbar auf die Fälle, in denen das Antragsprinzip durchgreift, zugeschnitten sind.

Jedenfalls wird das Grundbuchamt auf große Schwierigkeiten stoßen, wenn es in solchen Fällen die Wahrheit eruieren wollte. Man wird sich daher wohl mit dem wenig befriedigenden Ergebnisse bescheiden müssen, daß in der gedachten Richtung ein wirksamer Schutz des Nacherben nicht möglich ist, da das Grundbuchamt sich in der Mehrzahl der Fälle auf die Darlegung der Rechtslage durch den Vorerben wird verlassen müssen, es sei denn, daß die Verhältnisse so durchsichtig sind, daß es auch ohne ausdrückliche Erklärung der Beteiligten, die Zugehörigkeit eines vom Vorerben erworbenen Rechts zur Vorerbschaft zu erkennen vermag.[2]

---

[1] Ist hingegen die Befreiungsnotiz zu Unrecht eingetragen, so dürfte dem Nacherben das Recht zustehen, die Löschung des Befreiungsvermerkes im Wege der Beschwerde in Gemäßheit des § 71 Abs. 2 in Verbindung mit § 54 GBO. durchzusetzen; — gewöhnlich handelt es sich dabei um die Testamentsauslegung; ähnlich, aber etwas komplizierter ist die Rechtslage, wenn die befreite Rechtsstellung auflösend bedingt war, und ihre Endigung in Frage steht.

[2] Z. B. im Falle des Eintausches eines Erbschaftsgrundstücks gegen das Grundstück eines Dritten oder der Veräußerung eines Erbschaftsgrund-

Die hier angeregte Frage spielt vor allem bei der Erbauseinandersetzung eine große Rolle, zumal da der Vorerbe, wie im § 12 der Abhandlung dargelegt ist, Bruchteile von Erbschaftsgegenständen gleich wie ein freiberechtigter Dritter erwerben kann.

Das Ergebnis ist sonach für den Fall der gewöhnlichen Vorerbschaft dahin zusammen zu fassen,

a) daß der Nacherbe ein Recht nach §§ 894, 895 BGB. nicht hat,

b) daß der Vorerbe, der noch nicht im Grundbuche eingetragen ist, auch wenn er eine in der Übertragung oder Aufhebung eines Rechts bestehende Verfügung vornehmen will, sich gemäß § 40 GBO. zuvor eintragen lassen muß[1];

c) daß bei der Eintragung des Vorerben gemäß § 52 GBO. das Recht des Nacherben von Amtswegen einzutragen ist;

d) daß die vorherige Eintragung des Vorerben und des Vorerbrechts dann nicht nötig ist, wenn der Nacherbe zu der fraglichen Verfügung seine Einwilligung erteilt;

e) daß eine Verfügung des mit Nacherbrechtsvermerk eingetragenen Vorerben, selbst wenn deren Unwirksamkeit bei Eintritt der Nacherbfolge zu erwarten wäre, im Grundbuche zu verlautbaren ist.[2]

Eine Besonderheit soll nach der in der Literatur weitverbreiteten Ansicht für den Fall der Löschung eines vorerb-

---

stücks unter Bestellung von Hypotheken für die Kaufgeldforderung, oder wenn der Vorerbe, der ein Grundstück kauft, als Entgelt einen Anspruch auf Herausgabe von Inhaberpapieren, die in Gemäßheit des § 2111 deponiert sind, mit Einwilligung des Nacherben abtritt; auch bei der Erbauseinandersetzung wird dies bisweilen der Fall sein.

[1] Dasselbe wird man fordern müssen von der Erbengemeinschaft, selbst wenn außer dem Vorerben freie Erben zu dem Miterben gehören; und zwar im Hinblick auf etwaige Verfügungen der Gesamthand, gleichviel, ob diese unter Fortsetzung des Gemeinschaftsverhältnisses oder zum Zwecke der Erbauseinandersetzung erfolgen. — Vgl. auch PREDARI Anm. 8 zu § 52 (S. 641).

[2] Für die Fälle der Auflassuug kann auch aus § 925 Abs. 2 kein Bedenken hergeleitet werden, da die Möglichkeit dereinstiger Unwirksamkeit nicht unter die Bedingungen rechtsgeschäftlicher Natur fällt, auf die § 925 Abs. 2 gemünzt ist; vgl. PERRIN S. 16; CAPPEL S. 15.

schaftlichen Buchrechtes gelten, insofern zu dieser Verfügung sowohl vom gewöhnlichen wie vom befreiten Vorerben stets die Einwilligung des Nacherben zu fordern sei.

Man geht hierbei von der Erwägung aus, daß durch eine Löschung das betreffende Recht völlig aus dem Grundbuche verschwinde und daß dadurch demjenigen, zu dessen Gunsten eine Verfügungsbeschränkung besteht, die Möglichkeit genommen werde, die in Zukunft einmal nach dem materiellen Rechte eintretende Unwirksamkeit geltend zu machen. GÜTHE[1] sagt: Ist das Recht gelöscht, so ist die Kenntnis oder die Eintragung der Verfügungsbeschränkung gegenstandslos.[2] Meines Erachtens muß man der Meinung BIERMANNS[3] beipflichten, der für die Vormerkung den Satz aufstellt, daß auch im Falle der Löschung nach allgemeinen Grundsätzen zu verfahren sei: „Bei Verwirklichung der Vormerkung seien diejenigen, die durch die Löschung einen Vorteil erlangt haben, verpflichtet, der Wiederherstellung des Rechts zuzustimmen.“ — BIERMANN bezieht sich auf die Ausführungen PLANCKS 1/2 Aufl. zu § 888 Anm. I, 1 c[4], die dieser inzwischen aufgegeben hat. — Weder für den Fall der Nacherbschaft noch für den der Vormerkung paßt meines Erachtens der Hinweis auf § 876, weil in keinem Falle von einem dinglichen Rechte, das in der Vormerkung oder dem Nacherbrechtsvermerk verkörpert wird, gesprochen werden kann.[5] Mit Recht betont BIERMANN, daß die andere Ansicht direkt zu einer Sperre des Grundbuchs führen müsse.

Meines Erachtens handelt es sich hierbei im wesentlichen um eine grundbuchtechnische Frage. Wenn im Anschlusse an

---

[1] GÜTHE Bd. I S. 213; ferner TURNAU-FÖRSTER II S. 167.

[2] Vgl. hierzu die Entscheidung des KG., Jahrb. 22 A S. 315: Die Möglichkeit der künftigen Geltendmachung der Unwirksamkeit wird durch die Löschung eines eingetragenen Rechtes beseitigt. Eine vorläufige Löschung mit Vorbehalt der Wiedereintragung für den Fall der Rüge der Unwirksamkeit und namentlich der Wiedereintragung mit dem alten Range, ist dem Gesetze unbekannt. — Vgl. auch FUCHS-ARNHEIM Bd. II S. 443 Anm. 5· STAUDINGER zu § 883 V, 1.

[3] BIERMANN, Widerspruch in Vormerkung S. 208 ff.

[4] PLANCK, 3. Aufl. zu § 883 Anm. 3 f.

[5] THIESING a. a. O. S. 262.

die Eintragung des der Nacherbschaft unterliegenden Rechts bloß ein kurzer Hinweis, daß eine Person Nacherbe sei, hinzugefügt wird, so kann man bei Löschung des Rechts in der Tat nicht erkennen, zum Schutze welchen Rechts der Nacherbrechtsvermerk eingetragen gewesen ist. Dieser Schwierigkeit kann dadurch begegnet werden, daß der Nacherbrechtsvermerk nicht nur eine Bezugnahme auf das eingetragene Recht enthält, sondern eine genaue Bezeichnung des fraglichen Rechts in sich aufnimmt. Auch im letzteren Falle würde sich, wenn es sich um die Löschung eines Rechts an einem Grundstücke handelt, und an den Eintritt der Nacherbfolge die Unwirksamkeit der Verfügung geknüpft ist, auf Grund deren die Löschung erfolgt ist, die Neubestellung des fraglichen Rechts nötig machen; jedenfalls wäre aber dann aus dem Grundbuche, nämlich an der Hand des Nacherbrechtsvermerkes zu erkennen, welches Recht wiederzuerstehen habe. Um die umständlichen Eintragungen zu vermeiden, die sich ergeben würden, wenn der Nacherbrechtsvermerk noch einmal den Inhalt des Rechts, auf das er sich bezieht, wiedergäbe, und besonders für die Fälle, in denen die Eintragung des Nacherbrechts durch bloße Bezugnahme auf das fragliche Recht bereits erfolgt ist, dürfte sich eine Modifikation des Löschungsvermerkes empfehlen, die darin bestehen müßte, daß nicht nur die Löschung des Rechts gebucht, sondern unter Hervorhebung des Fortbestandes der nacherbschaftlichen Anwartschaft der Inhalt des zu löschenden Rechts, als des eventuellen Nachlaßerbschaftsgegenstandes wiedergegeben würde.[1]

---

[1] Eine ähnliche Zweifelsfrage kann sich ergeben, wenn ein Vorerbe als Überbaurentenberechtigter den Verzicht auf die Rente erklärt und in dessen Eintragung im Grundbuche willigt. Man könnte § 52 vielleicht deshalb für nicht anwendbar halten, weil hier eigentlich nicht das Recht des Vorerben sondern ein Nicht-Recht gebucht wird.

Man wird im gedachten Falle dem Zweck der Bestimmung des § 52 nur gerecht werden, wenn man die Eintragung des Nacherbvermerks für erforderlich hält.

## IV. Die Verlautbarung der befreiten Vorerbenstellung im Grundbuche.

Betreffs der Fassung des Befreiungsvermerks ist folgendes zu bemerken.

Er braucht nicht in allen Fällen dahin zu lauten, daß der Vorerbe im Verfügungsrechte befreit sei, sondern muß unter Umständen eine eingeschränkte Formulierung erhalten; so wenn der Vorerbe nur hinsichtlich gewisser Arten Verfügungen befreit ist, z. B. veräußern, aber nicht verpfänden darf, oder wenn ihm nachgelassen ist, eine Hypothek im Falle der vom Schuldner ausgehenden Kündigung frei einzuziehen, während er bei einer auf seiner Initiative beruhenden Einziehung oder anderen Verfügung beschränkt sein soll.

Wenn eine Erbenmehrheit vorhanden ist, kann dieselbe gemäß § 48 GBO. im Grundbuche eingetragen werden; auch in diesem Falle muß zum Ausdruck gebracht werden, daß zur Erbengemeinschaft ein Vorerbe gehört und welche Befreiung dieses Mitglied der Erbengemeinschaft im Verfügungsrechte eventuell genießt.

Wenn ein Vorerbe fälschlich als befreiter Vorerbe statt als gewöhnlicher Vorerbe im Grundbuche eingetragen wird, so ist ein Erwerber, der die Unrichtigkeit kennt, nicht geschützt.

Wenn der Eintritt der Nacherbfolge nicht auf den Tod des Vorerben gestellt ist, wird die Bedingung, unter der der Nacherbfall eintreten soll, anzugeben sein; ebenso wenn die befreite Rechtsstellung auflösend bedingt oder befristet ist.[1]

Daß bei eintretender Surrogation bei dem neuerworbenen Grundrechte die Nacherbeneintragung zu erfolgen hat, versteht sich von selbst.[2]

---

[1] Wie wird man einen Vorerben zu behandeln haben, der sich nach Endigung seiner befreiten Rechtsstellung in Unkenntnis von der Änderung seiner Rechtsstellung, wie ein befreiter Vorerbe benimmt? Man wird die Grundsätze des § 2140 unbedenklich in entsprechender Weise anzuwenden haben.

[2] Daß dies gerade bei Eintragung von Restkaufgelderhypotheken der Fall sein muß, selbst wenn der Nacherbe die Einwilligung zur Veräuße-

## V. Gestaltung der Rechtslage des befreiten Vorerben im grundbücherlichen Rechtsverkehre.

Die Beantwortung dieser Frage hängt wesentlich davon ab, welche Bedeutung man dem in Gemäßheit des § 52 Halbsatz 2 einzutragenden Befreiungsvermerke in Verbindung mit der Nacherbrechtseintragung beizumessen hat.

A. Es ist ein kurzer Überblick zu geben über die von der Judikatur vertretenen Auffassung, die von der Wissenschaft teils akzeptiert, teils lebhaft bekämpft wird.

Das Reichsgericht geht davon aus, daß auch nach Gewährung sämtlicher Befreiungen durch den Erblasser der Vorerbe immer noch durch die Vorschrift des § 2113 Abs. 2 eingeschränkt sei, wonach unentgeltlich oder zufolge Schenkungsversprechens erfolgte Verfügungen bei Eintritt der Nacherbfolge insoweit unwirksam sind, als sie das Recht des Nacherben vereiteln oder beeinträchtigen. Um einen Rechtsverlust durch gutgläubigen Erwerb zufolge unentgeltlicher Verfügung zu verhindern, sollte schon nach der Auffassung der Protokolle[1] der modifizierte Nacherbrechtsvermerk dienen. Das Reichsgericht folgert hieraus, daß der Vorerbe, der die Verlautbarung einer ein zur Erbschaft gehöriges Grundstück oder Grundstücksrecht betreffenden Verfügung bewilligt, den Nachweis, daß die angestrebte Verfügung nicht unentgeltlich erfolge, zu erbringen habe und zwar mit den im § 29 GBO. aufgeführten Beweismitteln.[2] Dieser Beweis ist nun aber durch öffentliche oder öffentlich beglaubigte Urkunden nicht zu erbringen, wenn man sich mit dem in solchen Urkunden niedergelegten Parteivorbringen nicht glaubt begnügen zu können. Daß der Beweis der „Entgeltlichkeit“ durch Vorlegung eines formgerecht geschlossenen Vertrags, dessen Inhalt den Willen ausweist, entgeltlich verfügen zu wollen, tatsächlich erbracht wird,

---

rung des Grundstücks gegeben hat, erscheint mir selbstverständlich; eine Entscheidung dieses Inhalts wird Deutsche Not. Ver.-Zeitschr. 1907 S. 137 meines Erachtens sehr mit Unrecht bekämpft.

[1] Vgl. Prot. V S. 109ff.

[2] Vgl. besonders für den Fall der Löschung einer Hypothek RGE. 65 S. 215ff.

wird sich kaum behaupten lassen. Es fragt sich nur, ob ein solcher Beweis wirklich verlangt werden kann.

Die bloße Bezugnahme des Vorerben auf den Inhalt eines Vertrags oder auf eine löschungsfähige Quittung wird deshalb für unzulänglich erachtet, weil derartiges Vorbringen unter Umständen dazu dienen könne, ein vom Vorerben beabsichtigtes Scheingeschäft zu verdecken.

Da, wie schon gesagt, die Unentgeltlichkeit nicht durch urkundliche Nachweise zu erbringen ist, fordert das Reichsgericht regelmäßig die Zustimmung des Nacherben.

Diese Ansicht hat für das Rechtsleben die sehr einschneidende Konsequenz, daß der befreite Vorerbe ein freies Verfügungsrecht tatsächlich nicht hat. Diese in verschiedenen Entscheidungen vertretene Ansicht hat das Reichsgericht etwas gemildert, insofern es die Einwilligungserklärung des Nacherben dann für entbehrlich hält, wenn die Entgeltigkeit offenkundig sei.[1] Diese Auffassung des Reichsgerichts ist vielfach angegriffen worden, u. a. von JASTROW, WEBER.[2] Die genannten Schriftsteller haben den Einwurf gemacht, daß diese vom Reichsgerichte aufgestellten Grundsätze auch für die Würdigung der Rechtslage des Testamentsvollstreckers, der nach § 2205 zu unentgeltlichen Verfügungen nicht befugt ist, des Vaters und des Vormundes, die nach § 1641 und § 1804 im Namen des Kindes oder Mündels keine Schenkungen machen können, des in Gütergemeinschaft lebenden Ehemanns, der nach § 1446 Schenkungen aus dem Gesamtgute nur mit Einwilligung der Ehefrau vornehmen darf, Anwendung finden müßten, da der Grundbuchrichter dem bloßen Vorbringen dieser Personen auch keinen strikten Beweis für die Entgeltlichkeit ihrer Verfügungen entnehmen könne. WEBER hat insbesondere darauf hingewiesen, daß ein Vormund schlechterdings keine grundbücherlichen Verfügungen bei konsequenter Durchführung dieses Ge-

---

[1] Vgl. LOBES Z.-Bl. f. fr. G. Bd. 8, 554 vom 12. Juli 1905 und vom 23. Februar 1907, sowie vom 9. und 27. November 1907.

[2] JASTROW, Deutsche Not. Ver.-Ztschr. 1906; WEBER daselbst S. 650; ferner WEBER: Der Freiheit Morgenrot, Deutsche Not. Ver.-Zeitschr. 1907, insbesondere die interessante Gegenüberstellung S. 488ff.

dankens vornehmen könne, da ihm nicht einmal eine Genehmigung seitens seines Pflegebefohlenen erteilt werden könnte.

Das Reichsgericht vertritt demgegenüber die Ansicht, daß die erwähnten Personen dem befreiten Vorerben hinsichtlich des Nachweises der Verfügungsbefugnis nicht gleichstünden, da bei grundbuchlichen Verfügungen seitens dieser Personen der Grundbuchrichter nur zu prüfen habe, ob die Verfügungen innerhalb der Grenzen der durch das Gesetz den Verfügenden gewährten Verfügungsbefugnis liegen. Es handle sich also für den Grundbuchrichter[1], wie bei der Verfügung eines Bevollmächtigten, lediglich um eine Frage der Legitimationsprüfung. Während nun das Reichsgericht annimmt, daß der Grundbuchrichter in Fällen letztgenannter Art nicht bloß urkundliche Beweise fordern, sondern auch allgemeine feststehende Erfahrungssätze berücksichtigen müsse, lehnt es die Verwendung solcher Erfahrungssätze dem Vorerben gegenüber als dem Zwecke der Schutzbestimmungen des § 2113 BGB. und § 52 GBO. zuwiderlaufend ab. Wenn Personen als Verwalter fremder Vermögen in Frage kommen, würde der Grundbuchrichter in der Erwägung, daß erfahrungsgemäß von solchen Personen unentgeltliche Verfügungen zum Nachteile der von ihnen vertretenen Personen nur sehr selten vorkommen, dazu gelangen müssen, die Erklärungen der Beteiligten, daß die betreffende Verfügung keine unentgeltliche sei als wahr zu erachten, es sei denn, daß besondere Umstände einen bestimmten Anhalt für die Annahme des Gegenteils böten.[2]

Soweit ein Vorerbe in Frage kommt, glaubt das Reichsgericht einer strengeren Auffassung um deswillen huldigen zu müssen, weil das Gesetz den Nacherben durch die nicht ausschließbare Vorschrift des § 2113 Abs. 2 BGB. in Verbindung mit GBO. § 52 offensichtlich ganz besonders habe schützen wollen. — Das Reichsgericht faßt seine Auffassung dahin zusammen, daß bei Vornahme grundbuchlicher Verfügungen des befreiten Vorerben ein auch dem Nacherben gegenüber zwingender Beweis der Entgeltlichkeit gefordert werden müsse, und daß dieser Beweis

---

[1] Vgl. RG. Bd. 65 S. 222.

[2] Vgl. auch die Kritik von Planck 3. Aufl. bei § 2136.

sich im Grundbuchverfahren eben nur dadurch führen lasse, daß der Nacherbe selbst die Entgeltlichkeit anerkennt und seine Einwilligung zu der Verfügung gibt.

B. Kritik. Die obenangeführte Auffassung des Reichsgerichts ist aus verschiedenen Gründen angreifbar.

1. Vor allem scheint es mir im Hinblick auf § 53 GBO. bedenklich, lediglich den Vorerben wegen der im § 52 zu Gunsten des Nacherben gegebenen Schutzbestimmung anders zu behandeln. § 53 hat zwar vornehmlich die Verdeutlichung der Ausschließung der Verfügungsbefugnis des Erben zum Zwecke, macht aber dadurch, daß er den Testamentsvollstrecker im Eintrage aufführt, zugleich die Beschränkungen des Testamentsvollstreckers nach § 2205 BGB. ersichtlich. Erwägt man nun weiter, daß der Testamentsvollstrecker vom Erblasser ernannt zu werden pflegt und daß nicht wie bei der Vormundschaft durch eine Oberaufsicht des Staates gewisse Kautelen geschaffen werden, so wird man kaum dazu gelangen jenen — soweit der Vorerbe in Frage kommt — angeblich abzulehnenden Erfahrungssatz gerade beim Testamentsvollstrecker für durchschlagend anzusehen.[1]

2. Eigenartig ist ferner, daß das RG. — (a. a. O. S. 221) — nachdrücklich betont, dem Nacherben gegenüber müsse der Beweis erbracht werden, daß die Verfügung des Vorerben keine unentgeltliche sei, und dieser Beweis müsse ein derart zwingender sein, daß ihn der Nacherbe gar nicht umstoßen könne, und daß es auf der anderen Seite als einziges Sicherungs- und Beweismittel die Einwilligung des Nacherben vorschlägt.[2]

Die Einwilligung des Nacherben ist nach dem RG. zwar nicht zu fordern, wenn die Entgeltlichkeit der Verfügung offenkundig ist.[3] Wann diese „Offenkundigkeit“ gegeben ist, ist eine von

---

[1] Bei konsequenter Durchführung dieses Gedankens würde vom Vormunde des Vorerben die Beibringung der Einwilligung des Nacherben nicht zu fordern sein.

[2] Brachvogel a. a. O. weist die Notwendigkeit, die Entgeltlichkeit beweisen zu müssen, mit dem Hinweise zurück, daß damit dem Nacherben gewissermaßen aufgegeben würde zu beweisen, daß er kein Betrüger sei. Vgl. Gruchot, Beitr. 50 S. 64ff.

[3] Vgl. die Beschlüsse des Reichsgerichts: Lobes Zentr.-Bl. Bd. 8 S. 554 vom 12. Juli 1905, 23. Februar 1907, 9. und 27. November 1907.

Fall zu Fall zu entscheidende Frage. Bei Bestellung einer Restkaufgeldforderung an dem veräußerten Grundstücke dürfte nach Ansicht des RG. jeder von der Offenkundigkeit der Entgeltlichüberzeugt sein. Immerhin wirkt dieser Ausweg nur in einer geringfügigen Anzahl von Fällen; mit dem nötigen Mißtrauen könnte man schließlich auch in dem erwähnten Beispielsfalle mit der Möglichkeit einer unentgeltlichen Verfügung rechnen; angenommen z. B. der veräußernde Vorerbe hat die Zahlung des Kaufpreises nicht ernstlich vereinbart, so daß Eigentümerhypotheken zu Gunsten des Erwerbers zur Entstehung kommen. Vor allem wird der Vorerbe niemals wissen, ob er die Einwilligung des Nacherben braucht oder nicht, weil es ja ganz ins Ermessen des Grundbuchamts gestellt ist, ob die Verfügung als offenkundig unentgeltlich anzusehen ist. Einen Gewinn für die Praxis bringt jene Ansicht keinesfalls.

Es lassen sich aber gegen die Ansicht des Reichsgerichts noch andere Einwendungen geltend machen. Wenn die Judikatur der Obergerichte den befreiten Vorerben in den fraglichen Fällen auf die Beibringung der Einwilligung des Nacherben verweist, so hat dieser Ausweg nur dann wirklichen Wert, wenn eine Verpflichtung des Nacherben zur Erteilung einer derartigen Einwilligungserklärung besteht.

Aus § 2120 ergibt sich eine solche Verpflichtung meines Erachtens nicht[1]; denn in diesem Paragraphen ist lediglich ein Rechtssatz aufgestellt, durch den verhütet werden soll, daß durch starre Durchführung der im § 2113 Abs. 1 enthaltenen Verfügungsbeschränkung des gewöhnlichen Vorerben Schädigungen des Vorerben und des Nacherben herbeigeführt werden. Als Voraussetzung der Verpflichtung, die Einwilligungserklärung zu einer Verfügung, die der Vorerbe nicht mit Wirksamkeit gegenüber dem Nacherben vornehmen kann, abzugeben, wird vom Gesetze gefordert, daß die Verfügung zur ordnungsmäßigen Verwaltung, insbesondere zur Berichtigung von Nachlaßverbindlichkeiten erforderlich ist. Sobald von § 2113 Abs. 1 Befreiung gewährt ist, wird § 2120 gegenstandslos, weil dann der Vorerbe

[2] Vgl. Cohn, Jur. Wochenschr. 1903 S. 366.

Verfügungen der fraglichen Art eben mit Wirksamkeit gegen den Nacherben vornehmen kann.[1]

Im Band 70 der Entscheidungen S. 333 führt das Reichsgericht aus, daß die Abgabe der Einwilligungserklärung nicht im freien Belieben des Nacherben stehen könne; aus der Rechtsstellung als Nacherbe erwüchsen dem Nacherben sowohl Rechte als auch Pflichten. Die Pflicht des Vorerben für gewisse Verfügungen die Einwilligung des Nacherben beizubringen, enthält zugleich das Recht die Erteilung der Einwilligung zu fordern, sofern nicht ein Recht zum Widerspruche besteht. Durchschlagend erscheint mir diese Argumentation nicht.[2] Dagegen sprechen einmal die Erwägung, daß es eine ziemliche Zumutung für den Nacherben ist, wenn er sich darüber schlüssig machen soll, ob er eine Verfügung als entgeltlich anerkennen müsse oder nicht, da er oftmals vielleicht ebensowenig klar sieht, wie der Grundbuchrichter, und anderseits der Umstand, daß die Durchführbarkeit jenes angeblichen „Rechts" des Vorerben vom Nacherben in den gedachten Fällen die Einwilligungserklärung zu fordern, wie im folgenden darzulegen ist, sehr zweifelhaft sein dürfte.

Gesetzt, der Vorerbe könnte die Einwilligung fordern, so müßte er sein Recht auch im Prozesse gegen den Nacherben geltend machen können; und zwar würde ihm die Beweispflicht dafür obliegen, daß die Verfügung eine entgeltliche ist.

Dieser Beweis ließe sich in einem Zivilprozesse nicht in der Weise führen, daß eine Schädigung des Nacherben ausgeschlossen wäre; denn wenn die Entgeltlichkeit einer Verfügung bewiesen werden soll, muß die Ernstlichkeit des Willens ein Äquivalent leisten zu wollen, bzw. ein etwa angeblich schon geleistetes Äquivalent als solches anzuerkennen, dargetan werden. Selbst wenn nun in einem zwischen Vorerben und Nacherben geführten Pro-

[1] Unentgeltliche Verfügungen, die nach den Grundsätzen einer ordnungsmäßigen Verwaltung, oder zur Berichtigung von Nachlaßverbindlichkeiten erforderlich wären, sind, wie sich aus den Auslassungen S. 105ff. ergibt, immerhin denkbar; insoweit hat aber der befreite Vorerbe das freie Verfügungsrecht.

[2] Es handelt sich hier offenbar um eine Hilfskonstruktion, die das Reichsgericht seiner strengen Auffassung von § 2113 Abs. 2 BGB. und § 52 GBO. zu Liebe aufstellt. — RGE. Bd. 69 S. 260.

zesse die richterliche Überzeugung auf Grund der Beweisführung des Vorerben erweckt würde, daß die fragliche Verfügung entgeltlich erfolgt sei, so würde, da das Urteil selbstverständlich nur unter den Parteien wirkt, eine diesbezügliche Feststellung gegen den Dritten, welcher angeblich entgeltlich erworben haben soll, nicht getroffen sein; der Nacherbe könnte mit anderen Worten aus dem Judikat nach Eintritt der Nacherbfolge keine Rechte auf die als Äquivalent zu leistenden oder geleisteten Gegenstände erheben, wenn von dem Dritten behauptet würde, daß das mit dem Vorerben geschlossene Rechtsgeschäft, soweit die Leistung eines Äquivalentes in Frage käme, nur Scheingeschäft gewesen sei. — Nur wenn etwa in einem Prozesse zwischen dem Vorerben und dem Dritten die Entgeltlichkeit einer Verfügung festgestellt wäre, käme die Feststellung dem Nacherben zugute.

Würde man trotzdem den Nachweis der Entgeltlichkeit für möglich und die Erzwingbarkeit der Einwilligung für zulässig halten, so würden sich sehr nachteilige Konsequenzen für den Nacherben daraus ergeben. Ein Vergleich mit den echten Fällen des § 2120 bei gewöhnlicher Vorerbschaft wird dies verdeutlichen.

Wenn ein gewöhnlicher Vorerbe vom Nacherben die Einwilligung zu einer nach den Grundsätzen einer ordnungsmäßigen Verwaltung erforderlichen Verfügung verlangt, so handelt es sich nicht um ein Rechtsverhältnis zwischen dem Vorerben und einem Dritten, sondern es wird das Vorhandensein einer wirtschaftlichen Situation bezüglich des den Nachlaß bildenden Vermögens festgestellt, deren Ausfluß bei ordnungsmäßiger Durchführung der Verwaltung eine vom Nacherben zu genehmigende Verfügung des Vorerben sein muß.

Weist der Vorerbe dem Nacherben die Notwendigkeit der Verfügung nach, so wird, wenn der Nacherbe seine Einwilligung gemäß § 2120 erteilt, bzw. sie zu erteilen gezwungen wird, mit der Einwilligung die Ordnungsmäßigkeit der fraglichen Verfügung bestätigt.

Daß eine Einwilligungserklärung, die unter den Voraussetzungen des § 2120 gegeben wird, zugleich auch die Bedeutung habe, den Rechtsmangel zu heilen, der in Gemäßheit des § 2113 Abs. 2 eintreten müßte, wenn die Leistung des für die angeblich ordnungsmäßige Verfügung zu erbringenden Äquivalentes auf einem Scheingeschäfte beruhte, wird man nicht behaupten können; denn der Wille des Nacherben geht im gedachten Falle keinesfalls dahin, eine Erklärung von so weitgehender Bedeutung abzugeben.[1] Man muß daher, wenn die vom Vorerben vorgenommene, nach § 2120 vom Nacherben genehmigte Verfügung sich als eine unentgeltliche herausstellt, beim Eintritt der Nacherbfolge die Unwirksamkeit der Verfügung nach § 2113 Abs. 2 annehmen. Hat natürlich inzwischen derjenige, der zuerst vom Vorerben erworben hat, weiter verfügt, so wird, wenn in Ermangelung eines Nacherbrechtsvermerks, der öffentliche Glaube des Grundbuchs eingreift, die Geltendmachung des dinglichen Rechtes gegenüber weiteren gutgläubigen Rechtsnachfolgern ohne Erfolg sein. Man sieht hieraus, daß sogar bei der gewöhnlichen Vorerbschaft trotz Erteilung der Einwilligung des Nacherben die Möglichkeit einer Schädigung durch eine gegen § 2113 Abs. 2 verstoßenbe Verfügung besteht und daß diejenige Rechtswirkung, die nach § 2113 Abs. 2 im Falle der Unentgeltlichkeit der Verfügung prinzipiell einzutreten hat, gewahrt bleibt. — Ganz anders würde es sich in den Fällen verhalten, wo der Vorerbe wegen angeblicher Entgeltlichkeit seiner Verfügung die Einwilligung des Nacherben fordert; hier würde, wie schon gesagt, der Vorerbe die Entgeltlichkeit nachweisen müssen, und die im Hinblick auf einen solchen „Beweis" abgegebene Einwilligungserklärung würde die Bestätigung der „Entgeltlichkeit" enthalten; das würde aber die sehr bedenkliche Folge haben, daß, wenn die Verfügung nur scheinbar entgeltlich erfolgt wäre, die Unwirksamkeit nach § 2113 Abs. 2 nicht würde geltend gemacht werden können; auf der anderen Seite würde der Nacherbe jene Vermögensstücke, die nur zum Scheine als Gegenleistung auf den Vorerben übertragen worden sind. nicht mit dinglicher Wirkung als Surrogat des veräußerten Erbschaftsgegenstandes erlangen.[2] Meines Erachtens kann aber der

---

[1] Vgl. aber RG. Bd. 65 S. 219.

[2] Wenn nämlich dem Vorerben ein angeblich auf Grund des Erbrechts erworbenes Recht nur dem Scheine nach zusteht, kann auch der Nacherbe in Ansehung dieses Rechts nicht anders gestellt sein.

befreite Vorerbe die Einwilligung schon deshalb nicht verlangen, weil § 2120 seinem Zwecke und seinem Wortlaute nach nicht paßt.

Jene zur Betrachtung herangezogenen Fälle des § 2120 bei der gewöhnlichen Vorerbschaft sind darum besonders lehrreich, weil bei ihnen trotz der wenn auch entfernten Möglichkeit einer Schädigung des Nacherben durch eventuelle verdeckte Unentgeltlichkeit der Verfügung des Vorerben niemand an die Beibehaltung des Nacherbvermerks im Grundbuche denkt.

Unrichtig wäre es aber zweifellos, wenn man, um die soeben angegebene Konsequenz zu verhüten, dem Nacherben unterstellen wollte, daß er mit der nach § 2120 erteilten Genehmigung auch eine eventuelle Schädigung durch die nur scheinbar entgeltliche Verfügung genehmigt habe. Man muß sich eben mit der Möglichkeit einer Schädigung des Nacherben abfinden.

Das Bedenklichste an der Ansicht des Reichsgerichts dürfte jedenfalls sein, daß es einen unumstößlichen Beweis der Entgeltlichkeit fordert, als einziges durchschlagendes Beweismittel aber die Einwilligung des Nacherben bezeichnet, obwohl ein nötigenfalls im Zivilprozesse geführter Nachweis der Entgeltlichkeit als Grundlage der angeblichen Einwilligungsverpflichtung ganz unzulänglich sein würde.

Kehren wir zur Betrachtung der Rechtslage des befreiten Vorerben in dem erwähnten Falle zurück.

Die Behinderung, die den Vorerben träfe, von dem man die Beibringung der Einwilligungserklärung des Nacherben fordert, wäre gar nicht abzusehen, denn auch hinsichtlich solcher Verfügungen, deren Vornahme nach den Grundsätzen einer ordnungsmäßigen Verwaltung oder zum Zwecke der Berichtigung von Nachlaßverbindlichkeiten geboten wäre, würde der Nacherbe seine Einwilligung nicht zu geben brauchen. § 2120 ist auf Fälle gemünzt in denen der Vorerbe nicht frei verfügen kann, und wird im Falle einer Befreiung von §§ 2113, 2114, soweit diese Paragraphen in Frage kommen, gegenstandslos; der befreite Vorerbe soll dann eben nicht nötig haben sich der Zustimmung des Nacherben zu vergewissern. Wenn der befreite Vorerbe selbständig auf Grund eines entgeltlichen Titels verfügt, so ist es im Grunde die gleiche Situation, als wenn ein gewöhnlicher Vorerbe eine nach § 2120 vom Nacherben gebilligte Verfügung vornimmt. Im letzteren Falle enthält die Einwilligung nur eine Bejahung der Notwendigkeit der Verfügung aus wirtschaftlichen Rücksichten und berührt die Frage nach der Entgeltlichkeit nicht[1]; soll man in dem Falle der Befreiung, in welchem es nicht einmal der Einwilligung wegen jenes wirtschaftlichen Gesichtspunktes bedarf, wegen der Möglichkeit einer unentgeltlichen Verfügung, die bei befreiter Vorerbschaft ebenso fernliegend ist, wie bei gewöhnlicher Vorerbschaft, anders entscheiden? Wollte man es tun, so würde man den befreiten Vorerben schlechter stellen, als den gewöhnlichen Vorerben. Dies zeigt sich, wie im folgenden bewiesen werden wird, noch in einigen anderen Fällen.

3 Die Ausführungen von Brachvogel[2] gipfeln darin, daß der Nachweis der Negative vom Vorerben nicht gefordert werden dürfe, weil sich sonst auffällige Unstimmigkeiten ergeben würden, hinsichtlich der Stellungnahme des Gesetzes zu anderen Rechtsverhältnissen, bei denen im Grundbuchverkehre sich gleichfalls eine Negative ergibt, in Ansehung deren jedoch ein Beweis nicht gefordert zu werden pflegt. Wollte man diese Darlegungen, auf die hiermit verwiesen wird, deshalb nicht für allein durchschlagend halten, weil das Gesetz den Nacherben offenbar besonders habe schützen wollen, so wird jenes vorstehend erwähnte unannehmbare Resultat, daß der befreite Vorerbe schlechter gestellt ist, wie der gewöhnliche Vorerbe, nur vermieden werden können, wenn man den Nacherbrechtsvermerk eingeschränktere Bedeutung beimißt.

Wenn man sich über die in den Materialien vertretene[3] Auffassung hinwegsetzt, so muß man sofort die Frage aufwerfen welchen Zweck die Eintragung des Nacherbrechtsvermerkes überhaupt bei befreiter Vorerbschaft habe, wenn sie nicht als Schutz

---

[1] Selbstverständlich ist es möglich, daß der Nacherbe eine Erklärung abgibt, nach der auch die Unwirksamkeit, die eventuell infolge nur scheinbarer Entgeltlichkeit nach § 2113 Abs. 2 Platz greifen könnte, von vornherein gehoben sein soll; allein ein derartiger Wille muß entweder ausdrücklich kundgegeben sein oder aus den Umständen unzweideutig hervorgehen.

[2] Brachvogel a. a. O. S. 83ff.

[3] Vgl. Prot. V S. 109ff.

gegen unentgeltliche oder scheinbar entgeltliche Verfügungen des Vorerben diene.

Die Eintragung des Nacherbrechtsvermerkes wäre durchaus nicht bedeutungslos, selbst wenn man verneinen wollte, daß mit ihr ein Schutz gegen Verfügungen der im § 2113 Abs. 2 genannten Art gegeben werden solle.

a) Im § 773 ZPO. ist eine Ordnungsvorschrift[1] aufgestellt, nach der Gegenstände, die zu einer Vorerbschaft gehören, im Wege der Zwangsvollstreckung nicht veräußert oder überwiesen werden sollen, wenn im Falle des Eintritts der Nacherbfolge nach § 2115 BGB. die Verfügung dem Nacherben gegenüber unwirksam sein würde. Eine Befreiung im Verfügungsrechte des Vorerben berührt den Rechtsatz des § 2115 in keiner Weise. — Die Bedeutung der Eintragung des Nacherbrechts bei befreiter Vorerbschaft würde also darin liegen, daß falls Maßregeln der Immobiliarzwangsvollstreckung in das Vermögen des Vorerben vorgenommen werden sollen, die Organe der Zwangsvollstreckung an dem Nacherbvermerke sogleich erkennen würden, welche Gegenstände der Nacherbschaft unterliegen, und dementsprechend die Veräußerung oder Überweisung ablehnen würden.

b) Weiterhin wird durch Eintragung des Nacherbrechtsvermerks verhütet, daß im Falle des Todes des Vorerben von dem Erben des Vorerben zum Nachteile des Nacherben eine Verfügung über das zur Nacherbschaft gehörige Grundstück oder Grundstücksrecht getroffen wird. — Es war dies einer der Gründe, die bei den Beratungen der zweiten Kommission für die Notwendigkeit einer Schutzeintragung auch für die Fälle der befreiten Vorerbschaft geltend gemacht wurden. Die Bedeutung der Nacherbrechtsvermerks liegt gerade bei den beiden letztgenannten Fällen auf der Hand. — Wäre bloß der Name des Vorerben eingetragen, so würde im Falle einer Immobiliarzwangsvollstreckung der Richter keine Veranlassung haben, von der Zwangsvollstreckung Abstand zu nehmen. — Ebensowenig könnte der Grundbuchrichter einen von den Erben des Vorerben gestellten Antrag zurückweisen, wenn das auf den Namen des Vorerben

[1] Vgl. Gaupp-Stein zu § 773.

eingetragene Grundstück oder Grundstücksrecht, auf das sich der Antrag bezieht, zur Vorerbschaft gehört hat, der Vorerbe jedoch nicht als solcher eingetragen wäre. —

Solange der Vorerbe überhaupt im Grundbuche nicht eingetragen ist, besteht meiner Ansicht nach keine Gefahr für den Nacherben; denn ein Eigengläubiger des Vorerben, der die Zwangsvollstreckung in Grundstücke oder Grundstücksrechte betreiben wollte, die noch auf den Namen des Erblassers eingetragen sind, würde die Rechtsnachfolge auch in Ansehung jener Rechte dartun müssen, dabei würde sich stets das Vorerbenverhältnis herausstellen.[1]

Letztere Ausführungen beweisen, daß dem Nacherbenvermerk bei befreiter Vorerbschaft Bedeutung beizumessen wäre, selbst wenn man ihm den Schutzzweck gegenüber unentgeltlichen Verfügungen absprechen wollte. Kombiniert man nun dieses letzte Ergebnis mit den weiter oben gemachten Feststellungen, daß der Vorerbe das freie Verfügungsrecht einbüßen würde, wenn man der Ansicht des Reichsgerichts beitritt, daß ferner eine Verpflichtung des Nacherben zur Erklärung der Einwilligung bei befreiter Vorerbschaft, soweit grundbücherliche Verfügungen in Frage kommen nicht besteht, so muß man zu einer juristischen Konstruktion der Nacherbeneintragung bei befreiter Vorerbschaft gelangen, die eine Einschränkung der Rechtsstellung des Vorerben im Hinblick auf die Möglichkeit scheinbar entgeltlicher, den Nacherben schädigender Verfügungen ausschließt.

Ehe auf diese juristische Konstruktion eingegangen wird, sind noch einige Fälle herauszustellen, aus denen hervorgeht, daß die strenge Ansicht des Reichsgerichts den befreiten Vorerben gerade infolge seiner befreiten Rechtsstellung schlechter stellen würde als den gewöhnlichen Vorerben.

Der Kernpunkt der ganzen Streitfrage liegt eigentlich in seiner grundbücherlichen Seite, nämlich in der Frage, unter welchen Voraussetzungen bei befreiter Vorerbschaft im Falle der Übertragung oder Aufhebung eines zur Vorerbschaft gehörigen Rechts der Nacherbrechtsvermerk zu löschen ist. In den Fällen,

---

[1] Vgl. GBO. § 41 Abs. 1 Halbs. 2.

bei denen es sich um Begründung eines Rechts an einem zur Vorerbschaft gehörigen Grundstücke oder Grundstücksrecht handelt, oder wo eine Rechtsveränderung in Frage steht, bei der das Recht seine Zugehörigkeit zur Vorerbschaft nicht verliert — z. B. Rangänderung — muß die Frage dahin lauten, ob bei befreiter Vorerbschaft durch das Ersichtlichsein des Nacherbrechts der gute Glaube derjenigen, die die Rechtsnachfolger dessen sind, der zuerst das an der Vorerbschaftssache begründete Recht vom befreiten Vorerben erworben hat, bzw. zu dessen Gunsten jene Rechtsänderung bewirkt worden ist, im Falle rechtsgeschäftlichen Erwerbes ohne weiteres als zerstört gilt, soweit die vom Vorerben vorgenommene Verfügung unentgeltlich erfolgt und geeignet war, die Wirkung des § 2113 Abs. 2 bei Eintritt der Nacherbfolge auszulösen. —

Wollte man in den Fällen der zuerst genannten Art die Grundbuchberichtigung des § 894 BGB. als Ausweg vorschlagen, dergestalt, daß der Rechtsnachfolger des Vorerben, der entgeltlich vom Vorerben erworben hat, vom Nacherben die Einwilligung zur Löschung des Nacherbvermerks verlangen könnte, weil mit diesem Vermerk eine „nicht bestehende Beschränkung" verlautbart wäre, so würde damit wenig gedient sein; denn dann müßte der an der Löschung Interessierte die Entgeltlichkeit der Verfügung, die zwischen dem Vorerben und ihm, bzw. zwischen dem Vorerben und demjenigen stattgefunden hat, von dem der an der Löschung Interessierte sein Recht ableitet, nachweisen. Für diese Beweisführung würde dasselbe gelten müssen, was schon oben für den Fall gesagt ist, daß der nach der Ansicht des Reichsgerichts mit einem Anspruch auf Einwilligungserklärung ausgestattete befreite Vorerbe eben diesen Anspruch gegen den Nacherben im Prozesse durchsetzen wollte. — Auch hier würde, selbst wenn der an der Löschung interessierte, eingetragene Berechtigte dem Nacherben nachweisen würde, daß die Verfügung, die zwischen dem Vorerben und ihm, bzw. einem seiner Rechtsvorgänger vorgenommen worden ist, entgeltlich erfolgt sei, kein strikter Beweis vorliegen, der eine Schädigung des Nacherben auschlösse. Man setze z. B. den Fall: Der befreite Vorerbe tritt eine Erbschaftshypothek an A ab, A zediert weiter an B; — B will nun, da, wie angenommen werden soll, der Nacherbvermerk bei der ersten Verfügung nicht gelöscht worden ist, die Löschung in die Wege leiten; — würde B im Prozesse gegen den Nacherben dartun, daß die Verfügungsbeschränkung durch den Nacherbrechtsvermerk nicht mehr zu Recht bestünde, weil die Verfügung, die seitens des Vorerben an A erfolgt ist, eine entgeltliche war, so würde das Recht des Nacherben bei Eintritt der Nacherbfolge, wenn die Verfügung tatsächlich unentgeltlich erfolgt war, nicht mit dinglicher Wirkung ein nur zum Scheine geleistetes Äquivalent, das sich in der Erbschaft etwa vorfindet, ergreifen.

In der Einwilligung in die Löschung des Vermerkes würde man wiederum eine Bestätigung der Entgeltlichkeit der Verfügung des Vorerben mit der Wirkung der Beseitigung eventueller materieller Mängel nach § 2113 Abs. 2 zusehen haben, so daß der Nacherbe, falls sich die Unentgeltlichkeit später herausstellen würde, obendrein noch mit dem Rechte nach § 2113 Abs. 2 ausgeschlossen wäre.

Übrigens würde mit einem Vorschlage dieser Art deshalb nicht gedient sein, weil das, was vermieden werden soll, nämlich die Beibringung der Genehmigung des Nacherben, nicht umgangen, sondern bloß dem Rechtsnachfolger des Vorerben aufgebürdet würde und sich kaum jemand finden dürfte, der diese Unannehmlichkeit auf sich nimmt.

Gerade im Hinblick auf die Unzulänglichkeit der Beweismittel in einem Zivilprozesse würde man übrigens unter den soeben besprochenen Voraussetzungen gar keinen Fall der Grundbuchberichtigung vor sich haben; denn wenn einmal der Vermerk vor eventuellen scheinbar unentgeltlichen Verfügungen schützen sollte, müßte das mit dem Vermerk gegebene Schutzmittel so lange im Grundbuche bleiben, als die Anwartschaft besteht; erst wenn diese weggefallen wäre, sei es daß der Nichteintritt der Nacherbfolge feststeht oder daß der Nacherbfall eingetreten ist, könnte man davon sprechen, daß eine nicht mehr bestehende Beschränkung im Grundbuche eingetragen sei.

Während der Dauer der Vorerbschaft würde derjenige, der vom Vorerben erworben hat, sich damit trösten müssen, daß der Vermerk das Grundbuch nicht sperre.

Es ist in diesem Zusammenhange eines weiteren Falles zu gedenken, bei welchem der Unterschied zwischen befreiter und gewöhnlicher Vorerbschaft darin bestünde, daß der befreite Vorerbe schlechter als der gewöhnliche Vorerbe gestellt wäre. Es ist dies der Fall der Hypothekenbestellung an einem Erbschaftsgrundstücke.

Ehe auf diesen Fall bei der befreiten Vorerbschaft eingegangen wird, bedarf es eines Ausblicks auf die Gestaltung der Rechtslage eines gewöhnlichen Vorerben. An und für sich kann ein gewöhnlicher Vorerbe ein zur Erbschaft gehöriges Grundstück nicht mit Wirksamkeit gegenüber den Nacherben belasten. Da der Nacherbvermerk jedoch das Grundbuch nicht sperrt, ist die Eintragung von Grundstückspfandrechten immerhin möglich; bei Eintritt der Nacherbfolge würde nach § 2113 Abs. 1 die Unwirksamkeit der in der Pfandbestellung liegenden Verfügung eintreten. Nun kann aber der Vorerbe aus Rücksicht auf die Grundsätze einer ordnungsmäßigen Verwaltung der Erbschaft Geld aufnehmen und dafür ein Erbschaftsgrundstück verpfänden wollen; alsdann wäre der Nacherbe zur Erteilung der Einwilligung verpflichtet. Wie müßte der betreffende Eintrag lauten? Zweifellos würde die bloße Eintragung der Hypothek der drohenden Unwirksamkeit nach § 2113 Abs. 1 ausgesetzt scheinen. Obwohl der Nacherbe wegen der Erteilung seiner Einwilligung nicht in der Lage wäre, bei Eintritt der Nacherbfolge die Unwirksamkeit geltend zu machen, würde wegen des nicht zu beseitigenden beim Eigentumsrechte des Vorerben eingetragenen Nacherbvermerks jener Hypothekar kaum in der Lage sein, die fragliche Hypothek durch Abtretung zu verwerten, da sich im Hinblick auf den Nacherbvermerk kaum jemand finden dürfte, der das Risiko, daß die Hypothek dem Nacherben gegenüber unwirksam wird, auf sich nehmen würde.

Man wird sich in Fällen der gedachten Art zur Vermeidung jenes Rechtszustandes, der der Hypothek die Verkehrsfähigkeit nehmen würde, nur auf die Weise helfen können, daß man die vom Nacherben zur Bestellung der Hypothek erteilte Einwilligung im Grundbuche ersichtlich macht und dadurch die Wirkung des Nacherbeneintrags paralysiert.

Der eben vorgeschlagene Ausweg ist bei befreiter Vorerbschaft wiederum nicht brauchbar, da der Rechtssatz des § 2120, wie schon oben gesagt, bei befreiter Vorerbschaft nicht anwendbar ist, und daher auch eine Einwilligungserklärung oder eine Bestätigungserklärung hinsichtlich der Hypothekenbestellung nicht erzwingbar ist. Auch wenn der befreite Vorerbe die Hypothek der Ordnungsmäßigkeit der Verwaltung halber aufgenommen hätte, wäre es daher nicht möglich, eine Einwilligung des Nacherben zu erzwingen, geschweige denn einen entsprechenden Eintrag im Grundbuche machen. — Der tatsächliche Effekt würde sein, daß der Hypothekar, der zuerst die Hypothek am Erbschaftsgrundstück erworben hat, wegen des Nacherbrechtsvermerks, der immer auf die Möglichkeit der Unwirksamkeit gemäß § 2113 Abs. 2 hindeuten würde, praktisch sein Recht nicht veräußern oder verwerten könnte. Eine Vergleichung der Rechtsstellung des befreiten Vorerben mit der des gewöhnlichen Vorerben in dem gedachten Falle zeigt, daß die Rechtslage des befreiten Vorerben infolge seiner Befreiung die ungünstigere sein würde, ein Ergebnis, das mit dem vernünftigen Zwecke der Befreiung als einer Rechtserleichterung schlechterdings nicht im Einklange steht.[1]

4. Auf die Beseitigung des Nacherbenvermerks im Falle rechtsgeschäftlicher Verfügungen bzw. auf die Ausschaltung jedweder Rechtsunsicherheit infolge seines Vorhandenseins, drängen bei befreiter Vorerbschaft die Bedürfnisse der Praxis. Im engsten Zusammenhange mit der Frage, unter welchen Voraussetzungen der Nacherbrechtsvermerk zu löschen ist, steht die oben gleichfalls angeregte Frage, welche Bedeutung den rechtsgeschäftlichen Erklärungen der vor dem Grundbuchrichter erscheinenden Parteien beizulegen ist.

Wenn die in der Rechtsprechung vertretene Ansicht den rechtsgeschäftlichen Äußerungen der vor dem Grundbuchamte auftretenden Personen keine Beweiskraft zuschreibt, so hat sie, wie schon gesagt, kaum Unrecht; nur bleibt nach wie vor die Frage offen, ob es deshalb nötig ist, den Mangel einer solchen Beweiskraft wegen der Möglichkeit der Schädigung durch eventuelle

---

[1] Vgl. hierzu S. 172, 173.

Unentgeltlichkeit zu berücksichtigen; im Hinblick auf die Frage ist eine Gruppe von Fällen zu beleuchten, bei denen Verfügungen über zur Erbschaft gehörige Grundstücke erfolgen müssen, obwohl kein Beweis erbracht wird, der, wie das Reichsgericht fordert, so unumstößlich ist, daß eine Benachteiligung des Nacherben ausgeschlossen wäre, und bei denen es im Grunde auch bei Parteiauslassungen sein Bewenden hat.

a) Zu diesem Zwecke ist auf die Bestimmungen des § 326 ZPO. und § 2115 BGB. einzugehen.

Im § 326 ZPO. wird über die Frage der Rechtskraftwirkung von Urteilen, die während der Dauer des Rechts des Vorerben ergangen sind und in Beziehung zum Vorerbschaftsvermögen stehen, gehandelt; nach Abs. 1 wirkt für den Nacherben ein Urteil, das zwischen dem Vorerben und einem Dritten über einen gegen den Vorerben als Erben gerichteten Anspruch oder über einen der Nacherbfolge unterliegenden Gegenstand ergeht, sofern es vor Eintritt der Nacherbfolge rechtskräftig wird. Ein Urteil aber, daß zwischen einem Vorerben und einem Dritten über einen der Nacherbfolge unterliegenden Gegenstand ergeht, wirkt auch gegen den Nacherben, sofern der Vorerbe befugt ist, ohne Zustimmung des Nacherben über den Gegenstand zu verfügen. —

Ein näheres Eingehen auf die prozessualen Normen liegt nicht im Rahmen des Themas.[1] Hier interessiert nur die Frage inwieweit Vollstreckungsmaßregeln, die auf Grund eines gegen den Vorerben gerichteten Schuldtitels erfolgen, möglich und dem Nacherben gegenüber wirksam sind. Die Möglichkeit von Vollstreckungsmaßregeln wird im § 773 ZPO. bejaht, insofern auf § 2115 BGB. verwiesen wird. Im § 2115 BGB. werden nun Verfügungen im Wege der Zwangsvollstreckung für unbeschränkt wirksam erklärt, wenn es sich um Ansprüche eines Nachlaßgläubigers[2] oder um Geltendmachung eines an einem Erbschafts-

---

[1] Daß die Vorschrift des § 326 ZPO. ziemlich verfehlt ist, darüber vgl. insbesondere Hellwig, Wesen und Grenzen der subjektiven Rechtskraft § 33 S. 230 Anm. 22.

[2] Zu dem Begriffe der Nachlaßverbindlichkeiten vgl. Strohal I S. 186: „schließt der Vorerbe im Rahmen der ordnungsmäßigen Verwaltung der Erbschaft, sei es außerhalb derselben ihn verpflichtende und auf Nachlaß-

gegenstande bestehenden Rechts handelt, das im Falle des Eintritts der Nacherbfolge dem Nacherben gegenüber wirksam ist.

Der Anspruch eines Nachlaßgläubigers kann natürlich nur vollstreckt werden, wenn ein Urteil gegen den Vorerben oder gegen den Erblasser vorliegt. Obwohl nun nach § 326 der Nacherbe das Urteil ignorieren kann, ist nach § 2115 die Zwangsvollstreckung wirksam. Es ist dies auch ein durchaus gesunder Rechtszustand. Würden Verfügungen im Wege der Zwangsvollstreckung nicht zugelassen, so wäre es zwecklos, über Ansprüche von Nachlaßgläubigern zu erkennen. Die Folge würde sein, das Nachlaßgläubiger schlechterdings nicht zu ihrem Rechte kommen könnten. Das würde aber einen ganz unhaltbaren Zustand ergeben, besonders wenn man erwägt, daß die Nacherbfolge möglicherweise erst lange Zeit nach der Zwangsverfügung eintritt.[1]

Für das Thema haben vor allem diejenigen Zwangsverfügungen Bedeutung, die bezüglich der zur Erbschaft gehörigen Grundstücke oder Grundstücksrechte vorgenommen werden.

Zunächst ist die Frage zu beantworten, auf welche Weise das Vollstreckungsgericht erfährt, daß es sich um den Anspruch eines Nachlaßgläubigers handelt? — Es dürfte sich empfehlen, in den Urteilstenor eine Wendung aufzunehmen, aus der sich ergibt, daß der Vorerbe die Vollstreckung in das Vorerbschaftsvermögen zu dulden habe, ähnlich wie bei dinglichen Klagen. Ist nun, selbst wenn aus der Urteilsformel sich ergeben würde, daß es sich um einen Nachlaßgläubiger handele, wirklich unumstößlich bewiesen, daß es sich um einen ebensolchen Anspruch handelt? Keineswegs; denn sonst würde das Gesetz den Rechtssatz aufgestellt haben, daß der Nacherbe an das gegen den Vorerben ergangene Urteil gebunden sei. — Daß ein unabweisliches Verkehrsbedürf-

---

gegenstände Beziehung habende obligatorische Verträge ab, so entstehen daraus grundsätzlich immer nur Eigenverbindlichkeiten des Vorerben, nicht Nachlaßverbindlichkeiten. Geht die Verbindlichkeit auf Zahlung einer Geldsumme, so ist dem Gläubiger die Führung der Zwangsvollstreckung unbedingt versagt. — Ebenso Hellwig a. a. O. S. 229; vgl. aber Sächs. Annal. Bd. 28 S. 415.

[1] Über die juristische Bedeutung des § 2115 vgl. Planck § 2115 Anm. 1; Meischeider S. 258ff.

nis dazu drängt, solche gegen den Vorerben ergangene Urteile in die Erbschaft zu vollstrecken, ist schon erwähnt worden. Vergegenwärtigt man sich nun, daß die Grundlage des Judikats lediglich das Parteivorbringen ist, so ergibt sich, daß zwangsweise Verfügungen auf Grund solcher Urteile, die gegen den Vorerben als Erben gerichtet sind, ohne einen den Formen des § 29 GBO. entsprechenden Beweis der Unschädlichkeit erfolgen.

Soll man nun zu jeder Verfügung, die im Wege der Zwangsvollstreckung vorzunehmen ist, die Einwilligung des Nacherben fordern?

Bei konsequenter Durchführung des vom Reichsgericht ausgesprochenen Gedankens müßte man eigentlich hierzu gelangen, zumal wenn man erwägt, daß sich das Judikat eventuell gar nur auf die einseitige Darstellung des Klägers und das fiktive Zugeständnis des Beklagten stützt.[1] Diese Forderung wird von der herrschenden Lehre auch nicht aufgestellt und sie ließe sich sogar bei der gewöhnlichen Vorerbschaft nicht halten. — Man muß berücksichtigen, daß die Bestimmung des § 2120 lediglich auf die rechtsgeschäftlichen Verfügungen des Vorerben gemünzt ist und daß im § 2115 S. 2, weil ein Unterschied zwischen gewöhnlicher und befreiter Vorerbschaft nicht gemacht wird, für Zwangsverfügungen zu Gunsten der Nachlaßgläubiger eine Ausnahme von § 2113 Abs. 1 statuiert wird.

Wollte man wirklich die Einwilligung des Nacherben auch in diesem Falle fordern, so würde die Erwirkung der Abgabe der entsprechenden Willenserklärung im Prozeßwege unter allen Umständen ausgeschlossen sein müssen. Es würde sich gewissermaßen um einen Anspruch auf Duldung der Zwangsvollstreckung handeln. Hätte das Gesetz ein Rechtsschutzinteresse dieses Inhalts anerkennen wollen, so würde es dies ausdrücklich getan haben; das Gesetz hat aber gerade den gegenteiligen Willen bekundet, insofern im § 326 ZPO. genau bestimmt ist, welche

---

[1] Denkbar sind unreelle Machenschaften des Vorerben in dieser Beziehung sehr wohl, z. B. der Vorerbe erkennt im Prozesse ohne rechtliche Verpflichtung an, als Erbe dem Kläger etwas schuldig zu sein. Der Kläger pfändet auf Grund des Urteils eine Hypothek von entsprechendem Werte und läßt sie sich an Zahlungsstatt überweisen.

prozessualen Wirkungen sich auch auf die Person des Nacherben erstrecken sollen. Da dies hinsichtlich der gegen den Vorerben ergangenen Urteile nicht gilt, kann ein Rechtsschutzanspruch in dem erwähnten Sinne gegenüber dem Nacherben, nicht existieren.

Als Zwangsverfügungen kommen in Frage, die Versteigerung und die Überweisung, Pfändung, Beschlagnahme, Eintragung einer Sicherungshypothek; von den Besonderheiten des Konkursverfahrens soll abgesehen werden.

b) Weiterhin interessiert bei den Zwangsverfügungen die Frage, wie der Nacherbvermerk nach Vornahme einer solchen Verfügung zu behandeln ist.

Zunächst soll der Fall der Überweisung einer Hypothekenforderung und der Pfändung in Gemäßheit des § 830 ZPO. beleuchtet werden. Es liegt auf der Hand, daß das in der Pfändung und Überweisung einer Hypothek bestehende Ergebnis der Zwangsvollstreckung vor allem bei Überweisung an Zahlungsstatt nur Wert hat, wenn der Nachlaßgläubiger ungehindert über das Pfandobjekt verfügen kann. Diese Möglichkeit hat aber der Pfändungspfandgläubiger lediglich, wenn der Nacherbvermerk aus dem Grundbuche verschwindet, denn sonst wird sich im Falle einer Abtretung jeder, der das Recht erwerben wollte, an dem Vermerke stoßen, ferner würde falls die Einziehung begehrt würde, der Schuldner Bedenken haben, an den Pfändungspfandgläubiger zu leisten. Ohne die Beseitigung des Nacherbvermerks würde die Vollstreckung eine halbe Maßregel sein.

Um dieses höchst unpraktische und ungerechte Resultat zu vermeiden, muß man die Zwangsverfügung mit der Wirkung ausstatten, daß die Verlautbarung im Grundbuche die Löschung des Rechts des Vorerben und des Nacherbrechtsvermerkes zur Folge hat.

Einen Grund im gedachten Falle, die Löschung des Nacherbvermerks für notwendig zu halten, gibt ein Vergleich mit den Fällen der Versteigerung eines Erbschaftsgrundstücks.

Da nach den Grundsätzen des Zwangsversteigerungsgesetzes originärer Erwerb des Erstehers vorliegt, so darf, wenn das Vollstreckungsgericht sich einmal entschlossen hat, die Veräußerung vorzunehmen, weil die Sollvorschrift des § 773 nicht eingreift, keine Unsicherheit hinsichtlich des Bestandes der mit dem Zuschlage erfolgenden Verfügung gegenüber dem Nacherben durch Bestehenbleiben des Nacherbvermerkes hervorgerufen werden.

Wenn aber in den wichtigsten Fällen der zwangsweisen Verwertung eines Grundstücks der Vermerk verschwindet, so wird man auch in den Fällen der Überweisung, die ihre praktische Bedeutung bei Fortbestand des Nacherbvermerks einbüßen würde, gleichfalls annehmen müssen, daß der Vermerk aus dem Grundbuche zu verschwinden hat.[1]

Um das gewonnene Ergebnis, das zum mindesten ein Postulat des praktischen Rechtsempfindens ist theoretisch zu begründen, muß man für die gedachte Rechtslage einen Verzicht des Gesetzes auf den Schutz des Nacherben gegen verkappte unentgeltliche bez. relativ unentgeltliche Verfügungen die in Form von Zwangsverfügungen vorgenommen werden könnten, annehmen.

Vergegenwärtigt man sich, daß in den erwähnten Fällen ein Verzicht des Gesetzes auf Schutz des Nacherben gegenüber der entfernten Möglichkeit einer Schädigung vorliegt, so ist es nicht gerechtfertigt, wenn man bei rechtsgeschäftlichen Verfügungen des befreiten Vorerben plötzlich den Schutz gegenüber der Möglichkeit einer Beeinträchtigung durch Scheingeschäfte fordert.

---

[1] Ein weiteres Argument für die hier vertretene Ansicht läßt sich noch aus § 773 ZPO. schöpfen, wo zum Schutze des Nacherben ein Anspruch nach Maßgabe des § 771 ZPO. gewährt wird. In dem zitierten Paragraphen wird kein Unterschied zwischen Grundstücksrechten und Nichtgrundstücksrechten gemacht, die Vorschrift gilt also auch für die hier besprochenen Fälle. — Würde man nun das Bestehenbleiben des Vermerks annehmen, so würde ein Anspruch gemäß § 771 ZPO. überflüssig sein, da ja dann durch den Vermerk genügender Schutz gewährleistet wäre. — Daß ein gutgläubiger Erwerb eines Rechts an einem Grundstück im Wege der Zwangsvollstreckung ausgeschlossen ist, versteht sich von selbst. Würde also ein Eigengläubiger des Vorerben eine auf den Namen des Vorerben eingetragene, fälschlich nicht mit dem Nacherbrechtsvermerk versehene Hypothek im Wege der Überweisung erwerben, so würde ihm die Unkenntnis der Zugehörigkeit des Rechts zur Vorerbschaft nichts nützen. Ebenso kann der Nacherbe die Unwirksamkeit einer solchen Zwangsverfügung geltend machen, wenn er dartut, daß es sich nicht um die Forderung eines Nachlaßgläubigers gehandelt hat; dann greift eben § 2115 S. 1 durch.

c) Im § 2115 ist ferner von solchen Verfügungen im Wege der Zwangsvollstreckung die Rede, die bei Gelegenheit der Geltendmachung eines an einem Erbschaftsgegenstande bestehenden Rechts erfolgen, und zwar ist ihnen unbeschränkte Wirksamkeit zugeschrieben, wenn das Recht im Falle des Eintritts der Nacherbfolge dem Nacherben gegenüber wirksam ist. Die Rechtslage des gewöhnlichen und des befreiten Vorerben ist naturgemäß verschieden.

Weder bei gewöhnlicher noch bei befreiter Vorerbschaft bietet die Geltendmachung eines bei Lebzeiten des Erblassers an einem Erbschaftsgrundstücke eingetragenen Rechts eine Besonderheit. Immerhin könnte man in beiden Fällen die Frage aufwerfen, ob nicht im Sinne der Reichsgerichtspraxis der Nachweis erbracht werden müsse, daß das fragliche Grundstücksrecht nicht zum Eigentümergrundstückspfandrecht geworden sei. Daß letzteres der Fall sein kann, wird ja wohl niemand leugnen, ebensowenig, daß es einen böswilligen Vorerben geben kann, der es unterläßt sich dagegen zu wehren, daß der bloß Buchberechtigte das Grundstückspfandrecht geltend macht. Der Gläubiger wird sich, wenn man dieses Ansinnen an ihn stellte, auf § 891 BGB. berufen; ein Gegenbeweis gegenüber dieser Rechtsvermutung ist zwar möglich; wollte man aber bei der erwähnten Sachlage stets einen die Möglichkeit eines solchen Gegenbeweises ausschließenden Beweis fordern, so wäre die Bedeutung eben dieser Rechtsvermutung schlechterdings illusorisch.

Wie verhält es sich aber, wenn ein vom Vorerben bewilligtes Grundstückspfandrecht vom Gläubiger geltend gemacht wird?

Bei gewöhnlicher Vorerbschaft gilt ja zunächst der Satz, daß Verfügungen über Grundstücke bei Eintritt der Nacherbfolge unter den besonderen Voraussetzungen des § 2113 Abs. 1 unwirksam sind. Nun ist es aber denkbar, daß der Vorerbe zum Zwecke einer ordnungsmäßigen Verwaltung Geld aufnehmen und ein Erbschaftsgrundstück dafür verpfänden muß. Wenn der Nacherbe gemäß § 2120 der in der Bewilligung liegenden Verfügung zugestimmt hat, so ist das Recht ihm gegenüber wirksam. Es ist schon gesagt worden, daß unter allen Umständen im Grundbuche ersichtlich gemacht werden muß, daß die Eintragung mit

Einwilligung des Nacherben erfolgt ist, da sich aus dem bloßen Vorhandensein der Eintragung nicht schließen läßt, daß diese dem Nacherben gegenüber wirksam ist, weil ja der Nacherbvermerk das Grundbuch nicht sperrt, mithin Belastungen während der Dauer des Vorerbenrechts sehr wohl möglich sind, das Vorhandensein des Nacherbvermerks beim Eigentumsrechte des Vorerben aber stets zu dem Schlusse nötigen würde, daß die Hypothekenbestellung dem Nacherben gegenüber unwirksam ist.

Wird bei gewöhnlicher Vorerbschaft aus einem an dem Erbschaftsgrundstücke bestellten Rechte die Zwangsvollstreckung betrieben, so wird das Vollstreckungsgericht kein Bedenken tragen, die zwangsweise Veräußerung des Grundstücks in die Wege zu leiten, wenn die Einwilligung des Nacherben im Grundbuche vermerkt ist. Ob die Hypothek valutiert oder ob das geliehene Geld wirklich zum Besten der Erbschaft verwendet worden ist, kann der Vollstreckungsrichter der Eintragung nicht entnehmen, und es würde wiederum dem Gläubiger die Geltendmachung seines Rechts unmöglich gemacht, wenn man dem Richter eine Prüfungspflicht in dieser Richtung auferlegen wollte.

Der Nacherbrechtsvermerk, auch wenn die Einwilligung des Nacherben vorliegt, schützt eben nicht vor der Möglichkeit einer Schädigung, die dadurch eintreten könnte, daß die Bewilligung der Hypothek ohne Empfang einer Valuta erfolgt ist oder das Darlehn nicht zum Besten der Erbschaft verwendet worden ist. — Die Erscheinung, daß das Gesetz, wie soeben für die Fälle der Zwangsverfügungen hat konstatiert werden müssen, auf Schutz gegen scheinbar entgeltliche Verfügungen verzichtet, steht also nicht vereinzelt da.

Vergleicht man nun die Rechtslage des gewöhnlichen Vorerben mit der des befreiten Vorerben unter Zugrundelegung desselben Beispielsfalles, so ergibt sich folgendes:

Es kommt bei befreiter Vorerbschaft im Grundbuche nicht zum Ausdruck, ob das vom Vorerben bewilligte Recht dem Nacherben gegenüber wirksam ist oder nicht; auch wäre nicht einmal möglich, daß eine Einwilligungserklärung des Vorerben, etwa dahingehend, daß die Verfügung als einer ordnungsmäßigen Wirtschaft entsprechend genehmigt werde, im Grundbuche Aufnahme findet, denn einerseits kann der Nacherbe zu einer solchen Erklärung, wie oben schon ausgeführt, nicht gezwungen werden und andererseits steht der Nacherbrechtsvermerk bei befreiter Vorerbschaft der Wirksamkeit solcher im Interesse des Nachlasses vorgenommenen Verfügungen prinzipiell nicht im Wege.[1]

Die Frage ist nun, ob dem Hypothekengläubiger, der sein vom befreiten Vorerben bestelltes Recht geltend machen will, verwehrt werden kann, die Zwangsversteigerung zu betreiben, weil sich nicht mit Bestimmtheit aus dem Grundbuche ergibt, daß das betreffende Recht dem Nacherben gegenüber wirksam ist? — Würde man einem Gläubiger wegen dieses Bedenkens die Zwangsvollstreckung versagen, so gelangte man wieder zu dem Ergebnis, daß der Gläubiger, der einem befreiten Vorerben zur ordnungsmäßigen Verwaltung Geld geliehen hat, schlechter gestellt sein würde, als wenn er das Geld einem gewöhnlichen Vorerben geliehen hätte. Dieses Ergebnis ist unannehmbar. — Läßt man bei befreiter Vorerbschaft die Zwangsvollstreckung aus jedem Grundstückspfandrecht zu, so ist allerdings die Möglichkeit, daß aus einem dem Nacherben gegenüber unwirksamen Rechte vollstreckt wird, nicht von der Hand zu weisen; trotzdem wird man dies in Kauf nehmen müssen, um das obenerwähnte widersinnige Resultat zu vermeiden.[2]

Die Rechtslage des befreiten Vorerben und seines Gläubigers, dem am Vorerbschaftsgrundstücke ein Grundstückspfandrecht bestellt ist, zeigt auch noch in anderer Beziehung Besonderheiten.

Während nach der in dieser Abhandlung vertretenen Meinung auch relativ unentgeltliche Verfügungen unwirksam sind, und hierunter insbesondere auch die hypothekarische Sicherstellung für Eigenverbindlichkeiten fallen dürfte, gilt für Verfügungen, die

---

[1] Daß es sich bei Verfügungen der erwähnten Art um relativ unentgeltliche Verfügungen zu handeln pflegt, die jedoch das Recht des Nacherben weder vereiteln noch beeinträchtigen, ist oben S. 105ff. ausgeführt worden.

[2] Dem Antrage auf Eintragung einer Sicherungshypothek an einem Erbschaftsgrundstücke muß stattgegeben werden, auch wenn es sich um eine Eigenverbindlichkeit des Vorerben handelt. Will der betreffende Gläubiger später die Versteigerung betreiben, so ist § 773 ZPO. zu beachten. Vgl. Planck zu § 2115.

zum Zwecke der ordnungsmäßigen Verwaltung vorgenommen werden, etwas anderes, wenn die Verfügungen trotz ihrer relativen Unentgeltlichkeit nicht geeignet sind, das Recht des Nacherben zu vereiteln oder zu beeinträchtigen.

Es ist hierbei Bezug zu nehmen, auf die Ausführungen S. 105 ff. Auch wenn der Vorerbe Geld aufgenommen hat, um es zum Besten der Erbschaft zu verwenden, liegt im Falle der Pfandbestellung für die Rückzahlungsverbindlichkeit die Sicherstellung für eine Eigenverbindlichkeit vor; trotzdem ist das „Recht“ wegen seiner wirtschaftlichen Beziehung zur Erbschaft infolge der Verwendung des dargeliehenen Geldes dem Nacherben gegenüber wirksam. Die hervorzuhebende Eigentümlichkeit der Rechtslage des Gläubigers besteht in diesem Falle darin, daß dieser, auch wenn er sich darüber im Klaren ist, daß die Grundstückverpfändung für eine Eigenverbindlichkeit des Vorerben erfolgt, nicht in bösem Glauben in Ansehung des Nacherbenrechts zu sein braucht.

Der Gläubiger kann ja garnicht wissen, zu welchem Zwecke der Vorerbe das geliehene Geld verwenden wird, bzw. ob er es für gewisse angeblich notwendige Verwaltungshandlungen braucht; — es könnte also, selbst wenn der Vorerbe das Geld nicht in ordnungsmäßiger Weise verwendet haben würde, nicht ohne weiteres aus dem Vorhandensein des Nacherbvermerks das Fehlen des guten Glaubens des Gläubigers erschlossen werden.

Nach den oben S. 105 gemachten Ausführungen ist zwar die Wirksamkeit der Verfügung nur um ihres wirtschaftlichen Effektes in Ansehung der Erbschaft willen anzunehmen, und beim Fehlen dieser wirtschaftlichen Beziehung bei Eintritt der Nacherbfolge abzulehnen.[1]

Man vergleiche die Rechtslage des Gläubigers bei befreiter und gewöhnlicher Vorerbschaft: Bei gewöhnlicher Vorerbschaft braucht sich der Geldgeber, dem das Pfandrecht bestellt wird, wenn die Einwilligung des Nacherben erteilt wird, nicht darum

---

[1] In Fällen, in denen offenbar die Pfandbestellung nur dem wirtschaftlichen Interesse des Vorerben dienen kann, z. B. wenn es sich um Sicherstellung einer schon aus der vor dem Anfalle der Erbschaft bestehenden Eigenverbindlichkeit handelt, würde der Mangel des guten Glaubens leicht nachzuweisen sein.

zu kümmern, ob der Vorerbe das ihm gewährte Darlehn wirklich zum Zwecke der ordnungsmäßigen Verwaltung verwendet. Soll man es dem Gläubiger bei befreiter Vorerbschaft zumuten, obwohl er garnicht in der Lage ist, eine Kontrolle auszuüben? und soll man weiterhin dem Gläubiger, dem das Sicherungsrecht von einem befreiten Vorerben bestellt ist unterstellen, daß er im Zweifel bösgläubig sei, weil er die Verwendung der dargeliehenen Gelder durch den befreiten Vorerben nicht kontrollieren kann?

Wollte man in dem erwähnten Falle sagen, daß die Entscheidung, ob sich das bestellte „Recht" dereinst als dem Nacherben gegenüber wirksam verweist, auch dem Gläubiger gegenüber erst getroffen werden könne, wenn bei Eintritt der Nacherbfolge die wirtschaftliche Beziehung der fraglichen Verfügung zur Erbschaft festgestellt sei, so würde man einerseits einer sehr bedenklichen Rechtsunsicherheit Tür und Tor öffnen und andererseits dem Vorerben praktisch unmöglich machen, sich des angegebenen Wegs zur Beschaffung von Geldmitteln zum Besten der Erbschaft zu bedienen, weil ja auf die Gefahr hin, eventuell kein dem Nacherben gegenüber wirksames Recht zu erwerben, niemand zu dem gedachten Zwecke Geld hergeben würde.

Auch in dieser Beziehung wäre also eine Benachteiligung des Vorerben und seines Gläubigers als Folge der befreiten Rechtsstellung zu konstatieren.

5. In anderem Zusammenhange ist das Verhältnis des § 2113 Abs. 2 S. 2 zu § 2113 Anm. 1 behandelt worden.[1] — Während der gewöhnliche Vorerbe eine auf den Anstand oder einer sittlichen Pflicht beruhende Verfügung über ein zur Erbschaft gehöriges Grundstück oder Grundstücksrecht nur mit Einwilligung des Nacherben vornehmen könnte, ist der befreite Vorerbe in dieser Beziehung gar nicht eingeschränkt.

Daß der Vorerbe nicht im Stande ist, mit dem zur Bewirkung von grundbücherlichen Eintragungen notwendigen Beweismitteln dem Grundbuchamte das Vorhandensein der sittlichen Pflicht oder der auf den Anstand zu nehmenden Rücksicht nachzuweisen, dürfte auf der Hand liegen. Würde nun eine Eintra-

---

[1] Vgl. oben S. 108ff.

gung auf Grund eines lukrativen Titels vorgenommen, so bliebe die Frage der Wirksamkeit der Verfügung gegenüber dem Nacherben offen. — Da das Gesetz mit dem Rechtssatze des § 2113 Abs. 2 S. 2 einem ethischen Gesichtspunkte gerecht werden will, mußte man, wie oben S. 109 ausgeführt ist, bei gewöhnlicher Vorerbschaft in entsprechender Anwendung des § 2120 dem Vorerben das Recht gewähren, vom Nacherben die Einwilligung zu einer Verfügung über ein Grundstück oder ein Recht an einem Grundstücke zu verlangen. Würde also ein gewöhnlicher Vorerbe im Hinblick auf eine sittliche Pflicht ein zur Erbschaft gehöriges Grundstück oder Grundstücksrecht veräußern, oder ein Grundstück mit einer Hypothek belasten, so würde man im Hinblick auf die vom Nacherben erteilte Einwilligung kein Bedenken tragen, den Nacherbrechtsvermerk zu löschen oder bei einer Pfandrechtsbestellung eine die Wirkung des Nacherbrechtsvermerks ausschließende Notiz zu machen.[1]

Wollte man nun bei befreiter Vorerbschaft, wo der Vorerbe die unentgeltliche Verfügung nach § 2113 Abs. 2 S. 2 ohne Mitwirkung des Nacherben vornehmen und infolgedessen auch nicht die Einwilligung nach § 2120 fordern kann, den Nacherbvermerk bei unentgeltlichen Verfügungen des Vorerben stehen lassen, so würde man den befreiten Vorerben, soweit es sich um Verfügungen nach § 2113 Abs. 2 S. 2 handelt, wiederum schlechter stellen als den gewöhnlichen Vorerben, außerdem den Erwerber ebenfalls benachteiligen.

## VI. Bedeutung des Nacherbrechtsvermerks bei befreiter Vorerbschaft.

Man muß sich, wenn man sich die Frage vorlegt, welche Bedeutung denn nun eigentlich der Nacherbrechtsvermerk habe, einerseits vergegenwärtigen, daß sich bei Zwangsverfügungen eine Rechtslage ergibt, zu deren Verständnis man nur gelangen kann

[1] Eine Schädigung des Nacherben wäre trotzdem nicht ausgeschlossen, nämlich wenn der dem Nacherben geführte Beweis, daß es sich um eine sittliche oder eine Anstandspflicht handele, ein Scheinbeweis gewesen ist.

bei Annahme eines Verzichts des Gesetzes auf Schutz des Nacherben gegenüber eventuellen Scheinverfügungen des Vorerben, und auf der anderen Seite jene bedenklichen Konsequenzen vor Augen halten, die sich bei Würdigung des Nacherbrechtsvermerkes bei befreiter Vorerbschaft als eines Schutzmittels gegen unentgeltliche Verfügungen des Vorerben nach § 2113 Abs. 2 S. 1 ergeben und dazu führen würden, daß der befreite Vorerbe infolge seiner befreiten Rechtsstellung, soweit grundbücherlich verlautbarter Rechte in Frage kommen, schlechter gestellt wäre als ein gewöhnlicher Vorerbe.

Es wäre schon nicht sehr sinnreich, wenn man konstatieren müßte, daß der befreite Vorerbe im Grundbuchverkehre dem gewöhnlichen Vorerben gleichgestellt sei; aber während man sich mit diesem Resultate allenfalls noch würde abfinden können, muß man das Ergebnis, daß der befreite Vorerbe eventuell schlechter gestellt ist als der gewöhnliche Vorerbe, als widersinnig ablehnen.

Zu einer Lösung der Zweifelsfrage kann man meines Erachtens nur gelangen, wenn man im Nacherbeneintrag mit Befreiungsvermerk einen Verzicht des Gesetzes auf Schutz des Nacherben und zwar nicht nur gegen scheinbare entgeltliche Verfügungen, sondern auch gegen offen als unentgeltlich bezeichnete Verfügungen nach § 2113 Abs. 2 S. 1 annimmt.

Bei gewöhnlicher Vorerbschaft findet sich bereits der Verzicht gegenüber scheinbar unentgeltlichen Verfügungen, zu denen der Nacherbe nach § 2120 zugestimmt hat[1]; bei befreiter Vorerbschaft muß man einen solchen Verzicht des Gesetzes auf grundbücherlichen Schutz des Nacherben nicht nur ebenfalls annehmen, sondern auf unentgeltliche Verfügungen, die offen als solche bezeichnet sind, ausdehnen, da man sonst das dem befreiten Vorerben nach § 2113 Abs. 2 S. 2 zustehende Recht verkümmern würde.

Mit dem Vorschlage, daß in den Fällen rechtsgeschäftlicher Verfügungen der Nachweis der Nichtunentgeltlichkeit nicht gefordert werden dürfe, wäre nicht gedient; denn man würde diesen Satz nur mit der Einschränkung aufstellen können, daß er keine

[1] Vgl. oben S. 156—157.

Geltung habe, falls Zweifel in der angegebenen Richtung bestünden; dann würde aber wiederum ein fester Anhalt fehlen; der Vorerbe müßte gewärtigen, sobald er an einen mißtrauischen Grundbuchrichter käme, jenen Nachweis der Entgeltlichkeit doch führen zu müssen; auch dürfte man es schließlich einem Grundbuchrichter nicht verdenken, wenn er, um sicher zu gehen, öfters als vielleicht nötig wäre, die Einwilligung des Nacherben forderte.

Noch viel weniger dürfte mit Aufstellung des Satzes gewonnen sein, daß bei Offenkundigkeit der Entgeltlichkeit von der Führung jenes Beweises bzw. von der Beibringung der Einwilligung des Nacherben abzusehen sei.[1]

Daß der Nacherbrechtsvermerk bei der befreiten Vorerbschaft auch wenn man dem Gesetze jenen Verzicht unterstellt, noch einen Sinn hat, geht aus früheren Auslassungen hervor, vgl. S. 160 dieser Abhandlung. — Die Wirkung des Vermerkes beschränkt sich darauf:

1. zu verhüten, daß nach dem Tode des Vorerben die Erben des Vorerben etwaige zur Vorerbschaft gehörige Grundstücke oder Grundstücksrechte als zum freien Nachlaß des Vorerben gehörig behandeln und zum Nachteile des Nacherben verfügen[2];

2. im Falle der Vornahme einer Zwangsverfügung für das Vollstreckungsgericht die Vorerbeneigenschaft des Schuldners

---

[1] Vgl. auch Brachvogel a. a. O. S. 88, welcher betont: daß offenkundig nur solche Tatsachen sind, die der Richter weiß. Das Überzeugtsein durch das herbeigeschaffte Material ist nicht gleich dem Offenkundigsein. — Auch in der Entsch. Bd. 69 S. 260 drückt sich das RG. dahin aus, daß den Fällen der Offenkundigkeit solche Fälle gleichzustellen seien, in denen die Unentgeltlichkeit durch die Natur der Sache oder die Sachlage ausgeschlossen wird.

[2] In solchen Fällen, in denen der Eintritt der Nacherbfolge nicht auf den Tod des Vorerben gestellt ist, würde zwar ein entsprechender Schutz nicht bestehen; es würde wahrscheinlich im Sinne der jetzigen Praxis sein, wenn man bei einer Vorerbeneinsetzung dieses Inhalts im Falle grundbücherlicher Verfügungen stets den Nachweis des Nichteintritts der Nacherbfolge fordern wollte, oder im Hinblick auf § 2140, daß der Vorerbe vom Eintritt der Nacherbfolge keine Kenntnis habe. Übrigens wäre, auch wenn wirklich der befreite Vorerbe einmal nach Eintritt der Nacherbfolge verfügte, das Unglück nicht groß, weil doch das Surrogationsprinzip eingriffe und die Gegenleistung in den Nachlaß fiele.

kenntlich zu machen, und es dadurch zur Berücksichtigung der Vorschrift des § 773, d. h. zur Prüfung der Frage zu veranlassen, ob die Zwangsveräußerung oder Überweisung nach § 2115 unwirksam wird.

Bei der befreiten Vorerbschaft würde also der Nacherbrechtsvermerk nur instruktionelle Bedeutung haben.[1] Eine Gefährdung wird durch diese Abschwächung der Schutzwirkung kaum hervorgerufen werden, da in beiden Fällen die Behörden ihre Hand im Spiele haben. — Ein Grundbuchrichter, der einen Nacherbrechtsvermerk im Grundbuche vorfindet, wird, wenn der Eintritt der Nacherbfolge an den Tod des Vorerben geknüpft ist und sich die Antragsteller als Erben des Vorerben ausweisen, den Antrag stets zurückweisen, weil den Erben die Legitimation in Ansehung des betreffenden, als zur Vorerbschaft gehörig gekennzeichneten Grundbuchrechts fehlt; war der Eintritt der Nacherbfolge hingegen auf ein anderes Ereignis als den Tod des Vorerben gestellt, und war dies Ereignis zur Zeit des Todes des Vorerben noch nicht eingetreten, so wird der Grundbuchrichter dem Antrage der Erben des befreiten Vorerben deshalb nicht stattgeben, weil nach der in dieser Abhandlung vertretenen Ansicht ein Übergang der befreiten Rechtsstellung des Vorerben auf dessen Erben nicht eintritt[2], sonach der Nacherbvermerk trotz der auf den Namen des Vorerben lautenden Befreiungsnotiz für die Erben des Vorerben die beschränkte Rechtsstellung bekundet; oder er wird bei Umschreibung des Vorerbenrechts auf die Erben des Vorerben einen Vermerk ins Grundbuch bringen, aus welchem die Endigung der befreiten Rechtsstellung des Vorberechtigten erhellt.[3]

Bei Zwangsverfügungen ist der Schutz des Nacherben — übrigens bei gewöhnlicher wie bei befreiter Vorerbschaft in gleicher

[1] Übrigens würde man, soweit die Fälle der Zwangsverfügungen in Frage kommen, für die gewöhnliche Vorerbschaft dasselbe gelten müssen; im übrigen dient bei gewöhnlicher Vorerbschaft der Vermerk dazu, dem Schutzzwecke des § 2113 Abs. 1 die Wirkung zu sichern.

[2] Vgl. § 9 der Darstellung S. 53—56.

[3] Diese Befugnis wird man dem Grundbuchrichter unbedingt zubilligen müssen, als Ausfluß der ihm nach § 52 GBO. obliegenden Amtspflicht.

Weise — geringer, insofern der Nacherbrechtsvermerk sich im Grunde in einer Anregung an das Vollstreckungsgericht erschöpft, die Sollvorschrift des § 773 ZPO. einzuhalten.[1]

Vor allem der Umstand, daß das Gesetz sogar bei der gewöhnlichen Vorerbschaft den Bedürfnissen der Praxis eine Konzession machen muß, vermag die Ansicht zu stützen, daß auch bei befreiter Vorerbschaft ein Verzicht des Gesetzes auf Schutz des Nacherben gegenüber unentgeltlichen Verfügungen des Vorerben angenommen werden muß; am besten aber wird diese Auffassung wohl gerechtfertigt, wenn man sich die widersinnigen Resultate vergegenwärtigt, die sich als Konsequenzen der in den Protokollen hinsichtlich der Bedeutung des Vermerks bei befreiter Vorerbschaft vertretenen Meinung in Verbindung mit dem Ausbau, den diese in der Praxis erhalten hat, ergeben.

Nimmt man, wie oben gesagt, Verzicht des Gesetzes in der

---

[4] Allein es sind noch Kautelen zum Schutze des Nacherben gegeben. — Im Falle der Versteigerung eines Grundstücks bestände für den Fall einer entgegen § 773 ZPO. angeordneten Zwangsversteigerung ein gewisser Schutz darin, daß der Nacherbe als Beteiligter nach § 9 ZwG. gilt und ihm daher gemäß § 41 Abs. 1 ZwG. die Terminsbestimmung zuzustellen, sowie nach § 41 Abs. 2 mitzuteilen ist, wegen welcher Ansprüche die Versteigerung erfolgt; auf diese Weise ist dem Nacherben Gelegenheit gegeben sein Recht nach § 773 ZPO. geltend zu machen.

Ist freilich die Versteigerung durch Zuschlag rechtskräftig beendet, so hat der Nacherbe sein Recht verloren; der Grundbuchrichter muß alsdann auch zur Löschung des Nacherbvermerks ohne Prüfung der materiellen Rechtslage verschreiten.

Bei Pfändung und Überweisung von hypothekarisch gesicherten, zur Vorerbschaft gehörigen Forderungen verhält es sich insofern anders, als hier gemäß § 834 ZPO. nicht einmal der Schuldner vor der Pfändung zu hören ist; im Gegensatz zu dem Falle der Zwangsversteigerung ist aber mit dem Vollzug der Pfändung, die nach § 837 ZPO. grundbücherlich auf Grund des die Überweisung an Zahlungsstatt aussprechenden Beschlusses zu verlautbaren ist, dem Grundbuchrichter keine bindende Anweisung zur Löschung des Nacherbrechtsvermerks gegeben; der Grundbuchrichter muß zwar nach der oben vertretenen Meinung zur Löschung verschreiten, sobald er sich überzeugt, daß die Zwangsverfügung auf Grund eines Titels erfolgt, dessen Vollstreckung die Vorschrift des § 773 ZPO. nicht entgegensteht, er behält aber sein selbständiges Prüfungsrecht; über die Bedeutung des § 22 GBO. vergleiche im Text S. 181.

gedachten Richtung an, so gelangt man zu folgendem Ergebnis:

Das Grundbuchamt muß jedem Antrag auf Grund einer Bewilligung des befreiten Vorerben fügen, selbst wenn er auf Grund eines lukrativen Titels erfolgt; das Grundbuchamt hat sich mit anderen Worten gar nicht darum zu kümmern, welche wirtschaftlichen Veränderungen durch die Verfügung im Vorerbenvermögen hervorgerufen werden.[1]

Der Nacherbvermerk verdient Berücksichtigung nur in dem obenerwähnten Umfange. In allen anderen Fällen, also stets wenn eine vom Vorerben ausgehende rechtsgeschäftliche Verfügung vorliegt, ist der Nachweis als erbracht anzusehen, daß die eben nur auf jene obenbesprochenen Fälle: Zwangsverfügungen und Wegfall des Vorerben sich beziehende, in dem Nacherbvermerk bestehende Verfügungsbeschränkung gegenstandslos und das Grundbuch insoweit unrichtig geworden ist, und ist gemäß § 22 GBO. die Löschung des Vermerkes vom Grundbuchamte auf Antrag vorzunehmen.[2]

Für die Fälle der Bestellung von Rechten an einem zur Vorerbschaft gehörigen Grundstücke, bei welchem der Nacherbrechtsvermerk eingetragen ist, kann der Nacherbrechtsvermerk, wenn man diese Ansicht akzeptiert, nicht die Kraft haben, den

---

[1] Wird wirklich unentgeltlich verfügt, so wäre noch nicht einmal gesagt, daß die Verfügung später unwirksam wird, da ja eine auf einer sittlichen Pflicht oder einer auf den Anstand zu nehmende Rücksicht beruhende unentgeltliche Verfügung vorliegen könnte.

[2] Man muß z. B. diese Konsequenz auch für den Fall der Dereliktion eines zur Vorerbschaft gehörigen Grundstücks ziehen und eine eventuelle Schädigung des Nacherben in Kauf nehmen; meist wird es sich hier um eine unentgeltliche, aber den Nacherben nicht benachteiligende Verfügung handeln, da Grundstücksdereliktionen regelmäßig nur vorkommen, wenn der wirtschaftliche Ertrag des Grundstücks hinter den zur Erhaltung, vor allen zur Tilgung der Hypothekenzinsen notwendigen Aufwendungen zurückbleibt. Da der Aneignungsberechtigte der Fiskus ist, dürfte übrigens, falls die Verfügung wirklich eine Beeinträchtigung des Nacherben nach § 2113 Abs. 2 enthielte, die Gefährdung des Nacherben relativ gering sein, da ja, auch wenn der Nacherbrechtsvermerk gelöscht ist, der Fiskus stets von der Rechtslage informiert sein und sich vorsichtshalber mit dem Nacherben ins Einvernehmen setzen wird.

guten Glauben eines späteren Erwerbers zu zerstören, selbst wenn der Vorerbe entgegen § 2113 Abs. 2 S. 1 mit der Bestellung des Rechts unentgeltlich verfügt haben sollte.

Nur der erste Erwerber, der im bösen Glauben unentgeltlich erworben hätte, — z. B. die Hypothek ohne Hingabe einer Valuta — oder dessen Rechtsnachfolger, der von den unentgeltlichen Erwerbe seines Vormanns Kenntnis hätte, würde kein dem Nacherben gegenüber wirksames Recht erwerben. — Hat der Hypothekar Valuta geleistet, so hat man bösen Glauben anzunehmen, wenn er gewußt hat, daß der Vorerbe das Geld nicht zum Besten der Erbschaft verwenden würde. Ein solcher böser Glaube darf aber nicht aus dem bloßem Vorhandensein des Nacherbrechtsvermerkes erschlossen werden, sondern muß mit den gewöhnlichen Beweismitteln nachgewiesen werden. Überhaupt muß nachdrücklich betont werden, daß der materielle Rechtssatz des § 2113 Abs. 2 S. 1 keineswegs aufgehoben ist, auch wenn keine besonderen grundbücherlichen Sicherungsmittel für eben diese Fälle anzuerkennen sind.[1]

Für die Fälle des § 41 GBO. wird man im Falle der befreiten Vorerbschaft anders entscheiden müssen, als bei gewöhnlicher Vorerbschaft. Da die Zulässigkeit einer Eintragung ohne vorgängige Eintragung des Erben des eingetragenen Berechtigten bei einigen Gruppen von Verfügungen anerkannt wird, für die der Nacherbrechtsvermerk mit Befreiungsnotiz ohne Bedeutung sein würde, wird man auch den befreiten Vorerben in den gedachten Fällen das Recht zubilligen müssen, nach § 41 GBO. zu verfahren.[2]

Der im Vorstehenden gemachte Versuch, für den Nacherbrechtsvermerk beim befreiten Vorerbenrechte eine Konstruktion zu finden, die eine Möglichkeit an die Hand gibt, die bei der

---

[1] Zu der Frage, ob im Falle einer Verfügung des Vorerben dem Nacherben eine Mitteilung nach § 55 GBO. zuzustellen ist, vgl. Fuchs-Arnheim Anm. 5 zu § 55 S. 574; Predari a. a. O. zu 55, 2c; Güthe zu § 55 Anm. 6 (Bd. I S. 12).

[2] Vgl. Martinius: Deutsche Not. Ver.-Zeitschr. 1903 S. 348. Vgl. ferner: Drewes, Deutsche Jur.-Zeit. 1903 S. 198; insbesondere auch Meikel im Recht 1905 S. 186.

praktischen Behandlung des formellen Grundbuchrechtes hervorgetretenen Schwierigkeiten zu vermeiden, mag vielleicht wegen seiner Abweichung von der in den Protokollen aufgestellten Meinung etwas gekünstelt erscheinen. Meines Erachtens kann aber nur bei Zugrundelegung dieser Auffassung der befreiten Rechtsstellung ihre praktische Bedeutung garantiert werden. Letzteres aber ist unbedingt notwendig, weil sonst zu befürchten ist, daß dieses sowohl in seinem juristischen Aufbau, als auch nach seiner wirtschaftlichen Seite gleich wertvolle Rechtsinstitut keine Verwendung mehr im Rechtsleben findet.

# Änderung der obligatorischen Rechtsbeziehungen zwischen Vorerben und Nacherben durch Befreiungsanordnungen.

## § 14.

## Beschränkung hinsichtlich der zur Erbschaft gehörenden Inhaberpapiere.

### I. Allgemeines.

Während in den Bestimmungen der §§ 2113 und 2114 Beschränkungen enthalten sind, die ihre Wirkung im Falle eines Zuwiderhandelns des Vorerben ohne ein besonderes Zutun des Nacherben äußern und zwar erst nach Eintritt des Nacherbfalles, sind in den §§ 2116—2118 dem Nacherben Mittel an die Hand gegeben, die gleichfalls auf die Sicherung seiner Rechte abzielen, aber für den Vorerben praktisch erst fühlbar werden, wenn der Nacherbe ein diesbezügliches Verlangen stellt.

§ 2116 BGB. lautet: Der Vorerbe hat auf Verlangen des Nacherben die zur Erbschaft gehörenden Inhaberpapiere nebst den Erneuerungsscheinen bei einer Hinterlegungsstelle oder bei der Reichsbank mit der Bestimmung zu hinterlegen, daß die Herausgabe nur mit Zustimmung des Nacherben verlangt werden kann. Die Hinterlegung von Inhaberpapieren, die nach § 92 zu den verbrauchbaren Sachen gehören, sowie von Zins-, Renten- oder Gewinnanteilscheinen kann nicht verlangt werden. Den Inhaberpapieren stehen Ordrepapiere gleich die mit Blankoindossament versehen sind.

Über die hinterlegten Papiere kann der Vorerbe nur mit Zustimmung des Nacherben verfügen.

Obwohl die in dem angezogenen Paragraphen aufgeführten Gegenstände Mobilien sind, hat der Gesetzgeber, der im übrigen, soweit bewegliche Sachen in Frage kommen, nur die auf unentgeltliche Verfügungen Bezug habende Beschränkung des § 2113 aufgestellt hat, die Möglichkeit eines sogar ziemlich weitgehenden dinglichen Schutzes für zweckmäßig erachtet. Es war hierfür die Erwägung maßgebend, daß derartige Inhaberpapiere erhebliche Werte zu verkörpern pflegen, außerdem gewöhnlich als Anlagewerte dienen und eine große Verkehrsfähigkeit besitzen.

Die Legitimationspapiere hat der Gesetzgeber nicht unter die Bestimmung des § 2116 gestellt, mit der Begründung, daß ja der Vorerbe sonst über ausstehende Forderungen verfügen könne und im Bürgerlichen Gesetzbuche Legitimationspapiere in dieser Hinsicht den Inhaberpapieren nicht gleichstünden. — Vgl. Prot. V S. 109. Sehr überzeugend klingt diese Begründung gerade nicht. Cappel[1] führt, um die Unzweckmäßigkeit der Bestimmung des § 2116 in der erwähnten Beziehung zu beleuchten, das Beispiel an, daß der Vorerbe, der Geld gemäß § 2119 mündelsicher in einem Sparkassenbuche anlegt, über das Sparkassenbuch frei verfügen könne und daß der Nacherbe nicht Hinterlegung fordern könne.

Dieses von Cappel als unbefriedigend bezeichnete Resultat ergibt sich in noch größerem Umfange bei der befreiten Vorerbschaft, wenn der von § 2119 nicht befreite Vorerbe, der zum Nachlasse gehöriges Geld in Hypotheken oder in einer der im § 1805 Nr. 2—4 aufgeführten Arten einerseits mündelsicher anlegt, dann aber, weil er von den Beschränkungen der §§ 2113, 2114, 2116—2118 entbunden ist, mithin im Verfügungsrechte

[1] Cappel a. a. O. 39.

nicht eingeschränkt ist, über jene mündelsicher angelegten Nachlaßwerte verfügt. Allerdings hat dieses Ergebnis etwas befremdliches, wenn man die verwandten Vorschriften des Vormundschaftsrechts vergleicht. — Allein die Vorschrift des § 2119 erschöpft sich nicht darin den Vorerben zur Anlegung des Nachlaßgeldes in solchen Werten zu veranlassen, über die ihm die Verfügung entzogen ist, beziehungsweise entzogen werden kann, sondern ist, wie unten näher auszuführen ist, im Hinblick auf § 2130 noch von besonderer Bedeutung. —

Für das Thema ist vor allem die Frage von Interesse, welchen Einfluß die Anordnung des Erblassers, daß die Beschränkungen des § 2116 ff. nicht gelten sollen, für die Rechtslage des Vorerben hat.[1]

Einer Verfügung des Erblassers, daß der Vorerbe gehalten sein solle, bloß Inhaberpapiere einer besonderen Art oder nur einen Bruchteil der im Nachlasse vorhandenen Inhaberpapiere zu hinterlegen, dürfte nichts entgegenstehen.

## II. **Verhältnis des § 2116 zu § 2117.**

Zweifel dürften sich dann ergeben, wenn der Erblasser seinen Willen dahin ausgesprochen hat, daß die Beschränkung des § 2116 aufgehoben sein soll, § 2117 hingegen weiter Geltung haben solle oder umgekehrt. Das Verhältnis der Bestimmungen des § 2116 und § 2117 muß kurz beleuchtet werden. Gemäß § 2117 hat der Vorerbe das Recht, wenn von ihm die Hinterlegung der zum Nachlasse gehörigen Inhaberpapiere gefordert wird, die Papiere auf seinen Namen umschreiben zu lassen. Fraglich könnte nun sein, ob der Vorerbe, der, wenn das Verlangen nach § 2116 an ihn ergeht, die Wahl hat, auf welche Weise er den auf Sicherung gerichteten Anspruch des Nacherben erfüllen

---

[1] Erschwerungen der Rechtslage des Vorerben bezüglich der Inhaberpapiere kann der Erblasser durch eine letztwillige Verfügung nicht anordnen; beispielsweise kann er nicht für den Vorerben vom Eintritt des Erbfalls ab eine Verpflichtung im Sinne des § 2116 begründen; es ist immer nur auf die Entschließung des Nacherben abzustellen, ob er das Verlangen nach § 2116 stellen will oder nicht.

will, ein Wahlrecht aus einem Wahlschuldverhältnisse geltend macht, oder nur von einer facultas alternativa Gebrauch macht. Meines Erachtens fehlt vom Standpunkte des Nacherben als Gläubiger aus gesehen, das für die Wahlschuld charakteristische Moment, daß der Anspruch auf zwei verschiedene Leistungen gerichtet ist. Hätte das Gesetz ein Wahlschuldverhältnis statuieren wollen, so würde es dies deutlich, wie z. B. im § 2154 BGB. zum Ausdruck gebracht haben. Im § 2116 ist derselbe Gedanke ausgedrückt, der den § 1393, § 1815 zugrunde liegt und sich auch in den Vorschriften des § 1973 IV, § 1992 und § 2329 findet. Dem Vorerben soll die Möglichkeit gegeben werden, die Leistung in einer anderen Weise zu erbringen. Es dürfte daher eine alternative Ermächtigung anzunehmen sein. — Daraus folgt, daß mit der Vorschrift des § 2117 dem Vorerben eine Erleichterung gewährt werden sollte. — Ob diese Erleichterung durchführbar ist, ist eine andere Frage; es ist dies nämlich noch davon abhängig, ob der Aussteller des Inhaberpapiers gewillt, beziehungsweise berechtigt ist, die Umschreibung des Inhaberpapiers in ein Namenspapier vorzunehmen.

Es kann daher einer Anordnung des Erblassers, daß § 2117 keine Geltung haben sollte, Bedeutung nicht beigemessen werden, obwohl § 2117 im § 2136 mit aufgeführt ist. § 2117 kann nur in Verbindung mit § 2116 begriffen werden. Würde aber § 2116 bestehen bleiben, so würde der Wegfall der Bestimmung des § 2117 soviel wie eine Belastung bedeuten. Das würde aber wiederum dem Zwecke des § 2136 widerstreiten, der von „Beschränkungen und Verpflichtungen" spricht, in Ansehung deren der Erblasser Befreiungen verordnen kann. Allenfalls könnte man in einer derartigen Bestimmung des Erblassers eine Auflage erblicken, der Vorerbe solle von der Alternativermächtigung keinen Gebrauch machen.

Hat der Erblasser von der Beschränkung des § 2116 Befreiung gewährt, so entbehrt die Bestimmung des § 2117 erst recht jeglicher Bedeutung. — Eine Verpflichtung Inhaberpapiere auf sich umschreiben zu lassen, könnte auf diese Weise für den Vorerben keinesfalls bestellt werden.

Eine Umschreibung solcher Inhaberpapiere in Namenspapiere

muß mit der Bestimmung erfolgen, daß der Vorerbe über sie nur mit Zustimmung des Nacherben verfügen könne. — Mit der Hinterlegung, die mit derselben Maßgabe zu erfolgen hat, oder der Umschreibung verliert der Vorerbe die Befugnis selbständig über die fraglichen Vermögensstücke zu verfügen; es bedarf jedesmal der Zustimmung des Nacherben.

### III. **Beschränkte Befreiung von § 2116.**

Wenn einmal vom Erblasser im bezug auf die § 2116 ff. eine Befreiung angeordnet wird, kommt eine Verpflichtung des Vorerben, zur Hinterlegung nicht zur Entstehung. Es ist die Frage aufzuwerfen, ob bezüglich dieses dem Nacherben nach § 2116 zustehenden Rechtes vom Erblasser Modifikationen angeordnet werden können. — Soweit dadurch dem Vorerben Erleichterungen gewährt werden, dürften meiner Ansicht nach Bedenken nicht bestehen. — Es können sich allerdings Zweifel ergeben, wie derartige Änderungen juristisch zu konstruieren seien. Man vergegenwärtige sich z. B. den Fall, daß nach dem Willen des Erblassers der Nacherbe das Verlangen nach § 2116 nur dann solle stellen dürfen, wenn die Voraussetzungen für ein Einschreiten im Sinne des § 2128 oder des § 2129 — von denen der Erblasser vielleicht Befreiung gewährt hat — gegeben wären.

Man könnte annehmen, daß dadurch der Anspruch des Nacherben, dessen Geltendmachung sonst in sein freies Ermessen gestellt ist, von einer Bedingung abhängig gemacht würde, man könnte aber auch daran denken, daß der Erblasser dem Nacherben nur in Form einer Auflage etwa habe nahelegen wollen, nur unter den gedachten Voraussetzungen das fragliche Recht geltend zu machen; schließlich könnte man in einer solchen Anordnung die Gewährung einer vermächtnisweisen Zuwendung an den Vorerben erblicken, des Inhalts, daß der Vorerbe zur Verweigerung der Erfüllung der ihm nach § 2116 obliegenden Verpflichtung außer in den besonders genannten Fällen berechtigt sein solle. — Welche juristische Konstruktion anzunehmen ist, ist Auslegungsfrage.

Ferner dürfte es dem Erblasser freistehen, anzuordnen, daß der Nacherbe bis zu einem gewissen Zeitpunkt oder von einem gewissen Zeitpunkt ab den Anspruch aus § 2116 überhaupt nicht haben solle; auch kann er die Entstehung des Anspruchs oder seine Endigung auf irgend eine Bedingung stellen. Der Unterschied des letztangeführten Falles von dem Obenstehenden wäre darin zu finden, daß bei diesem der Anspruch selbst bedingt wäre, während bei jenem nur die Geltendmachung von der Bedingung abhängig wäre. Ist übrigens gemäß einem nach § 2116 gestellten Verlangen des Nacherben Hinterlegung erfolgt, so entsteht, falls später etwa der Vorerbe in Ansehung der Vorschrift des § 2116 befreit wird, kein Anspruch des Vorerben gegen den Nacherben in die Aufhebung der Hinterlegung oder der die freie Verfügung hindernden Bestimmung zu willigen. — Im Gesetze selbst findet man über die Frage nichts.

Aus dem Zwecke der Bestimmung des § 2116 ergibt sich aber meines Erachtens ohne weiteres, daß, selbst wenn das Recht des Nacherben, Hinterlegung zu verlangen, bedingt oder betagt wäre, dadurch nicht auch die in Verbindung mit der Hinterlegung eingetretene Verfügungsbeschränkung von der Bedingung oder Befristung mitergriffen wird.

Die Voraussetzung des Rechtes bzw. der Pflicht des Nacherben bei Verfügungen des Vorerben über hinterlegte oder auf den Vorerben umgeschriebene Inhaberpapiere durch Erteilung der Zustimmung mitzuwirken, besteht in der Fortdauer des Nacherbrechts. — Steht dagegen fest, daß der Nacherbe niemals in die Erbenstellung einrücken kann, so muß er die Aufhebung jener beschränkenden Maßnahme bewilligen. — Eine Verpflichtung, die Zustimmung zu erteilen, existiert im übrigen nur unter den Voraussetzungen des § 2120 BGB.[1]

Dagegen dürfte einer Anordnung des Erblassers, daß der Vorerbe zwar gehalten sein solle, auf Verlangen des Nacherben die im § 2116 oder § 2117 vorgeschriebenen Maßregeln zu treffen, jedoch bei der Hinterlegung nicht die Beschränkung des Vorerben

[1] Daß der Erblasser anordnet, der Nacherbe habe nur Anspruch darauf, daß die hinterlegten oder umgeschriebenen Papiere eine bestimmte Zeit lang oder bis zum Eintritte eines bestimmten Ereignisses hinterlegt oder umgeschrieben bleiben sollen, ist nicht ausgeschlossen und muß gleichfalls zulässig sein.

in seiner Verfügungsmacht beigefügt, beziehungsweise bei der Umschreibung mit vermerkt werden solle, keine Bedeutung beizumessen sein. Wenn eine derartige Willensäußerung wirklich einmal vorläge, würde man entweder auf völlige Befreiung des Vorerben von der Beschränkung des § 2116 zukommen, oder diese Beschränkung voll und ganz gelten lassen. Einer solchen Verfügung Bedeutung zuzubilligen wäre sinnwidrig, weil der mit der Hinterlegung angestrebte Sicherungszweck alsdann illusorisch würde.

Immerhin wird man wohl sagen müssen, daß es sich etwas anders verhält, wenn der Erblasser angeordnet hat, daß, wenn der Vorerbe, statt auf Verlangen des Nacherben zu hinterlegen, die Umschreibung der Papiere auf seinen Namen in die Wege leiten würde, bei der Umschreibung der Vermerk, daß der Vorerbe nur mit Zustimmung des Nacherben verfügen könne, wegbleiben solle. Daß dieser Rechtszustand absolut zwecklos sei, kann man nicht sagen, denn schon mit der bloßen Umschreibung in Namenspapiere wird eine gewisse Steigerung der Sicherheit des Nacherben geschaffen, insofern jene Papiere mit der Umänderung von ihrer Beweglichkeit im Verkehre ein beträchtliches einbüßen. Ein derartiges Vermögensstück würde nicht mehr wie ein Inhaberpapier nach sachenrechtlichen Grundsätzen, sondern nach den für die Veräußerung von Forderungen geltenden Rechtssätzen zu übertragen sein.[1] — Dasselbe muß für den Fall der Umwandlung solcher vom Reiche oder einem Bundesstaate ausgestellter Papiere in Buchforderungen gegen das Reich und den Bundesstaat gelten.

## IV. Besonderheiten bei Inhaberpapieren mit hypothekarischer Sicherstellung.

Bei der Besprechung des § 2116 verdienen noch diejenigen Inhaberpapiere besonderer Erwähnung, bei denen für die in dem Papiere verbriefte Forderung eine hypothekarische Sicherheit bestellt ist.

---

[1] Daß indossable Papiere ihre große Verkehrsbeweglichkeit unter solchen Umständen behalten würden, ist allerdings nicht zu verkennen.

Derartige Hypothekarobligationen, wie diese Forderungen der Kürze halber genannt werden sollen, nehmen im Rechtsverkehre an und für sich schon eine besondere Stellung ein. — Die Vorschrift des § 1154 Abs. 3 betreffend die Übertragung von Buchhypotheken ist durch § 1187 S. 3 ausdrücklich ausgeschlossen worden. Die Übertragung des Rechts erfolgt nach den für die Veräußerung von Fahrnis geltenden sachenrechtlichen Grundsätzen durch Übergabe des Papiers und Einigung der Beteiligten. Die Hypothek steht dem jeweiligen Inhaber der Schuldverschreibung zu. Die Hypothek, die für eine Forderung aus einem Ordrepapier bestellt ist, wird mit dem Ordrepapier durch Indossement übertragen. — Vgl. HGB. § 364 Abs. 2, § 365 Abs. 1.[1]

Trotz dieser Abweichungen von den Grundsätzen des Liegenschaftsrechts, die diese Hypothekarobligationen auszeichnen, sind und bleiben in ihnen doch immer noch Grundstücksrechte verkörpert. Die Bestimmung der §§ 2113 und 2114 muß daher auch für derartige Grundstücksrechte gelten. Der von der Beschränkung des § 2113 Abs. 1 nicht befreite Vorerbe muß daher, wenn er über solche Rechte in irgend welcher Weise verfügt, gewärtigen, daß die Verfügung beim Eintritte des Nacherbfalles unwirksam wird, insoweit sie das Recht des Nacherbens vereitelt oder beeinträchtigt.

Ein grundbücherlicher Schutz existiert für solche Hypothekarobligationen nicht. — Es kann weder der Vorerbe noch ein Nacherbrechtsvermerk im Grundbuche eingetragen werden. Einem Berichtigungsanspruche des Nacherben fehlt jegliche Grundlage.[2]

Da, wie schon gesagt, die Grundsätze des Fahrnisrechts Platz greifen, gelten die entsprechenden Erfordernisse in Ansehung des guten Glaubens; es schadet demnach dem Erwerber schon grobe Fahrlässigkeit beim Erwerbe von Rechten an Hypothekarobligationen von einem hinsichtlich § 2113 nicht befreiten Vorerben.

---

[1] Vgl. PLANCK, Kom. Bd. V zu § 2114.

[2] Nach § 51 GBO. pflegt im Grundbuche bei solchen Rechten nur der Gesamtbetrag der Hypothek unter Angabe der Zahl des Betrags und der Bezeichnung der Teile eingetragen zu werden; Voraussetzung für § 51 ist, daß es sich um Teilschuldverschreibungen handelt. — Vgl. auch § 44 GBO.

Ein wirksamer dinglicher Schutz kann in solchen Fällen nur durch eine Maßregel nach § 2116 erfolgen.

Bei der Besonderheit in der rechtlichen Behandlung, die derartige Hypothekarobligationen erfahren, könnte die Frage aufgeworfen werden, ob etwa, soweit Inhaberschuldverschreibungen der bezeichneten Art in Frage kommen, die Vorschriften des § 2113 Abs. 1 und des § 2116 derart zueinander in Beziehung stehen, daß die Befreiung von der einen Vorschrift auf den Bestand der anderen Einfluß haben könnte.

Diese Frage ist zu verneinen. Die Sicherungsmittel, die mit diesen beiden Vorschriften gegeben sind, laufen nebeneinander her. Einerseits ist dem Nacherben durch die Bestimmung des § 2113 Abs. 1 ein dinglicher Schutz gewährt — der freilich an Bedeutung erheblich verliert, da kein Eintrag im Sinne des § 52 GBO. möglich ist —, andererseits hat er die Möglichkeit, dem Vorerben die freie Verfügungsgewalt gänzlich zu entziehen, indem er das Verlangen nach § 2116 stellt.

Ist nun § 2116 durch erblasserischen Willen ausgeschaltet, so ist dadurch nur die „Möglichkeit" einer Verfügungsbeschränkung ausgeschlossen; ihr Wegfall kann daher den Grundsatz des § 2113 Abs. 1 gar nicht berühren; andererseits kann die Befreiung von § 2113 Abs. 1 keinerlei Einfluß auf § 2116 haben. § 2116 will ja gerade an einer Stelle eingreifen, wo die absolute Verfügungsfreiheit eine gewisse Gefährdung des Nacherben involviert.

Eine Befreiung von § 2113 Abs. 1 kann mit der Vorschrift des § 2116 nicht im Widerspruch stehen, weil letztere auf einem ganz anderem Rechtsgedanken ruht.

Auch die Bestimmung des § 797 BGB. ist für die Fälle der Vorerbschaft von Bedeutung.

Eine Leistung des Ausstellers pflegt nur gegen Aushändigung der Schuldverschreibung zu erfolgen. Die Empfangnahme der Leistung vom Aussteller einer Hypothekarobligation bedeutet soviel wie Einziehung einer Forderung, für die eine Hypothek besteht. — Demnach wäre an sich nach § 2114 BGB. zu verfahren. Diejenigen Rechtswirkungen, die die Nichtbeachtung der Bestimmungen des § 2114 zur Folge haben müßte, auch für den

Fall der Leistung des Ausstellers einer Hypothekarobligation gegen Aushändigung der Schuldverschreibung ohne weiteres gelten zu lassen, erscheint im Hinblick auf § 797 BGB. bedenklich. — § 797 bringt den Gedanken zum Ausdruck, daß der Aussteller unter allen Umständen liberiert werden soll. — Stellt man sich nun auf den Standpunkt, daß man, um dem Zwecke des § 797 gerecht zu werden, annehmen müsse, daß selbst bei Kenntnis des Mangels der Verfügungsberechtigung des Inhabers der Aussteller befreit wird, so wird man in unserem Falle sagen müssen, daß dem Aussteller, der auf eine solche Inhaberschuldverschreibung, bei der für die Forderung Hypothek bestellt ist, leistet, auch die Kenntnis der Vorerbeneigenschaft des Inhabers nicht schadet. — Demnach hat § 797 für die befreite — d. h. bezüglich § 2113 — Vorerbschaft keine Bedeutung, um so mehr aber für die gewöhnliche Vorerbschaft, insofern in dem gedachten Falle die Bestimmung des § 2114 BGB. ausgeschaltet wird oder wenigstens ihre praktische Bedeutung verliert. — Dieses Resultat, das eine zugleich im Interesse des Verkehrslebens gegebene Erleichterung für den Aussteller darstellt, ändert jedoch daran nichts, daß der Vorerbe immer nur „verlangen“ kann, daß an ihn nach Beibringung der Einwilligung des Nacherben gezahlt oder für ihn und den Nacherben hinterlegt werde.[1]

## V. **Notwendige Befreiung von § 2113 Abs. 1 im Hinblick auf § 2116 Abs. 1 Satz 1.**

Es ist in diesem Zusammenhange noch eines eigentümlichen Falles zu gedenken, in welchem man von einer gewissen Kollision der Bestimmung des § 2113 Abs. 1 mit dem Rechtsgedanken sprechen kann, der seinen Ausdruck findet in der Ausnahmebestimmung des § 2116 betreffend solche Inhaberpapiere, die nach § 92 BGB. zu den verbrauchbaren Sachen gehören.

---

[1] Daß der Aussteller einmal eine Legitimationsprüfung vornimmt, ist immerhin denkbar, da er nach § 797 nicht an jeden Inhaber zu leisten braucht, sondern unter allen Umständen „nur gegen Aushändigung der Urkunde“ zur Leistung verpflichtet ist.

Zu den Inhaberpapieren der letztgenannten Art gehören z. B. die Effekten eines Bankgeschäfts. — Der Gedanke, der dieser Bestimmung zugrunde liegt, ist ganz klar. Wenn Sachen, um ihren wirtschaftlichen Zweck zu erfüllen, zu verbrauchen sind, würde es diesem Zwecke zuwiderlaufen, wenn dem Inhaber oder genauer dem zur wirtschaftlichen Nutzung Befugten nicht das Recht zustände, uneingeschränkt nach Belieben mit den fraglichen Sachen verfahren zu dürfen. — Es kommt dies auch in den §§ 1377 und 1067 zum Ausdruck. — Bei der Vorerbschaft hat das Gesetz daher derartige Inhaberpapiere von der Beschränkung des § 2116 ausgenommen. Man vergegenwärtige sich nun einmal den Einfluß des § 2113 Abs. 1, wenn beispielsweise ein Bankgeschäft zur Vorerbschaft gehört und unter den Effekten des Bankgeschäfts sich Hypothekarobligationen befinden. Nach § 2113 Abs. 1 müßte jede Veräußerung eines solchen Inhaberpapiers beim Eintritt der Nacherbfolge unwirksam werden. — Dieses Resultat erscheint mir unbillig und zweckwidrig, insofern die in der Veräußerung bestehende, bestimmungsgemäße Verwendung verbrauchbarer Sachen gewissermaßen unterbunden wird. — Die Lösung dieser Frage muß meines Erachtens unter Übertragung des in der Ausnahmebestimmung des § 2116 enthaltenen Gedankens auf § 2113 Abs. 1 in der Weise erfolgen, daß man für den gedachten Fall eine Aufhebung der Einschränkung des § 2113 Abs. 1 annimmt.

## VI. § 2118.

§ 2118 enthält einen der Bestimmung des § 2116 verwandten Rechtssatz. — Wenn Buchforderungen gegen das Reich oder einen Bundesstaat zur Erbschaft gehören, soll der Vorerbe auf Verlangen des Nacherben gehalten sein, in das Schuldbuch einen Vermerk eintragen zu lassen, daß er nur mit Zustimmung des Nacherben über diese Forderungen verfügen könne. — Die Buchforderungen erfahren somit dieselbe Behandlung wie Inhaberpapiere. — Es rechtfertigt sich dies im Hinblick auf ihre Entstehung.

Wenn die Buchforderungen den Inhaberpapieren gleichgestellt werden, so ist daraus aber nicht zu folgern, daß eine Befreiung von den Beschränkungen des § 2116 auf die des § 2118 Einfluß habe oder umgekehrt.[1]

## § 15.

## Beschränkungen, die der Erblasser nicht abändern kann, und die Beschränkung des § 2123.

Zu denjenigen Vorschriften, die eine Beschränkung oder eine Verpflichtung des Vorerben nur für den Fall normieren, daß seitens des Nacherben ein bestimmtes Verlangen geäußert wird, gehören weiterhin die §§ 2121 bis 2123 und §§ 2127 bis 2129.

Zunächst sollen die Bestimmungen der ersteren Gruppe ins Auge gefaßt werden. Soweit Vorschriften in Frage kommen, von denen der Erblasser Befreiung nicht gewähren kann, soll die Abhandlung kürzer gefaßt werden, da es in der Hauptsache die Aufgabe des Themas ist, die Besonderheiten der Rechtsstellung des befreiten Vorerben zu beleuchten.

Durch die Bestimmungen der §§ 2121 bis 2123 soll dem Nacherben vor allem Schutz zuteil werden, gleichzeitig wirken aber diese Rechtssätze auch zugunsten des Vorerben.

### I. § 2121.

Das gemäß § 2121 auf Verlangen des Nacherben anzufertigende Verzeichnis ist geeignet, als Grundlage für die Beurteilung der vom Vorerben geführten Vermögensverwaltung zu dienen. Übermäßig hohen Wert darf man einem solchen Verzeichnisse etwa im Hinblick auf die nach Eintritt der Nacherbfolge eventuell gegebenen Ansprüche nicht beimessen, da sich infolge einer eine

[1] Bezüglich der Wirkung eines Vermerkes nach § 2118 fehlt im Gesetz ein dem § 2116 Abs. 2 entsprechender Rechtssatz. Meischeider (vgl. S. 362) hält daher die Frage für ungelöst. — Vgl. Planck V Anm. 3 zu § 2118.

Ganz abgesehen davon, daß nach der Ansicht der Kommission für § 2118 dasselbe gelten sollte, wie nach § 2116, muß man sagen, daß die Fassung des § 2118 und die Gleichartigkeit des Zweckes der §§ 2116 und 2118 auch für die Fälle des § 2118 die Anwendbarkeit des im § 2116 Abs. 2 mit klaren Worten ausgesprochenen Rechtssatzes ergeben. — Vgl. Planck, Kom. Bd. V Anm. 3 zu § 2118.

geraume Zeit hindurch geführten Vermögensverwaltung des Vorerben auch ohne schuldhaftes Verhalten das Bild der Erbschaft in erheblichem Maße ändern kann.

Die Hauptbedeutung des § 2121 liegt darin, daß durch die Errichtung des Verzeichnisses dem Nacherben die Kenntnis der einzelnen Nachlaßgegenstände vermittelt wird. Auf diese Weise erfährt der Nacherbe zugleich, ob ihm Sicherungsrechte zustehen, etwa gemäß §§ 2116 ff., oder nach § 2123, oder nach § 2113 in Verbindung mit GBO. § 52.

Eine bestimmte Form ist für das „Verzeichnis" nicht vorgeschrieben. Es kann aber eine qualifizierte Form gewählt werden, nämlich die Aufnahme durch eine zuständige Behörde oder einen Notar. Hierzu ist auch der Vorerbe „berechtigt", wie sich das Gesetz ausdrückt.[1] — Aus dieser Wendung, die sich im dritten Absatz des § 2121 findet, geht hervor, daß das Gesetz mit jener Vorschrift auch einen Vorteil des Vorerben verbinden will.

Einen Anspruch auf wiederholte Einreichung eines Verzeichnisses hat der Nacherbe nicht. Es ist die Frage aufgeworfen worden, ob man dem Nacherben das Recht auf Ergänzung zuzubilligen habe, wenn dem Vorerben ein Erbteil infolge Wegfall eines Miterben angefallen ist?[2] — Wenn beim Vorhandensein von Miterben der Nachlaß schon geteilt gewesen ist, als zum ersten Male vom Vorerben die Aufstellung eines Verzeichnisses verlangt worden ist, wird man bei späteren Anfalle eines weiteren Erbteils das Verlangen nach Ergänzung des Verzeichnisses als berechtigt anerkennen müssen, da ja eine Aufstellung hinsichtlich der hinzuerworbenen Gegenstände noch nicht vorliegt. — Ist aber während des Stadiums der Erbengemeinschaft ein Verzeichnis errichtet worden, so kann für den Fall des Hinzuerwerbens eines Erbteils durch den Mitvorerben die Ergänzung des Verzeichnisses nicht gefordert werden, da sich das Verzeichnis von

---

[1] Zur eidlichen Bekräftigung des eingereichten Verzeichnisses kann der Vorerbe nicht angehalten werden; vgl. Bayer. Ob. Landesger. im Recht 1903 S. 457.

[2] So Perrin a. a. O. S. 55/56; Lüddecke S. 56; a. A. Planck Anm. 1 zu § 2121.

vornherein — vgl. oben S. 45, 112 — auf sämtliche Nachlaßgegenstände zu beziehen hat und sonach ein Bedürfnis nach Ergänzung des Verzeichnisses nicht bestehen kann. — Daß man aber dieses Recht auf Ergänzung nach dem Gesetze dann nicht gewähren kann, wenn während des Stadiums der Erbengemeinschaft ein Verzeichnis errichtet worden ist und nach vollzogener Teilung sich der Anfall eines Erbteils vollzieht, erscheint mir nicht sehr befriedigend; — es pflegt doch mit der Erbauseinandersetzung sich meist eine sehr schneidende Änderung der Rechtsverhältnisse der Erben zu vollziehen, die das rechtliche Bedürfnis nach einer Wiederholung des Verzeichnisses bezüglich der vom Vorerben erhaltenen Gegenstände bzw. einer Ergänzung im Falle des Anfalls weiterer Erbteile regelmäßig enthalten dürfte. De lege lata wird man sich freilich damit abfinden müssen, daß, von dem einen oben erwähnten Falle abgesehen, nur einmal die Errichtung eines Verzeichnisses gefordert werden kann.

## II. § 2122.

Im § 2122 BGB. ist dem Nacherben die Befugnis eingeräumt, den Zustand der zur Erbschaft gehörenden Sachen auf seine Kosten durch Sachverständige feststellen zu lassen. Das Verfahren richtet sich nach §§ 15, 164 des Gesetzes über die Ang. der freiw. Gerichtsbarkeit. Die Fassung des § 2122 weicht von der des § 2121 ab, insofern er nicht von einer Verpflichtung des Vorerben spricht. Eine gewisse Verpflichtung zur Duldung gegenüber den zur Feststellung des Zustandes erforderlichen Handlungen des Sachverständigen besteht naturgemäß für den Vorerben.[1]

Staudinger betont — Anm. zu § 2122 — daß nur der Zustand, nicht der Wert festzustellen sei, daß es wenigstens auf den Wert im allgemeinen nicht ankomme.

Für den Vorerben hat § 2122 vor allem die Bedeutung, daß dadurch klargestellt wird, daß auch bei einem vom Vorerben ausgehenden Antrage die Feststellung des Zustandes der Erb-

---

[1] Vgl. Cosack II, S. 802; Lüddecke a. a. O. S. 57.

schaftssachen unter Beobachtung der oben zitierten Vorschriften des FGG. zu erfolgen hat.

## III. § 2123.

Die schon erwähnte Vorschrift des § 2123, deren innerliche Zugehörigkeit zu den §§ 2121 und 2122 unverkennbar ist, verdient besondere Erwähnung, einmal weil sie vom Erblasser ausgeschaltet werden kann, andererseits weil sie auch von einem, Rechte des Vorerben spricht und schließlich, weil sie für § 2130 von Bedeutung ist und für Ansprüche nach § 2133 ausschlaggebend sein kann.

Wenn eine Befreiung von § 2123 schlechthin angeordnet ist interessiert vor allem die Frage, ob damit dem Vorerben auch das Recht genommen wird, das ihm § 2123 verleiht. Man möchte diese Frage vielleicht von vornherein verneinen, weil ein Recht des Vorerben an sich nicht als Beschränkung oder Belastung aufgefaßt werden könne und folgeweise für eine Befreiung kein Raum sei. Diesen zutreffenden Erwägungen steht nur die eine Eigentümlichkeit dieses Rechtes aus § 2123 gegenüber, daß auch im Falle der Ausübung dieses Rechtes durch den Vorerben eine beschränkende Bindung des Vorerben herbeigeführt wird, insofern ihm dann die Einhaltung des Wirtschaftsplanes obliegt, durch den das Maß der Nutzung und die Art der wirtschaftlichen Behandlung eines zur Erbschaft gehörigen Waldes, eines Bergwerks oder einer anderen auf Gewinnung von Bodenbestandteilen gerichteten Anlage festgelegt ist.

Aus der schon angedeuteten Beziehung des § 2123 zu § 2130 und § 2133 erhellt, daß die Bestimmung des § 2123 auch dem Interesse des Vorerben sehr wohl dienen kann, obwohl sie eine Beschränkung des Vorerben auslöst.

Wenn nämlich nach Eintritt des Falles der Nacherbfolge gegen den Vorerben vom Nacherben Ansprüche aus der Verwaltung der Erbschaft hergeleitet werden, bildet der Wirtschaftsplan eine wichtige Unterlage bei der Beweisführung. — Durch den Nachweis der Einhaltung des Wirtschaftsplanes, der nicht übermäßig schwer zu erbringen sein dürfte, ist der Vorerbe in der Lage, ungerechtfertigten Ansprüchen zu begegnen. — Vergegenwärtigt man sich fernerhin, daß der Vorerbe durch die Notwendigkeit, den Wirtschaftsplan einhalten zu müssen, kaum in erheblichem Maße beschwert wird, da er bei der Behandlung der im § 2123 gedachten Vermögensstücke gewöhnlich schon im eigenen Interesse nach wirtschaftlichen Grundsätzen verfahren wird, so erkennt man, daß der Vorerbe die gedachte Beschränkung z. B. einem Nacherben gegenüber, von dem er ein schikanöses Verhalten befürchtet, sich allerdings in gewissem Sinne zu seinem Vorteile aufbürden kann.

Nach vorstehenden Erwägungen muß man annehmen, daß eine in Ansehung des § 2123 angeordnete Befreiung niemals das Recht des Vorerben, auf Feststellung eines Wirtschaftsplanes zu dringen, verkümmert werden kann.

Die nach § 2130 bestehende Haftpflicht des Vorerben wird überdies durch eine Befreiung von § 2123 nicht berührt.

Es ist dies um deswillen nicht möglich, weil die Feststellung des Maßes der Nutzung und der wirtschaftlichen Behandlung mit der Frage der Einhaltung des Planes, — etwa zufolge einer Verbindlichkeit des Vorerben nichts zu tun hat, — sonach keinen Aufschluß über die rechtlichen Folgen der Nichteinhaltung geben kann. Dazu kommt noch, daß § 2130, wie noch dargetan werden wird, nicht eine fortlaufende Verpflichtung zu ordnungsmäßiger Verwaltung statuiert, sondern nur bestimmt, daß der Vorerbe bei der Herausgabe der Erbschaft an den Nacherben für einen gewissen Zustand des Nachlasses einzustehen habe.

Eine ganz andere Frage ist, ob nach Aufstellung eines Wirtschaftsplanes auf Veranlassung des Vorerben, der sonst von der Beschränkung des § 2123 befreit ist, bei Eintritt einer erheblichen Änderung der Umstände die entsprechende Änderung des Wirtschaftsplanes vom Nacherben verlangt werden kann? Es ist dies meines Erachtens aus folgenden Gründen zu bejahen.

Das eine Beschränkung und in gewisser Hinsicht einen Vorteil auslösende Recht des Vorerben aus § 2123 verträgt seiner Natur und seinem Zwecke nach nur eine einmalige Geltendmachung; ist daher einmal der Wirtschaftsplan aufgestellt, so kann ihn der Vorerbe nicht beliebig umändern oder erklären, daß er sich nicht mehr an ihn gebunden fühle. Wollte man an der Ausschließung eines Rechts des Nacherben gemäß § 2123 schließen, daß der Vorerbe jederzeit die Befugnis zur Änderung oder Rücknahme des Wirtschaftsplanes habe, so wäre es unsinnig, dem Vorerben überhaupt erst die Errichtung eines Planes nachzulassen.

Im § 2123 selbst ist es ausgesprochen, daß unter Umständen eine Verschiebung derjenigen Voraussetzungen eintreten kann, die den Inhalt des ursprünglichen Wirtschaftsplanes bedingt haben. Für diesen Fall wird — Abs. 1 S. 2 — jedem Teile das Recht gewährt, eine entsprechende Änderung des Wirtschaftsplanes zu verlangen. Dieser Rechtsbehelf war im Hinblick auf die nicht unerhebliche Tragweite des Wirtschaftsplanes bei der Beweisführung notwendig, da die Fortführung der Wirtschaft nach einem den Grundsätzen der Wirtschaftlichkeit nicht mehr entsprechenden Plane je nach den Umständen die Rechtslage des Vorerben oder des Nacherben nachteilig beeinflussen kann. Würden beispielsweise Umstände eintreten, die eine Minderung des Fruchtbezugs im Hinblick auf die Grundsätze einer ordnungsmäßigen Wirtschaft bedingen würden, so würde bei Fortsetzung der Fruchtziehung nach dem bisherigen Plane eine übermäßige Nutzung vorliegen.

Wenn sich nun bis zum Eintritt der Nacherbfolge die Verhältnisse wiederum vielleicht in der Weise ändern würden, daß die wirtschaftliche Nutzung nach dem alten Plane gerechtfertigt wäre, so würde der prozessuale Nachteil des Nacherben darin bestehen, daß er für den Zeitraum, als der Wirtschaftsplan nicht zutreffend war, den Nachweis der Übermäßigkeit des Fruchtbezugs schwer erbringen könnte.

Man muß ferner der Fälle gedenken, in denen die Fortführung der Verwaltung nach dem Wirtschaftsplane trotz eingetretener Veränderung der den Inhalt des Wirtschaftsplanes bedingenden Umstände bewirkt, daß sich im Zeitpunkte des Eintritts der Nacherbfolge die Erbschaft nicht in dem im § 2130

---

[1] Hierbei wird angenommen, daß der Wert des „Waldes oder einer Anlage der im § 2123 erwähnten Art" einen so erheblichen Teil des Wertes

geforderten Zustande befindet.[1] Auch in diesem Falle würde, wenn der den Verhältnissen nicht mehr angepaßte Wirtschaftsplan beibehalten worden ist, die Rechtslage des Nacherben sehr leicht dadurch ungünstig beeinflußt werden, daß dem Vorerben gegenüber der Nachweis, daß er den ordnungswidrigen Zustand der Erbschaft zu vertreten habe, schwer zu erbringen ist, wenn er auf die Einhaltung des Wirtschaftsplanes verweist.

Bei der großen Beweiserheblichkeit eines Wirtschaftsplanes würde unter den obenerwähnten Umständen das Recht des Nacherben in offenbar unbilliger Weise beeinträchtigt sein. Man könnte zwar sagen, daß, wenn der von § 2123 befreite Vorerbe keinen Plan errichtet hat, es oft recht schwer für den Nacherben sein mag, die Haftung des Vorerben für den nicht ordnungsmäßigen Zustand der Erbschaft zu begründen; die hierbei sich etwa ergebenden Schwierigkeiten sind aber nicht zu vergleichen mit denen, die sich ergeben, wenn beim Nachweise der Unwirtschaftlichkeit der Behandlung des Nachlasses ein Wirtschaftsplan, der der wirtschaftlichen Lage nicht entsprochen hat, zu entkräften ist.

Nach vorstehenden Erwägungen muß man daher dem Nacherben, selbst bei Befreiung des Vorerben von § 2123, das Recht einräumen, das Verlangen nach Änderung eines einmal aufgestellten, den Verhältnissen nicht mehr entsprechenden Wirtschaftsplanes stellen zu dürfen. — Überdies steht auch im Falle der Befreiung von § 2123 der Wortlaut dieses Paragraphen der eben dargelegten Ansicht nicht entgegen.

Es handelt sich, wenn der Nacherbe das Verlangen nach Abänderung des Planes stellt, gar nicht um die Beschränkung des vorerbschaftlichen Rechtes, der der Vorerbe durch Befreiung von § 2123 enthoben werden soll, sondern nur um eine Modifikation derjenigen rechtlichen Situation, die sich der Vorerbe durch Errichtung eines Wirtschaftsplanes selbst geschaffen hat; die Verpflichtung, in die der wirtschaftlichen Lage entsprechende

---

der Gesamterbschaft beträgt, daß die wirtschaftliche Beeinträchtigung dieses Gegenstandes zugleich eine Beeinträchtigung der Erbschaft als Ganzes bedeutet.

Änderung des Planes zu willigen, stellt nur eine Beschränkung des Vorerben im Rahmen einer schon bestehenden, vom Vorerben, wie schon gesagt, selbst gesetzten Belastung dar.

Wenn der Vorerbe zunächst durch das dem Nacherben im § 2123 gewährte Recht beschränkt ist, von einem gewissen Zeitpunkte oder Ereignisse ab jedoch diese Beschränkung wegfallen soll, so wird ein einmal errichteter Wirtschaftsplan nicht hinfällig. Nur wenn während des Zeitraumes, für den die Beschränkung des § 2123 galt, von dem fraglichen Rechte kein Gebrauch gemacht worden ist, wird die Befreiung, die nachträglich eintritt, praktisch, insofern in dem fraglichen Zeitpunkt das Recht des Nacherben jenes Verlangen zu stellen, in Wegfall kommt.

## § 16.

## Die außerordentlichen Sicherungsmittel des Nacherben.

In den §§ 2127 bis 2129 sind die sogenannten außerordentlichen Sicherungsmittel des Nacherben enthalten.

Wenn Grund zu der Annahme besteht, daß durch die Verwaltung des Vorerben die Rechte des Nacherben erheblich verletzt werden, hat der Nacherbe das Recht vom Vorerben Auskunft über den Bestand der Erbschaft zu verlangen. Es genügt also eine bloße Gefährdung; nicht einmal der Nachweis der Gefährdung muß geführt werden.

Sicherheitsleistung kann der Nacherbe hingegen erst fordern, wenn die Besorgnis einer erheblichen Verletzung seiner Rechte begründet ist.

Schon aus der Verschiedenheit der Voraussetzungen, die die genannten Sicherungsmaßregeln haben, erhellt daß die betreffenden Vorschriften voneinander unabhängig sind, und folgeweise von den Vorschriften des § 2128 und § 2129 sehr wohl Befreiung gewährt werden kann, ohne daß dadurch die Rechte des Nacherben aus § 2127 berührt werden, oder umgekehrt.

## I. Das Recht auf Auskunftserteilung.

Nach PLANCK hat die Geltendmachung der Rechte aus § 2127 gegenüber den im § 2128 gewährten Befugnissen nur den Charakter einer vorbereitenden Maßregel. Sie ist dies aber nicht nur im Hinblick auf § 2128, sondern sie ist auch bezüglich etwaiger künftiger Ersatzansprüche von Wert. Eine solche Auskunft hat alsdann ungefähr dieselbe Bedeutung, wie ein gemäß § 2121 angefertigtes Verzeichnis.

Ebenso wie eine Befreiung von der Vorschrift des § 2127 zulässig ist, dürfte auch eine einer Befreiung nicht gleichkommende, aber die Rechtsstellung des Vorerben etwas erleichternde Modifikation des Rechts aus § 2127 erlaubt sein. So läßt es sich z. B. denken, daß der Erblasser dem Nacherben dieses Recht nur unter der Voraussetzung geben will, die für das Recht aus § 2128 maßgebend ist, also nur wenn die Besorgnis einer erheblichen Verletzung der Nacherbenrechte begründet ist.

Wie der Nacherbe die Gefährdung seiner Rechte begründet, ist Tatfrage. Irgendwelche Bestimmungen hat das Gesetz in dieser Richtung nicht getroffen. Jedenfalls muß es sich um die Annahme einer derzeitigen Verletzung der Nacherbenrechte handeln, eine künftige Gefährdung genügt nicht; auch bezieht sich die nach § 2127 zu erteilende Auskunft auf den Bestand der Erbschaft, nicht auf den Stand der Verwaltung, wie beim Ehemann nach § 1374 oder auf den Verbleib von Erbschaftsgegenständen, wie beim Erbschaftsbesitzer nach § 2027 Abs. 1.

Hervorzuheben ist schließlich noch, daß es sich um die Gefahr einer *erheblichen* Verletzung der Rechte des Nacherben handeln muß, und daß sie ihre Ursache in der *Verwaltung* des Vorerben haben muß.

Zweifelhaft ist, was man unter den im § 2127 erwähnten „Rechten“ zu verstehen habe. Da das Gesetz diese Rechte nicht näher kennzeichnet, wird im allgemeinen angenommen, daß man Rechte im weitesten Sinne des Wortes darunter zu verstehen habe.[1]

---

[1] Vgl. LÜDDECKE a. a. O. S. 59.

LÜDDECKE betont, daß nur solche Rechte in Betracht kommen, die durch die Verwaltung des Nacherben verletzt werden können. Da im § 2127 von Rechten des Nacherben in der Mehrzahl gesprochen wird, ist es fraglich, ob der Anspruch des Nacherben gegeben ist, wenn nur eine, wenn auch erhebliche Gefährdung eines einzelnen Rechts gegeben ist.

Zwingende Gründe für die Annahme, daß unter den „Rechten des § 2127“ eine Mehrheit oder gar die Gesamtheit der Rechte des Nacherben zu verstehen ist, lassen sich aus der bloßen Fassung dieses Paragraphen nicht herleiten. Man könnte daher vielleicht zu der Auffassung gelangen, daß schon die Gefährdung eines einzelnen Rechtes des Nacherben den Anspruch auf Auskunfterteilung begründet. Wenn man sich aber vergegenwärtigt, daß die Maßregel nach § 2127 immerhin einschneidend für den Vorerben ist, scheint es bedenklich, das Recht aus § 2127 schon dann zu gewähren, wenn ein einzelnes Recht des Nacherben zwar erheblich verletzt zu werden droht, dieses Recht aber in keinem Verhältnisse zum Werte des übrigen Nachlasses steht, so daß eine Gefährdung des Gesamtnachlasses nicht zu verzeichnen ist.

Diejenigen Erwägungen, die bei der Ausgestaltung des § 2130 maßgebend gewesen sind, lassen sich auch bei der Würdigung der Vorschrift des § 2127 verwerten. Indem das Gesetz bei der Normierung des obligatorischen Herausgabeanspruchs des Nacherben bestimmt, daß der Vorerbe für diejenige Beschaffenheit des Nachlasses einzustehen habe, die sich ergeben würde, wenn der Nachlaß fortgesetzt ordnungsmäßig verwaltet worden wäre, stellt es bezüglich des Objektes des Herausgabeanspruchs auf die Erbschaft als Ganzes ab. Außerdem ist aber mit dieser Bestimmung gesagt, daß bei der Würdigung des Zustandes der Erbschaft nicht auf die einzelnen Rechtshandlungen, die die gesamte rechtliche und tatsächliche Behandlung des Nachlasses ausmachen, und ihre Folgen zu sehen ist, sondern die Verwaltung der Erbschaft als Ganzes und zwar im Hinblick auf die gesamte Dauer des Vorerbenrechts ins Auge zu fassen ist. Die gedachten Rechtssätze werden vor allem dem Umstande gerecht, daß der Vorerbe die Erbschaft als derzeitig Vollberechtigter inne hat und daher um so mehr geneigt sein wird, in einer seinen Neigungen und Fähigkeiten entsprechenden Weise mit dem Nachlasse zu verfahren, und daß er daher über Gebühr beschwert würde, wenn er für jede einzelne Rechtshandlung verantwortlich gemacht werden könnte.

Wenn auch nicht zu verkennen ist, daß § 2130 einen ganz anderen Zweck verfolgt wie § 2127, so muß man doch wiederum sagen, daß, wenn das Gesetz bei diesem, erst nach Eintritt der Nacherbfolge in die Erscheinung tretenden Sicherungsmittel des § 2130 von einem großzügigen, die Verwaltungshandlungen und die Erbschaft als Ganzes erfassenden Gesichtspunkte ausgeht, dieser Gedanke erst recht einer Bestimmung zugrunde gelegt sein wird, die dem Nacherben ein während der Dauer der Vorerbfolge auszuübendes Recht auf Orientierung hinsichtlich des Erbschaftsbestandes gewährt

Außerdem ist noch zu bedenken, daß die Gefährdung eines einzelnen zur Erbschaft gehörigen Rechtes keine Benachteiligung des Nacherben darstellen würde, die eine derartige einschneidende Sicherungsmaßregel wie es die Auskunfterteilung über den Bestand der ganzen Erbschaft ist, rechtfertigen würde. Ein Interesse an einer Auskunft über den Bestand des Nachlasses kann eben nur durch eine Gefährdung dieses Bestandes als solchen ausgelöst werden. Man muß daher meines Erachtens die Vorschrift des § 2127 dahin interpretieren, daß das Recht aus diesem Paragraphen dem Nacherben nur zuzubilligen ist, wenn eine Gefährdung des Nachlaßbestandes vorliegt. Ergänzend ist aber zu bemerken, daß dem Nacherben das Recht aus § 2127 dann zustehen muß, wenn das einzelne gefährdete Recht im Verhältnis zum Gesamtwerte des Nachlasses eine solche Bedeutung hat, daß seine Gefährdung einer Gefährdung des Nachlasses als solchen gleichzustellen ist.

Stellt man sich aber auf den Standpunkt, daß unter den „Rechten“ im Sinne des § 2127 etwas anderes zu verstehen sei, als wie im vorstehenden ausgeführt ist, so muß man jedenfalls im Hinblick auf die absolute Befreiungsmöglichkeit bezüglich § 2127 dem Erblasser die Befugnis einräumen, die Geltendmachung des Rechts aus § 2127 an strengere Voraussetzung im Sinne der obigen Ausführungen zu knüpfen.

Im § 2128 wird ebenfalls von den „Rechten“ des Nacherben gesprochen. Die Frage, ob auch in diesem Falle die Verletzung einer Mehrheit von einzelnen Rechten Erfordernis der Entstehung dieses Sicherungsmittels ist, läßt sich hier ebensogut aufwerfen, wie bei der Betrachtung des § 2127. Für die Beantwortung geben der Abs. 2 des § 2128 und § 2129 einen Anhalt.

Die Sequestration, die nach § 2128 Abs. 2 nach Maßgabe der Bestimmungen des Nießbrauchs zulässig ist, ist eine Form der Durchführung des Anspruchs auf Sicherheitsleistung. Im § 1052 kann nun, da der Nießbrauch sich auf einen einzelnen Gegenstand bezieht, die Sequestration sehr wohl nur auf einen einzelnen Gegenstand sich erstrecken; ja selbst beim Nießbrauch an einem Vermögen, der kein Gesamtrecht, sondern nur eine Summe von Befugnissen in Ansehung einzelner Gegenstände ist, wird es sich so verhalten und daher auch wenn bezüglich eines zum Nießbrauch belasteten Vermögen gehörigen Rechtes eine Verletzung der im § 1051 bezeichneten Art vorliegt, Sicherheitsleistung nach Höhe des Wertes dieses verletzten Gegenstandes und Sequestration in bezug auf denselben möglich sein.

Daß es sich bei der Sequestration, die den Vorerben treffen kann, anders verhalten muß, ergibt meines Erachtens der Rechtssatz des § 2129 Abs. 1, mit dem der Verlust des Verfügungsrechts über Erbschaftsgegenstände schlechthin normiert wird.

Eine Maßregel von dieser umfassenden Wirkung hat aber innere Berechtigung nur, wenn die fragliche Gefährdung oder Verletzung, die durch sie paralysiert, oder deren Fortschreiten verhütet werden soll, sich auf dieselben Rechtsverhältnisse bezieht, die jene Sicherungsmaßregel zum Gegenstande hat, mit anderen Worten, wenn der Umfang des Sicherungsmittels dem Umfange der Gefährdung oder Verletzung entspricht.

Wenn also im § 2128 von der erheblichen Verletzung der „Rechte des Nacherben“ gesprochen wird, muß man hierunter die gesamte Rechtsstellung des Nacherben verstehen. Dieses Ergebnis läßt sich zugleich als Bestätigung der oben über § 2127 ausgeführten Meinung verwerten, besonders wenn man erwägt, daß die Voraussetzungen, durch die das Recht aus § 2127 bedingt ist, in der Mehrzahl der Fälle gewissermaßen ein Durchgangsstadium zu den das Recht aus § 2128 begründenden Erfordernissen bilden.[1]

Nach obengesagtem würde eine Anordnung des Erblassers nach der die Rechte aus § 2127 und § 2128 schon bei Gefährdung oder Verletzung eines einzelnen Rechtes — unter „Recht“ wäre hierbei die künftige Rechtsbeziehung zu einem einzelnen Erbschaftsgegenstande zu verstehen — gegeben sein sollten, eine Beschwerung des Vorerben bedeuten, die vom normalen Rechtszustande erheblich abwiche. Ihre Zulässigkeit dürfte sehr problematisch und wohl zu verneinen sein, da der Erblasser Beschwerungen absoluter Natur dem Vorerben nicht aufbürden kann.

## II. **Das Recht auf Sicherheitsleistung.**

Das Recht des Nacherben auf Sicherheitsleistung gemäß § 2128 hat die begründete Besorgnis einer erheblichen Verletzung der Rechte des Nacherben zur Voraussetzung. Die Besorgnis kann durch das Verhalten des Vorerben oder durch seine ungünstigen Vermögensverhältnisse hervorgerufen sein.

Das „Verhalten“ des Vorerben wiederum kann sowohl das gegenüber der Erbschaft als auch das in Ansehung des Eigenvermögens des Vorerben sein. Man wird, da Befreiung von dieser Vorschrift zulässig ist, auch eine Modifikation zulassen müssen, die dahin geht, daß nur das Verhalten des Vorerben gegenüber dem Nachlasse maßgebend sein soll oder daß nur auf die ungünstige Vermögenslage gesehen werden soll, oder umgekehrt. — Daß die Befreiung von der Beschränkung des § 2127 unter Umständen den Wegfall eines zur Durchführung des Anspruchs aus § 2128 sehr wichtigen Mittels bedeutet, liegt auf der Hand. — Daß eine Beziehung zwischen den beiden Paragraphen nicht immer zu bestehen braucht, beweisen diejenigen Fälle, in denen

[1] Dies trifft, wie gesagt, in den meisten Fällen zu. Obiger Rückschluß von § 2128 auf § 2127 wird daher in seiner Richtigkeit auch dadurch nicht beeinträchtigt, daß die Voraussetzungen der beiden Sicherungsmittel prinzipiell verschieden sind, insofern § 2127 ein pflichtwidriges Handeln des Vorerben fordert, während im § 2128 auf das Verhalten des Vorerben schlechthin abgestellt wird und nicht einmal ein Verschulden verlangt wird.

das Verhalten des Vorerben in Angelegenheiten seines eigenen Vermögens oder seine ungünstige Vermögenslage den Grund zur Besorgnis gelegt haben.

Ein pflichtwidriges Verhalten des Vorerben wird im § 2128 nicht gefordert. Es dürfte aber völlig in der Hand des Erblassers liegen, ein pflichtwidriges Handeln des Vorerben als Erfordernis des Anspruchs nach § 2128 aufzustellen.[1]

Wenn der Vorerbe Sicherheit zu leisten hat, so hat dies in der in §§ 232 ff. angegebenen Weise zu geschehen. Mit Recht hebt LÜDDECKE, a. a. O. S. 65 hervor, daß die Sicherheitsleistung nötigenfalls aus dem Eigenvermögen des Vorerben zu erfolgen habe, da die Verpflichtung zur Sicherheitsleistung nicht etwa als Nachlaßverbindlichkeit anzusprechen, sondern eine den Vorerben ganz persönlich treffende Verbindlichkeit sei.

LÜDDECKE macht hierzu noch geltend, daß dem Vorerben häufig z. B. bei der Gefährdung von Ersatzansprüchen mit einer Sicherheitsleistung aus den Mitteln des Nachlasses nicht gedient sei.[2]

---

[1] Vgl. LÜDDECKE a. a. O. S. 63. — STROHAL I § 28 Anm. 38.

[2] Hierzu ist in Ergänzung obiger Ausführungen noch zu bemerken: Wenn die Verhältnisse so liegen, daß bei Eintritt der Nacherbfolge viele Ersatzansprüche zur Entstehung kommen, so ist die Möglichkeit einer Beeinträchtigung gewisser Nacherbenrechte, nämlich der künftigen Ersatzansprüche durch die ungünstige Vermögenslage des Vorerben besonders naheliegend. Aber auch hier muß man eine erhebliche Gefährdung der Gesamtrechte des Nacherben fordern. Die Gefährdung künftiger Ersatzansprüche involviert aber eine solche nur, wenn die Ersatzansprüche einen im Verhältnisse zum Werte des Nachlasses erheblichen Wert repräsentieren. Es wäre absurd, wenn dem Vorerben, der die Erbschaft gewissenhaft verwaltet hat, und nur einige Gegenstände von geringer Bedeutung für sich verwendet hat, die Verwaltung des Nachlasses entzogen werden könnte, weil die im Verhältnisse zum Gesamtwerte des Nachlasses nebensächlichen Ersatzansprüche infolge der ungünstigen Lage des Eigenvermögens gefährdet sind. Übrigens ist zu beachten, daß auch ohne das Bestehen solcher Ersatzansprüche die schlechte Vermögenslage des Vorerben die Besorgnis einer erheblichen Verletzung der Nacherbenrechte erzeugen kann; z. B. wenn der Vorerbe zur Deckung seiner zahlreichen Eigenverbindlichkeiten den Nachlaß anzugreifen droht. Im letzterwähnten Falle würde auch die Befreiung von der Vorschrift des § 2134 nichts ändern. Der Nacherbe hat eben das Recht darauf, den Nachlaß unter möglichster Erhaltung seines

Immerhin darf nicht verkannt werden, daß dem Nacherben zweifellos in vielen Fällen nur eine Sicherheitsleistung aus dem Eigenvermögen des Vorerben wahren Schutz bietet. Eine Anordnung des Erblassers, daß der Vorerbe nicht mit Eigenmitteln, sondern nur mit Mitteln des Nachlasses die etwa von ihm geforderte Sicherheit leisten soll, dürfte regelmäßig als eine Befreiung des Vorerben aufzufassen sein.

Von großer Bedeutung für das Thema ist vor allem die Frage, welchen Einfluß die Befreiung des Vorerben von der Beschränkung des § 2129 unter Beibehaltung der des § 2128 hat. Zunächst ist festzustellen, daß ein Streit über die Verpflichtung zur Leistung von Sicherheit im Prozeßwege auszutragen ist. Ein diese Verpflichtung aussprechendes Urteil kann der Nacherbe nach gewöhnlichen Grundsätzen vollstrecken lassen.[1]

Bei gewöhnlicher Vorerbschaft ist dem Nacherben im § 2128 Abs. 2 das Recht eingeräumt, statt der Sicherheitsleistung Sequestration, d. h. Übertragung der Ausübung der Vorerbenrechte auf einen vom Gericht zu bestellenden Verwalter zu fordern. Zulässig ist die Anordnung der Sequestration freilich erst, wenn eine auf Antrag des Nacherben dem Vorerben bestimmte Frist zur Sicherheitsleistung fruchtlos verstrichen ist.

---

ursprünglichen Aussehens zu bekommen bzw. im Falle des Ausscheidens gewisser Nachlaßgegenstände entsprechende Surrogate zu erhalten. Die Ersatzansprüche des § 2134 zählen nicht zu den Surrogaten, da sie nicht in dinglicher Weise vom Nacherbenrechte ipso jure ergriffen werden. Die Ersatzansprüche bedeuten nur eine billige Remedur derjenigen Schädigung, die die Nichteinführung eines Surrogates beim Ausscheiden eines Erbschaftsgegenstandes ohne weiteres hervorruft. — Fällt dieser Ausgleich weg, so besteht die Gefährdung trotzdem fort. — Vgl. die Ausführungen zu § 2134.

Ein Beleg dafür, daß auch die schlechtesten Vermögensverhältnisse des Vorerben die Befürchtung einer erheblichen Rechtsverletzung des Nacherben nicht unter allen Umständen erzeugen, bietet der Fall, wenn der in ungünstigen Vermögensverhältnissen befindliche Vorerbe entmündigt ist und die Verwaltung der Vorerbschaft in den Händen eines Vormundes liegt. — Ob die Gefahr besteht, daß der Vormund die Vorerbschaft angreift, ist eine andere Frage. — Die Möglichkeit einer solchen Gefährdung wird man anerkennen müssen; ihr Nachweis wäre durch Darlegung der Unzuverlässigkeit des Vormundes in der erwähnten Richtung zu erbringen.

[1] Vgl. Jur. Wochenschr. 1904 S. 555.

Die Bestimmung der Frist wiederum hat in dem die Verurteilung zur Sicherheitsleistung aussprechenden vollstreckbaren Erkenntnisse zu erfolgen. — Vgl. § 255 Abs. 2 ZPO.

Die Sicherung durch Sequestration steht dem Nacherben wahlweise neben der Befugnis, den Anspruch auf Sicherheitsleistung vollstrecken zu lassen, zu. Ist nun § 2128 Abs. 2 und § 2129 durch erblasserischen Willen ausgeschaltet, so bedeutet dies den Wegfall des Wahlrechts des Nacherben.

Schwieriger ist die Behandlung des Falles, wenn der Vorerbe von der Beschränkung des § 2128 nicht befreit ist, sondern bloß von der des § 2129. Es erhebt sich alsdann die Frage, ob die Ausschließung der Bestimmung des § 2129 überhaupt möglich ist.

An und für sich spricht der Rechtssatz des § 2129 nur eine aus dem Zwecke des Instituts der Zwangsverwaltung sich ergebende, ganz natürlich erscheinende Folgerung, nämlich den Verlust des Verfügungsrechtes der Vorerben aus. Diese Rechtsfolge mußte vom Gesetzgeber ausdrücklich ausgesprochen werden, da sie sich aus der Bezugnahme auf die Bestimmung des Nießbrauchsrechts nicht direkt ergab. Die hiernach zu erörternde Frage geht dahin, ob sich der Gedanke der freien Verfügungsmacht des Vorerben mit dem der Sequestration verträgt.

Es kommen allerdings im Gesetze Fälle vor, die man als Parallelerscheinungen zu dem soeben angedeuteten Beispielsfalle der Beschränkung des Vorerben durch einen Verwalter unter Erhaltung seiner Verfügungsmacht ansprechen könnte, einmal das Institut des beaufsichtigenden Testamentsvollstreckers, andererseits das der Gebrechlichkeitspflegschaft.

Die Unterschiede zwischen den zuletzterwähnten Fällen und dem der Vorerbschaft sind jedoch offensichtlich. Beim beaufsichtigenden Testamentsvollstrecker — vgl. § 2208 Abs. 2 — handelt es sich gar nicht um die Übertragung einer fortlaufenden Vermögensverwaltung, sondern nur um die Überwachung der zur Ausführung des letzten Willens erforderlichen Rechtshandlungen Beim Testamentsvollstrecker hingegen, dem die Verwaltung des Nachlasses obliegt — vgl. § 2209, in dem es eine der Bestimmung des § 2208 entsprechende Norm nicht gibt — ist das Verfügungsrecht des Erben stets ausgeschlossen. Auch bei der Gebrechlichkeitspflegschaft liegen die Verhältnisse ganz anders, insofern hier nicht die Interessen dritter Personen, sondern gerade desjenigen gewährt werden sollen, dem der Pfleger bestellt wird. Daß die Geschäftsfähigkeit des Gebrechlichen erhalten bleibt, hat sehr wohl einen Sinn, weil mit dieser Bestimmung der Zweck verfolgt wird, dem Gebrechlichen zur Verhütung von Benachteiligungen durch Vernachlässigung der Verwaltung eine Unterstützung zuteil werden zu lassen, der Unterstützungszweck aber die Ausschließung der freien Verfügungsmacht prinzipiell nicht gebietet.

Wird dagegen eine der Zwangsverwaltung ähnliche Verwaltung angeordnet, so handelt es sich stets um die Abwehr einer Gefährdung oder Verletzung der Interessen dritter Personen. Vergegenwärtigt man sich weiter, daß bei der Einsetzung eines Testamentsvollstreckers mit Befugnissen gemäß § 2209 bereits der Ausschluß des Verfügungsrechts des Erben gegeben ist, obwohl dieses Institut keineswegs immer als eine Maßregel der Zwangssicherung anzusehen ist, so muß man, damit nicht der Zweck der ein Zwangssicherungsmittel enthaltenden Bestimmung des § 2128 Abs. 2 in Verbindung mit § 1052 illusorisch werde, die Ausschließung der Verfügungsmacht des Vorerben bei Anordnung der Sequestration als ein Gebot der juristischen Logik annehmen.

Das Ergebnis ist dahin zusammen zu fassen, daß, wenn der Erblasser die Bestimmung des § 2128 Abs. 2 hat bestehen lassen wollen, eine Befreiung von § 2129 nicht zulässig ist. Ob freilich der Erblasser mit der Anordnung der Befreiung von § 2129 Abs. 1 jegliche Beschränkung gemäß § 1052 etwa hat aufheben wollen, ist Frage der Testamentsauslegung.[1]

---

[1] Wenn ein im Verfügungsrecht befreiter Vorerbe, der aber durch die Vorschrift des § 2128 eingeschränkt ist, auf Grund der infolge Geltendmachung des Rechts aus § 2128 eingetretenen Sequestration das Verfügungsrecht verloren hat, fragt sich, wie dann das Verfügungsrecht des Verwalters gestaltet ist, der nach § 1052 BGB. wie ein Zwangsverwalter zu behandeln und wohl im Grundbuche einzutragen ist. Vgl. Predari S. 638; Planck zu § 2129 Anm. 2a. — Man wird, dem Zwecke der Sequestration entsprechend dem Verwalter kaum die befreite Rechtsstellung hinsichtlich der Verfügungen

Zu dem Verhältnis des § 2128 Abs. 1 und § 2128 Abs. 2 mit § 2129 zueinander ist noch zu bemerken, daß der bloße Anspruch auf Sicherheitsleistung, z. B. wenn kein Eigenvermögen des Vorerben vorhanden ist, an Bedeutung erhebliche Einbuße erleiden kann. Allein diese Tatsache nötigt nicht zu dem Schlusse, daß der Anspruch auf Sicherheitsleistung ohne das Recht, gegebenenfalls Sequestration zu verlangen, nicht gedacht werden könne. Während bei der Sequestration die Ausschließung der Verfügungsmacht des Vorerben gewissermaßen begriffsnotwendig ist, ist der Anspruch auf Sicherheitsleistung sehr wohl auch ohne das die Durchführung auf andere Weise anstrebenden Mittel der Sequestration denkbar. Das Resultat, daß im Falle der Befreiung von § 2128 Abs. 2 bei Undurchführbarkeit des Anspruchs auf Sicherheitsleistung mit den gewöhnlichen Mitteln dem Nacherben kein weiteres Sicherungsmittel zu Gebote steht, ist ganz unbedenklich, zumal wenn man sich sagt, daß der Erblasser auch völlige Befreiung von § 2128 anordnen kann.

Einer letztwilligen Verfügung des Erblassers, wonach der Nacherbe keine Sicherheitsleistung nach den gewöhnlichen Grundsätzen, sondern nur Sequestration solle fordern können, dürfte keine Wirkung beizulegen sein, da der Anspruch aus § 2128 Abs. 2 eben die Nichterbringung der Sicherheitsleistung auf andere Weise zur Voraussetzung hat. Überdies würde eine solche Bestimmung, die dem Vorerben das Recht auf Abwendung der Sequestration durch nachträgliche Sicherheitsleistung nähme, in erheblichem Maße beschwerend wirken und deshalb unstatthaft sein.

## § 17.

## Die Verteilung der Lasten der Erbschaft.

Die Verteilung der Lasten der Erbschaft, sowie die Regelung des Verhältnisses zwischen Vorerben und Nacherben bezüg-

---

über Grundstücke und Grundstücksrechte zubilligen können, überhaupt ein Verfügungsrecht auch über bewegliche Sachen nur zu gewähren haben, soweit dies nach den Grundsätzen einer ordnungsgemäßen Verwaltung geboten ist, unbeschadet der Vorschrift des § 2113 Abs. 2 S. 2.

lich der anläßlich der Verwaltung des Nachlasses gemachten Aufwendungen ist in den §§ 2124 bis 2126 BGB. enthalten.

In diesen Rechtssätzen hat das Gesetz verschiedene Unterscheidungen[1] getroffen, insofern es von den „gewöhnlichen Erhaltungskosten", „von Aufwendungen, die der Vorerbe zum Zwecke der Erhaltung von Erbschaftsgegenständen den Umständen nach für erforderlich halten darf", von „Verwendungen, die nicht unter § 2124 fallen" und „von außerordentlichen Lasten", spricht. Nicht direkt erwähnt sind diejenigen Lasten, die nicht als auf den Stammwert der Erbschaftsgegenstände gelegt anzusehen sind. Daß für diese Lasten das Entgegengesetzte gelten soll von dem, was § 2126 für die sogenannten außerordentlichen Lasten bestimmt, ist mittels eines argumentum e contrario aus § 2126 zu erschließen.

Während in den §§ 2124 und 2126 deutlich ausgesprochen ist, wer die Lasten oder Aufwendungen zu tragen hat, hat sich der Gesetzgeber im § 2125 mit einer Verweisung auf diejenigen Vorschriften begnügt, die für die Ersatzpflicht bei der Geschäftsführung ohne Auftrag gelten.[2]

Für das Thema ist vor allem die Feststellung von Wert, daß die §§ 2124 bis 2126 im § 2136 nicht erwähnt sind, sonach eine Befreiung nicht möglich ist.

Man könnte aber doch daran denken, daß der Erblasser, um einen der Ausschließung jener Vorschriften gleichstehenden Rechtseffekt zu erreichen, anderer Rechtsinstitute, z. B. des Vermächtnisses oder der Auflage sich bedienen könnte. An und für sich steht der Annahme, daß der Erblasser dem Nacherben ein Vermächtnis zugunsten des Vorerben auferlegen darf, nichts im Wege.

Wollte der Erblasser vermächtnisweise das Tragen der gewöhnlichen Erhaltungskosten, die während der Dauer der Vorerbschaft entstanden und vom Vorerben berichtigt sind, dem Nacherben aufbürden, so würde er dies tun müssen, durch Gewährung eines Forderungsrechts gegen den Nacherben, das mit dem Ein-

---

[1] Vgl. Lüddecke S. 43ff.

[2] Vgl. Lüddecke a. a. O. 51; Planck zu § 684 Abs. 2.

tritte der Nacherbfolge existent würde und auf Erstattung des vom Vorerben für die Erhaltungskosten aufgewendeten Betrags bzw. auf Befreiung von einer zu diesem Zwecke eingegangenen Verbindlichkeit gerichtet wäre.[1]

Auch für die Verwendungen, die § 2125 erwähnt, muß eine Vermächtnisanordnung des Inhalts zulässig sein, daß der Nacherbe auch dann, wenn der Vorerbe nach § 2125 in Verbindung mit § 684 S. 1 nur einen Anspruch nach Maßgabe der Vorschriften über die ungerechtfertigte Bereicherung hat, in Ansehung solcher Verwendungen voll ersatzpflichtig sein soll. Dasselbe muß für die im § 2126 nicht erwähnten, gewöhnlichen Lasten gelten.

Wichtiger noch ist, wie STROHAL betont, die Frage, ob der Erblasser wirksam bestimmen könne, daß einzelne schon von vornherein zur Erbschaft gehörende oder in dieselbe später durch Surrogation tretenden Gegenstände an den Nacherben nicht herauszugeben seien.[2] Eine direkte Aufhebung des § 2111 kann der Erblasser selbstverständlich nicht verfügen. — Man wird mit STROHAL eine erblasserische Anordnung dieses Inhalts als Zuwendung eines Vorausvermächtnisses zu behandeln haben.[3]

## § 18.

## Die Rechtslage des Vorerben nach Eintritt der Nacherbfolge.

Der Übergang der Erbschaft vom Vorerben auf den Nacherben vollzieht sich gemäß § 2139 mit der Wirkung, daß mit dem Zeitpunkte des Nacherbfalles der Nacherbe ohne weiteres in die Erbenstellung einrückt.

---

[1] Vgl. STROHAL Bd. I § 28 Anm. 55.

[2] Wegen der Frage, welche Rechtslage sich ergibt, wenn der Vorerbe aus eigenen Mitteln eine ein Erbschaftsgrundstück belastende Hypothekenschuld bezahlt hat und eine Eigentümergrundschuld zur Entstehung kommt. Vgl. STROHAL I S. 179 N. 15; ferner PLANCK und FROMMHOLD zu § 2126.

[3] Immerhin ist zu beachten, daß bei einer derartigen auf alle Surrogationsfälle sich beziehenden Anordnung des Erblassers das Recht des Nacherben leicht illusorisch werden kann.

Auf die Bedeutung dieses Rechtssatzes näher einzugehen, liegt nicht im Rahmen des Themas. Bezüglich der Bestimmung des § 2140, die aus Rücksicht auf die Verkehrssicherheit und den in unverschuldeter Unkenntnis vom Eintritt des Nacherbfalls den Nachlaß innehabenden Vorerben getroffen worden ist, soll nur hervorgehoben werden, daß mit der Wendung, der Vorerbe sei in gleichem Umfange wie vorher zur Verfügung über Nachlaßgegenstände berechtigt, gesagt ist, daß selbstverständlich diejenigen Befreiungen im Verfügungsrechte, die dem Vorerben nach dem erblasserischen Willen zuteil geworden sind, so lange zugute kommen sollen, bis der Vorerbe Kenntnis vom Eintritte des Nacherbfalles hat. Die Unkenntnis schadet allerdings dem Vorerben dann, wenn er sie fahrlässig verschuldet. Eine etwaige Befreiung des Vorerben von der Vorschrift des § 2131 würde insoweit ohne Belang sein. — Der nach § 2140 gegebene Schutz bezieht sich nach dem Wortlaute nur auf Verfügungen. — Es entsteht die Frage, ob man diesen Gedanken nicht auch bezüglich der Frage des Wegfalls der Verantwortlichkeit des Vorerben im Sinne des § 2130 zufolge Befreiung zu verwerten habe.

## I. Die Bestimmung des § 2130 und ihr Verhältnis zu den außerordentlichen Sicherungsmitteln.

In dem § 2130 wird dem Nacherben ein Anspruch gegeben, auf Herausgabe der Erbschaft in einem bestimmten Zustande. „Der Vorerbe“ ist nach dem Eintritte der Nacherbfolge verpflichtet, dem Nacherben die Erbschaft in dem Zustande herauszugeben, der sich bei einer bis zur Herausgabe fortgesetzten ordnungsmäßigen Verwaltung ergibt. — Abgestellt wird sonach auf den Zeitpunkt der Herausgabe der Erbschaft. Soll man nun etwa sagen, daß bei Befreiung von § 2130 der Vorerbe nach Eintritt des Nacherbfalles Rechtshandlungen deren Vornahme im Rahmen seiner bisher geführten Verwaltungstätigkeit geschehen und geeignet sind, die Erbschaft in einen Zustand zu versetzen, der nicht dem im § 2130 geforderten entspricht, zu vertreten habe? — Es würde aber doch wohl eine große Unbilligkeit sein, wenn man dem Vorerben, der sich hinsichtlich der Unkenntnis vom Eintritte der Nacherbfolge auch keiner leichten Fahrlässigkeit schuldig gemacht hat, in Ansehung seiner Verwaltung nach dem Eintritte des Nacherbfalles mit einem Male anders behandeln wollte, wie bisher.

Die dem Vorerben nach § 2130 in Ansehung der Beschaffenheit der Erbschaft obliegende obligatorische Pflicht kann, wie im Gesetze bloß indirekt ausgedrückt ist, nur erfüllt werden, wenn der Vorerbe den Nachlaß fortgesetzt ordnungsmäßig verwaltet. — Planck äußert sich hierzu in Nr. 1 Abs. 2 zu § 2130 — dahin, daß aus dem vom Gesetze geforderten Endergebnisse durch einen Rückschluß mittelbar die Verpflichtungen abzuleiten seien, die dem Vorerben während der Dauer seines Rechtes obliegen.[1]

Während der Dauer des Vorerbrechts können Ansprüche auf Ersatz des künftigen Schadens seitens des Nacherben nicht erhoben werden.

Das Verhältnis der während der Dauer des Vorerbrechtes gewährten Sicherungsrechte und des künftigen Herausgabeanspruchs ist besonders im Hinblick auf die Möglichkeit, daß Befreiung wohl von der Vorschrift des § 2130, nicht auch von denen der §§ 2127, 2128 angeordnet wird, kurz zu beleuchten.

Wenn im § 2127 auf eine „Verwaltung des Vorerben" abgestellt wird, die kausal sein soll für die Befürchtung einer erheblichen Verletzung der Nacherbenrechte, so ergibt sich daraus, daß die Befolgung der im § 2130 indirekt statuierten Verpflich-

---

[1] Dieser Herausgabeanspruch begründet nach Planck-Ritgen, Staudinger-Herzfelder zu § 2130, Dernburg V S. 126 und wohl auch Endemann III S. 180 obligatorische Rechtsbeziehungen gegenüber dem Vorerben. Strohal und Planck N. 4c Abs. 2 zu § 2130 mißt ihm dinglichen Charakter bei. — Einen dinglichen Herausgabeanspruch hat der Nacherbe — dies ergibt § 2139 — und zwar bezieht er sich sowohl auf die von Anfang an zur Erbschaft gehörigen Gegenstände, als auch auf den durch Surrogation später hinzugekommenen. Soweit Gegenstände in Frage kommen, die aus dem Nachlasse ausgeschieden sind, ohne daß ein Verstoß gegen § 2113 Abs. 1 oder 2 in Frage kommt, deren Veräußerung aber von einem den Zustand der Gesamterbschaft benachteiligenden Einfluß war, wird der dingliche Anspruch regelmäßig versagen. Gerade um diese Lücke auszufüllen ist der Anspruch aus § 2130 gegeben. — Vgl. auch Lüddecke a. a. O. S. 80 Anm. 1.

tung zur fortgesetzt ordnungsmäßigen Verwaltung den Anspruch aus § 2127 nicht zur Entstehung kommen läßt. Auch wenn bei Einsetzung eines Nacherben der Nacherbe keinen Anspruch nach § 2130 haben soll, so besteht immerhin keine Berechtigung des Vorerben, ordnungswidrig mit dem Nachlasse zu verfahren. Das Korrelat dieser Nichtberechtigung ist aber die moralische Verpflichtung, den Nachlaß nach den Grundsätzen einer ordnungsmäßigen Verwaltung zu behandeln. Außerdem liegt es im Sinne der sukzessiven Erfolge, daß der Nachberechtigte möglichst in den Genuß der Erbschaft, so wie sich dieselbe zur Zeit des Erbfalles ausnimmt, gesetzt werden soll; dies erhellt zur Genüge aus der Tatsache, daß einschneidende Schutzvorschriften zu Gunsten des Nacherben bestehen. Der Zweck der „Befreiungen" gipfelt nicht darin den vorgedachten „Zweck" des ganzen Rechtsinstituts aufzuheben, sondern nur in der Zurückstellung der Frage nach der Verwirklichung eben dieses Zweckes zu Gunsten einer dem Vorerben zu gewährenden Erleichterung seiner Rechtsstellung. — Auch bei befreiter Vorerbschaft hat sonach der Nacherbe in gewissem Sinne das Recht, die Erbschaft in ordnungsmäßigen Zustande erhalten zu wissen, auch wenn er keine Ansprüche aus § 2130 dereinst geltend machen kann. — Diesem „Rechte" ist d e r Schutz nicht zu versagen, den die Vorschrift des § 2127 bieten soll, weil diese Bestimmung gar nicht bloß zum Schutze gerade des im § 2130 gegebenen Rechtes errichtet ist, sondern ein Sicherungsmittel allgemeiner Art und geeignet ist, für die verschiedenartigsten künftigen Ansprüche, sei es gegen den Vorerben, sei es gegen Dritte, eine Grundlage zu schaffen.

Auf das Recht aus § 2128 kann die Befreiung von § 2130 ebenfalls keinen Einfluß haben, denn das Sicherungsrecht aus § 2128 ist, wie die Fassung ergibt, auch auf Fälle gemünzt, in denen die Gefährdung ein von der Verwaltung des Nachlasses völlig getrennt zu beurteilendes Verhalten — z. B. in Ansehung des Eigenvermögens, das nicht einmal ein pflichtwidriges zu sein braucht — als Ursache hat.[1]

---

[1] Über das Verhältnis des § 2128 zu § 2130 noch folgendes Beispiel: Der Vorerbe steht im Begriffe auf einem zu seinem Privatvermögen gehörigen Grundstücke Anlagen zu errichten, von denen vorauszusehen ist,

## II. **Verhältnis des § 2130 zu § 2131.**

Die wichtigste Frage, wie sich die Bestimmungen der §§ 2130 und 2131 zueinander verhalten, kann nur dann richtig gewürdigt werden, wenn zunächst erörtert worden ist, was unter Ordnungsmäßigkeit der Verwaltung im Sinne des § 2130 zu verstehen ist. Streitig ist, ob der Begriff der ordnungsmäßigen Verwaltung unter Anlegung eines subjektiven Maßstabes festzustellen ist, dergestalt, daß die Ordnungsmäßigkeit dann anzunehmen ist, wenn der Vorerbe den Nachlaß mit der in eigenen Angelegenheiten üblichen Sorgfalt verwaltet hat, selbst wenn dies in leicht fahrlässiger Weise geschehen sollte[1], oder ob dieser Begriff objektiv unter Berücksichtigung der Umstände und Anschauungen des Verkehrs festzulegen ist.

Kuhlenbeck[2] erblickt in der Vorschrift des § 2131 den allgemeinen, den Grad der Haftung normierenden Grundsatz, den er in Gegensatz zu der angeblich die gewöhnliche Sorgfaltspflicht fordernde als Ausnahme anzusprechende Vorschrift des § 2131 rückt. — Was damit gesagt sein soll, ist nicht ganz verständlich.

Daß die Bestimmungen des § 2130 und des § 2131 in enger Beziehung zueinander stehen, ist unverkennbar. Wenn es im Gesetze heißt, daß der Vorerbe für eine gewisse Sorgfalt im Ansehung der Verwaltung einzustehen habe, so liegt darin eine Bezugnahme auf ein obligatorisches Rechtsverhältnis.

Die Verwaltung in bestimmter Weise zu führen, hat, wie schon gesagt, das Gesetz den Nacherben nicht mit ausdrücklichen Worten auferlegt, sondern nur auf ein einer ordnungsmäßigen Verwaltung entsprechendes Endergebnis abgestellt. Wenn daneben im § 2131 in Ansehung der Verwaltung der Grad der Haftung

---

daß sie den Wert eines benachbarten zum Nachlasse gehörigen Grundstücks beträchtlich herabmindern werden, ein Anspruch aus § 2130 käme trotz offensichtlicher Beeinträchtigung des Nachlasses gar nicht in Frage, dagegen könnte der Nacherbe trotzdem noch § 2128 gegen den Vorerben vorgehen.

[1] Staudinger-Herzfelder N. 2 Abs. 2 zu § 2130; so auch Lüddecke a. a. O. S. 18, 19.

[2] Kuhlenbeck, Kom. N. 1 zu § 2131; ähnlich Frommhold N. 1 zu § 2130.

normiert wird, ist durchaus noch nicht gesagt, daß zur Festlegung des Begriffs der Ordnungsmäßigkeit der Rechtssatz des § 2131 herangezogen werden müsse.

Im Gesetze kehrt der Begriff „der Ordnungsmäßigkeit" vielfach wieder; es wird auch von ordnungsmäßiger Wirtschaft, Geschäftsführung, Benutzung gesprochen und es findet sich durchaus nicht bei allen diesen Fällen eine Bestimmung, die zur Festlegung des Begriffs der Ordnungsmäßigkeit jenes subjektive Moment, das in der Normiernng des Haftungsgrades an der Hand der in eigenen Angelegenheiten geübten Sorgfalt liegt, heranzöge. Daß das Gesetz aber verschiedene Vorstellungen von dem Begriffe, „Ordnungsmäßigkeit" habe, darf man ihm doch wohl kaum unterstellen. Diesen Begriff objektiv durch gewisse, aus den Anschauungen des Verkehrslebens geborene Merkmale abzugrenzen, entspricht auch einzig und allein seinem Zwecke. Es soll damit ein Maßstab angelegt werden zur Prüfung der Frage, ob gewisse Rechtshandlungen oder Gruppen solcher Handlungen, innerlich gerechtfertigt gewesen sind, in unserem Falle, ob die Verwaltung des Nachlasses so geführt worden ist, wie dies nach den Anschauungen des Verkehrs unter Berücksichtigung der Besonderheiten des konkreten Falles geschehen mußte. Wird nun aber von vornherein das subjektive Moment hereingetragen, so hat man den festen Anhalt, den man braucht, nicht mehr.

Nach Lüddecke sind beide §§ 2130 und 2131 als eine Einheit aufzufassen und zwar sollen beide zusammen ergeben, was vom Vorerben in Ansehung der Erbschaftsverwaltung verlangt werde. Er nimmt an, daß die Verwaltung des Vorerben schon dann als eine ordnungsmäßige anzusehen sei, wenn der Vorerbe, ohne sich grobfahrlässige Verstöße zuschulden kommen zu lassen, die Verwaltung mit derjenigen Sorgfalt führt, die er in eigenen Angelegenheiten anzuwenden pflegt; daß aber die Verwaltung keineswegs dann ordnungsmäßig sei, wenn sich der Vorerbe einer groben Fahrlässigkeit schuldig mache.

Aus letzter Bemerkung Lüddeckes wird man wohl zu schließen haben, daß er die Befreiung von § 2131 ohne die von § 2130 nicht für zulässig hält; denn sonst würde man ja zu dem wohl auch von ihm als absurd empfundenen Resultate gelangen, daß im Falle der Befreiung von § 2131 auch bei fortgesetzt grobfahrlässigem Gebahren in Ansehung des Nachlasses eine ordnungsmäßige Verwaltung anzunehmen wäre.

Meines Erachtens ist der Begriff der Ordnungsmäßigkeit nur nach objektiven Momenten zu bestimmen. Befindet sich nun nach Eintritt der Nacherbfolge die Erbschaft nicht in einem Zustande, der als das Ergebnis einer fortgesetzt ordnungsmäßigen Verwaltung angesprochen werden kann, so bedeutet dies eine Unmöglichkeit bezüglich der nach § 2130 zu erbringenden Leistung. Diese Unmöglichkeit kann hervorgerufen worden sein durch Einwirkungen Dritter, durch zufällige Beschädigungen und Wertminderungen, ferner durch vorsätzlich, grobfahrlässig oder fahrlässig-ordnungswidrige Verwaltung des Vorerben. — § 2131 besagt nun, daß der Vorerbe diese Unmöglichkeit nur insoweit vertreten solle, als sie durch ein Verhalten verursacht worden ist, bei dem nicht einmal der Sorgfaltsgrad eingehalten worden ist, den der Vorerbe in eigenen Angelegenheiten zu beachten pflegt, oder durch ein Verhalten, das zwar den Anschauungen des Vorerben bezüglich der Wahrnehmung seiner eigenen Interessen entspricht, nach allgemeinen Verkehrsanschauungen aber als grobfahrlässig[1] zu bezeichnen ist, und schließlich stets dann, wenn der Vorerbe vorsätzlich ordnungswidrig gehandelt hat.

Ebenso wie bei rechtsgeschäftlich begründeten Verbindlichkeiten durch Parteivereinbarung nach § 276 die Haftung für grobe Fahrlässigkeit ausgeschlossen werden kann, muß dies durch letztwillige Verfügung des Erblassers in Ansehung eines Legalschuldverhältnisses möglich sein, dessen völlige Aufhebung der Erblasser in der Hand hat.

Daß aber eine in diesem Sinne erteilte Befreiung von § 2131 unter Beibehaltung des § 2130 durchaus nicht prinzipiell ausgeschlossen ist, ergibt die Erwägung, daß trotz Befreiung von grober Fahrlässigkeit eine Haftung wegen vorsätzlich ordnungswidrigem Verhalten existiert, die der Erblasser, wenn er nicht das ganze Legalschuldverhätnis aufhebt[2], nicht ausschließen kann. — Vgl. § 276 Abs. 2 BGB.

---

[1] Vgl. § 277 BGB.

[2] Vgl. § 2136.

Daß eine solche Haftung wegen ordnungswidriger Verwaltung durch den Schadenersatzanspruch nach § 2138 Abs. 2 nicht überflüssig gemacht wird, ergibt sich daraus, daß im § 2138 eine Benachteiligungsabsicht gefordert wird, ein Moment, das nicht ohne weiteres in jeder vorsätzlich-ordnungswidrigen Handlungsweise des Vorerben zu liegen braucht.[1]

Das Ergebnis ist also dahin zusammenzufassen, daß die Befreiung von § 2131 neben der fortbestehenden Beschränkung nach § 2130 bedeutet: der Vorerbe hat an und für sich die Pflicht, die Erbschaft in ordnungsmäßigem Zustande herauszugeben; die in dieser Richtung etwa bestehende Unmöglichkeit der Herausgabe jedoch nur dann zu vertreten, wenn sie auf vorsätzlich ordnungswidrige Verwaltung zurückzuführen ist.

Daß eine Befreiung von der Haftung für vorsätzliche Ordnungswidrigkeit nicht als zulässig angenommen werden darf, ergibt sich aus der Erwägung, daß die Aufstellung einer Rechtspflicht, ohne daß sogar für vorsätzlich ordnungswidriges Verhalten eine Haftung bestünde, sinnwidrig ist.

Wenn soeben von der Aufhebung des Legalschuldverhältnisses zwischen Vorerben und Nacherben die Rede war, so bedeutet das nicht den Wegfall jeglicher obligatorischer Rechtsbeziehungen zwischen Vorerben und Nacherben in Ansehung der Herausgabe der Nachlaßgegenstände, sondern nur die Aufhebung der Herausgabepflicht im Sinne des § 2130. — Dies erhellt aus § 2138, wo gesagt wird, daß sich im Falle des § 2137 die Herausgabepflicht auf die noch vorhandenen Gegenstände beschränke.

Während die obligatorische Verpflichtung des § 2130 auf die verflossene Zeit zurückgreift, insofern sie dem Vorerben eine Art Garantiepflicht für einen bestimmten Zustand der Erbschaft zuweist, besteht die Herausgabepflicht nach § 2138 — von der überdies Befreiung nicht möglich ist — bloß in einem neben dem dinglichen Anspruche auf Herausgabe gleichsam parallel laufenden obligatorischen Anspruche, der aber nur die einzelnen Gegenstände, so wie sie sich im Zeitpunkte des Eintritts der

---

[1] Vgl. Planck Anm. 4 zu § 2138.

Nacherbfolge befinden, ergreift, und mit der Frage, in welchem Zustande sich die Gegenstände befinden, gar nichts zu tun hat. — Das Bestehen eines obligatorischen Anspruchs im angegebenen Umfange ist durchaus nicht unpraktisch, weil dadurch die Anwendbarkeit der Rechtssätze betreffend den Verzug oder die Haftung für Verschulden — nach Eintritt des Nacherbfalles natürlich — klargestellt wird.

Die zuletzt erwähnten obligatorischen Rechtsbeziehungen sind nach dem Wortlaute des Gesetzes nur für den Fall des § 2137 gegeben; man wird sie aber nicht nur dann anzunehmen haben, wenn der Erblasser von allen im § 2136 aufgezählten Beschränkungen und Verpflichtungen Befreiung gewährt hat, sondern überhaupt in jedem Falle einer Befreiung von § 2130.

Ganz anders wiederum ist der Fall gelagert, wenn der Erblasser von der Verpflichtung des § 2130, nicht aber von der des § 2131 Befreiung gewährt hat. Alsdann würde von einer Haftung in Ansehung der Verwaltung die Rede sein; die Frage hingegen, was bezüglich dieser Verwaltung vom Vorerben zu leisten ist, würde offen bleiben und die Bestimmung des § 2131 gleichsam in der Luft hängen. Dieses Ergebnis ist abzulehnen.

Wenn im § 2130 auf den Zustand der Erbschaft abgestellt wird, der sich auf Grund einer fortgesetzt ordnungsmäßigen Verwaltung ergeben müßte, so ist damit gesagt, daß bei Würdignng der nach dieser Vorschrift den Vorerben treffenden Verpflichtung nicht auf eine einzelne schädigende Verwaltungshandlung oder auf die Schädigung eines einzelnen Erbschaftsgegenstandes zu sehen ist, vielmehr die Erbschaft wie auch die Verwaltung als Ganzes zu beurteilen ist[1]; ist ein einzelner Erbschaftsgegenstand verletzt, so ist aber doch zu prüfen, ob dieser einzelne Gegenstand eine so bedeutende Wertquote des Nachlasses verkörpert, daß man im Falle seiner Vernachlässigung von einer den ordnungsmäßigen Zustand der Erbschaft mindernden Verwaltung sprechen muß.[2]

---

[1] Vgl. Planck Anm. 1 zu § 2130; Lüddecke a. a. O. S. 16.

[2] Im Hinblick auf § 2130 muß man dem Vorerben im Falle der Zwangsverwaltung eines Vorerbschaftsgrundstücks das Recht einräumen nach § 766 ZPO. zu widersprechen, wenn ihm durch die Zwangsverwaltung die

Hat ein gewöhnlicher Mitvorerbe über seinen Anteil im Ganzen verfügt, so kann man ihn meines Erachtens nicht nach § 2130 in Anspruch nehmen, wenn der Erwerber unwirtschaftlich mit der Erbschaft umgegangen ist, da eine Vermögensverwaltung seitens des Vorerben gar nicht vorliegt.

### III. Bedingtheit oder Betagtheit der Befreiung nach § 2130.

Eine eigenartige rechtliche Situation ergibt sich, wenn der Vorerbe bis zu einem gewissen Zeitpunkte als gewöhnlicher Vorerbe hinsichtlich der Verpflichtung des § 2130 zu behandeln ist und dann freier Vorerbe wird. Die Rechtslage beim Eintritt der Nacherbfolge ist verschieden, je nachdem sie zu der Zeit der befreiten Rechtsstellung oder vor diesem Zeitpunkte eintritt.

Fällt der Eintritt der Nacherbfolge in die Zeit nach Platzgreifen der Befreiung von § 2130, so hat der Nacherbe gar keinen Anspruch nach § 2130, auch nicht etwa in Ansehung derjenigen Verwaltungshandlungen, die vor Eintritt der befreiten Rechtsstellung vorgenommen worden sind.

Ist die befreite Rechtsstellung noch nicht eingetreten, so besteht selbstverständlich für den Nacherben der Anspruch nach § 2130. Anders wiederum verhält es sich, wenn der Vorerbe zunächst befreiter Vorerbe ist und von einem bestimmten Zeitpunkte ab als gewöhnlicher Vorerbe auch hinsichtlich der Verpflichtung des § 2130 behandelt werden soll. Tritt hier der Fall der Nacherbfolge zu der Zeit ein, wo der Vorerbe die gewöhnliche Rechtsstellung einnimmt, so besteht der Herausgabeanspruch nach § 2130; eine Haftung nach § 2131 aber besteht erst von dem Zeitpunkte ab, mit dem die gewöhnliche Vorerbschaft wieder eintrat. Jene indirekt ausgesprochene Verwaltungspflicht datiert gewissermaßen erst von der gewöhnlichen Vorerbschaft ab. In entsprechender Weise ist zu entscheiden, wenn der Rechtssatz des § 2131 für einige Zeit gelten soll und dann aufgehoben wird,

---

Mittel entzogen werden, den Gesamtnachlaß in ordnungsmäßiger Weise zu verwalten. Allerdings besteht dieses Recht nur, wenn der die Zwangsverwaltung betreibende Gläubiger kein Erbschaftsgläubiger ist. — Die Befreiung von § 2130 schließt das Widerspruchsrecht nach § 766 ZPO. keineswegs aus.

oder umgekehrt. Der Vorerbe haftet dann eine Zeitlang nur für vorsätzlich ordnungswidriges Verhalten, während er die übrige Zeit für die Sorgfalt einzustehen hat, die er in eigenen Angelegenheiten zu beobachten pflegt. Daß die Durchführung des Anspruchs aus § 2130, die ohnedies schon schwierig ist, in den letzterwähnten Fällen noch viel komplizierter wird, liegt auf der Hand.

### IV. **Verhältnis des § 2130 zu § 2123 und § 2133.**

Im § 2133 ist die Frage geregelt, welche Rechte für den Nacherben bei einem übermäßigen Fruchtbezuge des Vorerben, sei es nun, daß dies der ordnungsmäßigen Wirtschaft zuwider, sei es infolge eines besonderen Ereignisses geschieht, gegeben sein sollen.

Für etwaige Ansprüche nach § 2133 ist das Vorhandensein eines in Gemäßheit der Bestimmung des § 2123 errichteten Wirtschaftsplanes von großer Bedeutung, weil an der Hand des den normalen Fruchtbezug regelnden Planes die Übermäßigkeit leicht festzustellen ist. Abhängig von einem Wirtschaftsplane ist der Anspruch aus § 2133 keineswegs. Der Vorerbe ist unter allen Umständen gehalten, in einer den Grundsätzen der Wirtschaftlichkeit entsprechenden Weise und angemessenen Umfange Früchte zu ziehen. Von den Anforderungen der Wirtschaftlichkeit ist der Vorerbe auch dann nicht entbunden, wenn er von der Verpflichtung des § 2130 befreit ist. Hat der Erblasser von der Vorschrift des § 2133 Befreiung gewährt, so ist § 2123 deshalb nicht bedeutungslos. Bei Prüfung der Frage, ob nach § 2130 ein Anspruch besteht, bzw. ob sich die Erbschaft nicht in ordnungsmäßigem Zustande befindet, ist der Wirtschaftsplan eine sehr praktische Grundlage, denn nicht nur das Maß der Nutzung, sondern auch die Art der wirtschaftlichen Behandlung wird im Plane festgelegt. Bemerkt soll noch werden, daß im Falle einer Befreiung von § 2133 damit noch nicht gesagt ist, daß der Vorerbe diejenigen Früchte, deren Wert zur Wiederherstellung der Sache nach den Regeln einer ordnungsmäßigen Wirtschaft zu verwenden, lediglich in seinem Nutzen verbrauchen darf. Der Gedanke, daß im Übermaß gezogene Früchte zur

Wiederherstellung der Sache zu verwenden sind, ist rein wirtschaftlicher Natur und kann nicht schlechtweg als aufgehoben gelten, wenn der Ersatzanspruch, der gegen den Vorerben nach Abzug der zur Wiederherstellung zu verwendenden Werte in Ansehung der noch zu viel gezogenen Früchte nach § 2133 an sich gegeben sein würde, nach dem Willen des Erblassers wegfallen soll. Man muß sogar sagen, daß im Falle eines übermäßigen Fruchtbezugs die Nichtverwendung jener Werte zur Wiederherstellung der Sache trotz Befreiung von § 2133 Ansprüche nach § 2130 auslösen kann, nämlich dann, wenn die fragliche Sache eine derartig beträchtliche Wertquote des Nachlasses repräsentiert, daß die unwirtschaftliche Behandlung eben dieser Sache die Erbschaft als solche in einem nicht ordnungsmäßigem Zustande erscheinen läßt. Hat der Erblasser den Vorerben von den Verpflichtungen der §§ 2130 und 2134, nicht aber von § 2123 befreit, so verliert die Aufstellung des Wirtschaftsplanes zwar an Wert, wird jedoch nicht bedeutungslos im Hinblick auf die Sicherungsrechte nach §§ 2127, 2128 oder, wenn auch nach §§ 2127 und 2128 Befreiung angeordnet ist, bei Feststellung etwaiger Schadenersatzansprüche nach § 2138 Abs. 2.

Daß im Falle des § 2133 eine teilweise Befreiung angeordnet werden kann, in dem Sinne, daß der Vorerbe nur einen Teil der im Übermaße gezogenen Werte an den Nacherben herausgeben soll, darf unbedenklich angenommen werden.

Bezüglich der Vorschrift des § 2130 ist noch zu bemerken, daß das nach Abs. 2 dem Nacherben zustehende Recht auf Rechenschaftsablegung auch ohne den obligatorischen Herausgabeanspruch des Abs. 1 bestehen kann. Die Rechenschaftslegung, die sich auf die Verwaltung bezieht, hat zwar vorwiegend für den Anspruch nach § 2130 Abs. 1 Bedeutung, jedoch nicht ausschließlich; sie ist auch als Grundlage zur Durchführung von §§ 2133 und 2134, in letzter Linie nach § 2138 geeignet.

Daß der Anspruch aus § 2130 Abs. 1 ohne den auf Rechenschaftsablegung gegeben sein kann, begegnet wohl keinem Zweifel.[1]

---

[1] Auf die Frage nach der Art und Weise der Rechnungslegung kann hier nicht eingegangen werden. Vgl. hierzu Planck zu § 2130 Anm. 2, der ausführt, die abzulegende Rechenschaft erstrecke sich auf die Substanz,

Schließlich ist noch des Falles zu gedenken, wenn der Vorerbe zunächst von § 2130 Abs. 2 befreit ist, von einem bestimmten Zeitpunkte ab aber als gewöhnlicher Vorerbe zu behandeln ist. Tritt der Fall der Nacherbfolge zu einer Zeit ein, wo der Vorerbe durch § 2130 Abs. 2 eingeschränkt ist, so besteht für den Nacherben der Anspruch auf Rechenschaftslegung. Die Rechenschaftsablegung hat sich aber nicht etwa nur auf die Zeit zu erstrecken, für die der Vorerbe als gewöhnlicher Vorerbe zu behandeln war, sondern auf die ganze Dauer seiner Berechtigung.

## V. Bedeutung des § 2119.

Eine in besonderer Beziehung zur Vorschrift des § 2130 stehende Bestimmung ist die des § 2119, die ebenfalls den Schutz des Nacherben bezweckt. Sie lautet: Geld, das nach den Regeln einer ordnungsmäßigen Wirtschaft dauernd anzulegen ist, darf der Vorerbe nur nach den für die Anlegung von Mündelgeld geltenden Vorschriften anlegen.

Es muß zunächst gefragt werden, was unter Geld zu verstehen ist. Normalerweise wird man an gemünztes Geld denken — gleichviel ob inländischer oder ausländischer Währung —, sowie an Papiergeld.[1]

---

nicht auf die Nutzungen der Erbschaft. Soweit § 2133 in Frage kommt, ist anerkannt, daß der Vorerbe auch bezüglich der Nutzungen Rechenschaft ablegen müsse. Mit Rücksicht auf den letzten Halbsatz des § 2133 wird man dies auch im Falle der Befreiung von § 2133 anzunehmen haben.

Die allgemeine Meinung geht dahin, daß man im Gegensatze zu § 259 im Falle der Rechnungslegung des Vorerben nicht von Einnahmen und Ausgaben, sondern von den Zu- und Abgängen der Erbschaft sprechen müsse. Vgl. auch Lüddecke 84, 85. — Ob der Erblasser eine Anordnung treffen kann, nach der der Vorerbe nicht gezwungen werden kann, den Offenbarungseid zu leisten nach § 260, auch wenn die Voraussetzung des § 259 Abs. 3 nicht vorliegen, kann zweifelhaft sein. Wenn auch der Offenbarungseid ein oft sehr wirksames Druckmittel ist, so gehört er doch keineswegs zum Begriffe der Rechnungslegung. Man wird daher eine Anordnung des Erblassers in diesem Sinne für zulässig anzunehmen haben.

[1] Um dem Zwecke der Vorschrift ganz gerecht zu werden, muß man meines Erachtens den Begriff noch etwas weiter nehmen und auf Fälle

Die Vorschrift des § 2119 bezieht sich nicht nur auf das Geld, das zur Zeit des Erbfalles im Nachlasse vorhanden ist, sondern auch auf das Geld, das kraft des Surrogationsprinzips in den Nachlaß fällt.

Eine Beschränkung der Verpflichtung des § 2119 auf Anlegung des zur Zeit des Erbfalls im Nachlasse befindlichen Geldes dürfte zulässig sein, ebenso muß es dem Erblasser freistehen, anzuordnen, daß jedesmal, wenn infolge des Surrogationsprinzips Geld in den Nachlaß fällt, nur ein Bruchteil nach § 2119 mündelsicher angelegt werden soll. Besteht das Vermögen des Erblassers aus lauter angelegten Werten, so wird § 2119 zunächst nicht praktisch. Die Verpflichtung, bestehende Kapitalanlagen

---

ausdehnen, bei denen ein depositum irregulare vorliegt, das sich auf Geld bezieht. Hat z. B. der Erblasser einen größeren Betrag Geld auf ein Depotbuch einer Bank gelegt und stellt das eingezahlte Kapital einen Wert dar, der nach den Regeln einer ordnungsmäßigen Wirtschaft zinstragend anzulegen wäre, so darf man sich nicht daran stoßen, daß nicht die Rechtssätze über den Verwahrungsvertrag, um den es sich eigentlich handelt, sondern die über das Darlehn Anwendung finden, und muß auch hinsichtlich solcher Kapitalien den Satz des § 2119 durchgreifen lassen. Die Ansicht stützt sich hauptsächlich auf die Erwägung, daß in dieser Weise deponierte Gelder, die in der Regel gar nicht oder ganz minimal verzinst werden, „nicht als angelegt" gelten können, im Gegensatze zur Einzahlung auf Sparkassenbücher, worin vom Gesetze — wie § 1807 N. 5 beweist, eine Form der Kapitalanlage erblickt wird, und daß ferner bei einer Deponierung des Geldes in der gedachten Weise diejenige Gefährdung des Nacherben, die durch § 2119 vermieden werden soll, in gleicher Weise besteht, wie wenn das Kapital in barem Gelde vorhanden wäre. — Daß Forderungen, die im Nachlasse vorgefunden werden, an und für sich als solche zu behandeln sind und nicht als „Geld" angesprochen werden können, liegt auf der Hand, im Falle des § 700 muß man aber berücksichtigen, daß die Entstehung des Forderungsrechtes nicht auf einen speziell auf Begründung eines Forderungsrechtes gerichteten Parteiwillen zurückzuführen ist, sondern eine den Umständen angepaßte, und vom Gesetze als solche anerkannte Modalität des Verwahrungsvertrags darstellt. Allerdings ist auf die Besonderheit des Einzelfalles Rücksicht zu nehmen, bei langen Kündigungsfristen und hoher Verzinsung würde auch Einzahlung auf ein solches Depotbuch Geldanlegung sein. Im vorstehenden ist vor allem an die unverzinslichen Scheckkonten bei der Reichsbank gedacht. Vgl. Prot. II Bd. 5 S. 105; ferner Planck Anm. 1 zu § 2119, desgleichen Staudinger.

in mündelsichere umzuwandeln, besteht nicht.[1] Unter Umständen wird sich der Vorerbe die Frage vorzulegen haben, ob die Beibehaltung gewisser vom Erblasser überkommener Kapitalanlagen den Grundsätzen einer ordnungsmäßigen Wirtschaft vielleicht zuwiderläuft.

Bezüglich des Verhältnisses der Vorschrift des § 2119 zu der des § 2130 ist folgendes hervorzuheben.

Während im § 2130 direkt eine Pflicht zur ordnungsmäßigen Verwaltung nicht statuiert wird, wird im § 2119, der eine Anweisung bezüglich der Verwaltung des Nachlasses erteilt, dem Vorerben ein bestimmtes Verhalten vorgeschrieben, soweit es sich um in Geld bestehende Nachlaßwerte handelt.

Während der Dauer des Vorerbenrechts besteht kein Zwangsmittel, durch welches der Vorerbe, der entgegen § 2119 handelt, angehalten werden könnte, nur mündelsichere Geldanlagen vorzunehmen.[2] Die Frage ist nun, ob eine Haftung des Vorerben gegeben ist, wenn sich bei Eintritt der Nacherbfolge herausstellt, daß der Vorerbe während der Dauer seines Rechts Geld nicht mündelsicher angelegt hat?

Im § 2130 ist auf § 2119 nicht Bezug genommen. Beide Vorschriften stehen zueinander im Gegensatz, insofern § 2130 auf die Verwaltung als Ganzes abstellt, § 2119 hingegen einen Zweig der Vermögensverwaltung, nämlich die Geldanlegung, herausgreift.

Staudinger nimmt an, bei der Anlegung von Geldern solle nach der Vorschrift des § 2119 die dem Vorerben obliegende Sorgfalt als im erforderlichen Maße betätigt nur dann angenommen werden, wenn die Gelder mündelsicher angelegt würden. — Die Bestimmung hat vor allem den Zweck, den Nacherben vor gewagten Spekulationen des Vorerben zu sichern. Ersatzansprüche dürften wenigstens dann zu gewähren sein, wenn infolge Nichtbefolgung der Vorschrift des § 2119 die Erbschaft beeinträchtigt ist, andernfalls würde § 2119 zu einer bloßen lex imperfecta herabsinken.

---

[1] Wilke Anm. 1 zu § 2119, aber auch Planck Anm. 2 zu § 2119.

[2] Unter Umständen kann sich aus § 2128 ein Anspruch auf Sicherheitsleistung ergeben. — Vgl. Staudinger zu § 2119.

Die von Planck und Staudinger vertretene Ansicht läuft auf eine Modifikation des Rechtssatzes des § 2131 hinaus. Daß ein Nachlaß, der sich in einem Zustande befindet, wie er sich nur bei ordnungsmäßiger Verwaltung ergeben kann, als in einem nicht ordnungsmäßigen Zustande befindlich angesprochen werden soll, wenn der Vorerbe einstmals Geld, das im Nachlasse war oder in denselben gefallen ist, nicht mündelsicher angelegt hat, erscheint mir nicht einleuchtend.

Wenn kein materieller Schaden erwachsen ist, darf man wegen Verletzung des bloßen Sicherungsinteresses des Nacherben an der Anlegung von Geld in mündelsicheren Werten nicht Ansprüche gegen den Vorerben konstruieren. — Die Bedeutung des § 2119 besteht darin, daß, wenn diejenigen Nachlaßwerte, in denen Geld angelegt ist, das eigentlich mündelsicher hätte angelegt werden müssen, sich auch ohne neues Verschulden des Vorerben mindern oder überhaupt jedesmal, wenn der Nachlaß Beeinträchtigungen erleidet, deren Ursache in der nicht mündelsicheren Anlegung von Geld liegt, der Vorerbe diese Beeinträchtigungen zu vertreten hat, selbst wenn die fraglichen Verwaltungshandlungen sich noch im Rahmen einer ordnungsmäßigen Verwaltung halten und wenn bei ihrer Vornahme der Vorerbe, ohne grobfahrlässig zu handeln, die sonst in eigenen Angelegenheiten geübte Sorgfalt prästiert hat.

Immer aber ist der Grundsatz des § 2130, wonach auf den Gesamtzustand der Erbschaft abzustellen ist, aufrecht zu erhalten. — Der Nacherbe kann Ansprüche gegen den Vorerben nicht schon dann aus § 2130 geltend machen, wenn ein im Verhältnis zum Werte der Erbschaft minimaler Geldbetrag infolge nichtmündelsicherer Anlegung verloren gegangen ist oder weniger ertragsfähig geworden ist.[1]

Setzt man einmal § 2119 in dieser Beziehung zu § 2130, so ergibt sich, daß eine Befreiung von § 2130 der Vorschrift des § 2119 jegliche praktische Bedeutung nimmt.

Die Zulässigkeit einer Befreiung von § 2119 ohne die von § 2130 dürfte dagegen nichts im Wege stehen.

---

[1] Vor Eintritt der Nacherbfolge kann der Nacherbe aus § 2119 keine Rechte geltend machen; a. A. Rechtspr. d. O.L.Gerichte Bd. 18 S. 318.

## VI. **Verhältnis der §§ 2130 und 2134 zueinander.**

Sind hinsichtlich des Bestands der Erbschaft Rechtswirkungen eingetreten, die durch die Vorschrift des § 2134 ausgeglichen werden konnten, so sind in ihnen nicht immer Anzeichen einer vom Vorerben zu vertretenden ordnungswidrigen Behandlung des Nachlasses zu erblicken; so z. B., wenn Konsumtibilien zur Erbschaft gehören und vom Vorerben im eigenen Interesse verbraucht werden. Ein solcher Verbrauch löst, wenn § 2134 Geltung hat, den Ersatzanspruch aus.

Ist aber der Verbrauch von zur Erbschaft gehöriger Gegenstände nach den Umständen unwirtschaftlich, so kann sehr wohl ein Anspruch nach § 2130 zur Entstehung kommen, selbst, wenn von § 2134 Befreiung gewährt ist.[1] Wie sich aus einem Vergleich der Fassung dieser beiden Paragraphen ergibt, entsteht der Anspruch nach § 2130 unter anderen Voraussetzungen.

Der Erblasser kann sehr wohl von § 2130 Befreiung gewähren, ohne zugleich § 2134 auszuschalten. Im § 2134 soll ein Ausgleich gegenüber der offenbaren Minderung der Erbschaft durch direkte Entziehung eines Gegenstandes gegeben werden, der seiner Natur nach durchaus nicht zugleich eine Reaktion gegen eine ordnungswidrige Handlungsweise ist.

Beachtlich ist ferner, daß die Vorschrift des § 2134 Abs. 2 eine Durchbrechung des Prinzips des § 2130 enthält, insofern derjenige Schaden, der über die durch die bloße Wertentziehung infolge der Verwendung eines Erbschaftsgegenstandes im eigenen Interesse des Vorerben hinausgeht, im Falle eines Verschuldens des Vorerben von diesem zu ersetzen ist. In solchen Fällen liegt ein ordnungswidriges Gebahren in Ansehung der Erbschaft vor. Während ein einmaliges ordnungswidriges Verhalten noch

---

[1] Würde z. B. ein großes Kohlengeschäft zur Erbschaft gehören, der Vorerbe jedoch das Geschäft nicht fortsetzen, sondern den gesamten Kohlenvorrat selbst verbrennen, so würde bei Befreiung von § 2134 zwar kein Ersatzanspruch, aber höchstwahrscheinlich ein Anspruch nach § 2130 gegeben sein, wenn nämlich die lediglich im eigenen Interesse verwendeten Vorräte eine erhebliche Wertquote der Erbschaft repräsentiert haben.

nicht den Anspruch aus § 2130 zu erzeugen braucht, genügt dies für den Anspruch nach § 2134 Satz 2.

Da § 2134 S. 1 auch ohne § 2130 selbständige Bedeutung genießt, muß dasselbe hinsichtlich des Anspruchs aus § 2134 S. 2 gelten. — Ist von § 2134 S. 2 Befreiung gewährt, besteht hingegen die Beschränkung des § 2130 fort, so bedeutet das keine Einschränkung des nach § 2130 gewährten Anspruchs für den Fall, daß infolge des durch eine Verwendung im eigenen Interesse hervorgerufenen Schadens die Erbschaft in einen Zustand versetzt wird, der einer fortgesetzt ordnungsmäßigen Verwaltung nicht entspricht.

## Schlußbemerkung.

In dieser Abhandlung sollte ein Überblick über die Besonderheiten der Rechtsstellung des befreiten Vorerben gegeben werden. Es war dabei unvermeidlich, bisweilen auch auf die Rechtslage des gewöhnlichen Vorerben einzugehen. — Die Vorschläge der Kautelarjurisprudenz, die zur Umgehung der durch die Rechtsprechung geschaffenen Schwierigkeiten dienen sollen, sind nicht zum Gegenstande der Betrachtung gemacht worden. Es wäre zu wünschen, daß zu derartigen Auslassungen kein Anlaß vorhanden wäre, denn leider liegt in solchen Versuchen im Grunde genommen die Behauptung der — sei es auch nur durch die die Judikatur geschaffenen — Unbrauchbarkeit des ganzen Rechtsinstituts. Daß man aber mit der Schaffung der befreiten Vorerbschaft einem praktischen Bedürfnisse Rechnung getragen hat, wird durch die große Verbreitung, die gerade diese Form der Vorerbschaft in letztwilligen Verfügungen gefunden hat, bestätigt.

Metzger & Wittig, Leipzig.

Kolibri 360 GmbH
Ferdinand-Jühlke-Straße 7
99095 Erfurt, Deutschland
produktsicherheit@kolibri360.de